INTRODUCCIÓN AL PSICOANÁLISIS II: TEORÍA GENERAL DE LA NEUROSIS

Obras Completas de Sigmund Freud
Tomo V

INTRODUCCIÓN AL PSICOANÁLISIS II: TEORÍA GENERAL DE LA NEUROSIS

Traducción directa del alemán por
Luis López-Ballesteros y de Torres

Editorial Iztaccíhuatl, S. A. de C. V.

OBRAS COMPLETAS DE SIGMUND FREUD. TOMO V
Introducción al psicoanálisis II: Teoría general de la neurosis

Sigmund Freud
ISBN (obra completa): 978-607-8688-54-8
ISBN (tomo V): 978-607-8688-63-0
Segunda edición: marzo de 2022

© Editorial Iztaccíhuatl S. A. de C.V.
Miguel Schultz #21, Col. San Rafael,
Del. Cuauhtémoc, Ciudad de México

Corrección de estilo: Yoali E. Crespo López
Diseño y maquetación: Cecilia Neria Anaya
Licencia de impresión a Grupo Editorial Neisa
Impresión: Master Copy, S. A. de C.V. (DocuMaster)

Impreso en México

PARTE III

TEORÍA GENERAL DE LA NEUROSIS

XVI
Psicoanálisis y psiquiatría

Constituye para mí un verdadero placer veros de nuevo en estas aulas y reanudar ante vosotros la serie de lecciones comenzada en el curso pasado[1]. Durante él os expuse la concepción psicoanalítica de los actos fallidos y los sueños, y en el actual quisiera iniciaros en la comprensión de los síntomas neuróticos, que como no tardaréis en descubrir, poseen, con aquellos otros, numerosos caracteres comunes. Mas antes de entrar en materia, debo advertiros que, al tratar de los fenómenos neuróticos, no podré suponeros colocados, con respecto a mí, en la misma actitud que en mis anteriores lecciones. En todas ellas hube, en efecto, de constreñirme a no avanzar un solo paso sin antes ponerme de acuerdo con mi auditorio, y de este modo, discutí ampliamente con vosotros, examiné todas aquellas objeciones que podíais presentarme y os consideré como representantes de la "sana razón humana", viendo en vosotros la instancia decisiva. Es esta una conducta que ahora —y por una sencillísima razón— no puedo seguir observando. Los actos fallidos y los sueños eran fenómenos que todos conocíais, y podíamos admitir que poseíais o podíais llegar a poseer sobre ellos la misma experiencia que yo. Pero el sector de los fenómenos neuróticos os es ajeno; no siendo médicos, la primera y única fuente de conocimiento que por el momento disponéis será la exposición que aquí me propongo desarrollar, y a ella habréis de ateneros sin que

---

[1] N. del Traductor —Véase el tomo IV de estas *Obras Completas*.

siquiera os sea dado criticarla, pues todo juicio, por acertado que parezca, carece de validez cuando recae sobre una materia que no se domina a fondo.

No creáis, sin embargo, que quiera dar a estas conferencias un tono dogmático ni que intente exigiros una incondicional adhesión. Nada de eso; lejos de querer imponeros convicción alguna, me bastará con estimular vuestro pensamiento y desvanecer algunos prejuicios. Por el momento, y dado que vuestra carencia de preparación no os permite someter a juicio alguno mis afirmaciones, no podréis admitirlas desde luego, pero tampoco os será lícito rechazarlas de plano. Habréis, pues, de limitaros a escucharme atentamente dejando que aquello que voy a exponeros actúe sobre vuestra inteligencia.

No es nada fácil llegar a una convicción determinada y sucede muchas veces que aquellas convicciones que adquirimos sin esfuerzo se nos muestran luego desprovistas de todo valor y consistencia. Sólo el que como yo ha dedicado años enteros de paciente labor a una determinada materia y ha obtenido en su investigación, repetidamente, los mismos nuevos y sorprendentes resultados, tendrá el derecho de poseer una convicción sobre el objeto de su estudio. En el terreno intelectual, las convicciones rápidas, las conversaciones instantáneas y las negociaciones impulsivas no tienen razón alguna de ser. El "flechazo" o enamoramiento fulminante es algo que cae por completo fuera de los dominios científicos.

Considerándolo así, no exigimos nunca de nuestros pacientes una adhesión convencida a las teorías psicoanalíticas. Por el contrario, una tal adhesión nos los hace, más bien, sospechosos, y de este modo, la actitud que preferimos verles adoptar es la de un benévolo escepticismo. Así, pues, he de aconsejaros que dejéis madurar lentamente en vosotros la concepción psicoanalítica al lado de la vulgar o psicológica, hasta el momento en que se presente ocasión de que una y otra puedan entrar en relación, valorándose mutuamente y asociándose para dar origen a una concepción definitiva.

Por otra parte, os equivocaríais considerando la concepción psicoanalítica, que aquí voy exponiéndoos, como un sistema especulativo, pues se trata, en primer lugar, de una viva experiencia, fruto de la observación directa, y luego, de la elaboración reflexiva de los resultados de la misma. Sólo los futuros progresos de la ciencia podrán decirnos con seguridad si tal elaboración ha sido suficiente y acertada; mas lo que sí puedo hacer constar desde ahora es que las observaciones en que se basa reposan, a su vez, en una intensa y profunda labor de cerca de veinticinco años.

Es, sin embargo, esta última circunstancia la que parecen ignorar o no querer tener en cuenta nuestros adversarios, los cuales suelen prescindir por completo de este origen de nuestras afirmaciones y juzgarlas como si se tratase de algo meramente subjetivo a lo que fuese lícito oponer diferentes opiniones personales no basadas en una labor de investigación equivalente. Esta actitud que me ha parecido siempre un tanto incomprensible, depende quizá de que los médicos no acostumbran prestar la necesaria atención a sus pacientes neuróticos, y haciendo caso omiso de sus manifestaciones, se privan de una importantísima fuente de conocimiento. Pero he de advertiros que en las lecciones que hoy iniciamos me propongo con toda firmeza no entrar en discusión polémica alguna. No creo en la verdad de aquella máxima que pretende que de la discusión nace la luz, máxima que me parece ser un producto de la sofística griega y pecar, como ella, por la atribución de un exagerado valor a la dialéctica.

Por lo que a mí respecta, estimo que lo que denominamos polémica científica es algo por completo estéril y tiende siempre a revestir su carácter personal. Hasta hace algunos años, podía vanagloriarme de no haber entablado en toda mi vida sino una sola discusión con un hombre de ciencia

(Löwenfeld, de Múnich), discusión cuyo resultado fue el de convenir nuestro antagonismo en una firme voluntad que dura todavía. Mas como no siempre se puede estar seguro de un tan agradable desenlace, no he querido, durante mucho tiempo, volver a discutir con nadie.

Juzgaréis quizá que semejante repugnancia a toda polémica es testimonio de una impotencia para rebatir las objeciones que se nos oponen o de una extrema obstinación. Mas habréis de reconocer que cuando después de una ímproba labor se ha llegado a adquirir una convicción determinada, está más que justificada una enérgica resistencia a abandonarla. Sin embargo, he de hacer constar que en más de una ocasión he rectificado mis opiniones sobre importantes extremos de mis teorías, o las he reemplazado por otras que mi labor de investigación me demostraba más acertadas, y claro es que en todos y cada uno de estos casos he hecho inmediatamente públicos tales cambios de actitud. Mas lo curioso es que un tan sincero proceder me ha sido, en general, adverso. Muchos de mis contradictores han pasado por alto estas modificaciones y hay todavía quienes critican en mi obra puntos de vista abandonados por mí hace ya mucho tiempo. En cambio, me reprochan otros el haberme rectificado, tomándolo como un signo de versatilidad y alegando que aquel que ha modificado ya una vez sus opiniones no merece confianza ninguna, pues nada asegura que sus últimas afirmaciones no han de ser también equivocadas. Por otro lado, aquellos que mantienen invariablemente una conclusión determinada son tachados de ciega obstinación. Ante este contradictorio proceder de la crítica, la mejor solución es hacer caso omiso de ella y no dejarnos guiar sino por nuestros propios juicios. Así, pues, nada ha de impedirme, en lo sucesivo, modificar y corregir mis opiniones, conforme a los progresos de mi experiencia. De todos modos, debo advertiros que en lo fundamental de mis teorías no he hallado aún, ni espero hallar en lo futuro, nada que rectificar.

En esta nueva serie de conferencias me propongo exponer, como ya antes hube de anunciaros, la concepción psicoanalítica de los fenómenos neuróticos. Esta exposición puede enlazarse, sin dificultad alguna, a la que en el curso anterior efectuamos de los actos fallidos y los sueños, y por lo tanto elegiré, como punto de partida, un acto sintomático que he visto realizar a muchas de las personas que acuden a mi consulta. Aquellos sujetos que visitan al médico con la única intención de desahogarse, relatándoles en un cuarto de hora todas las miserias de su vida, más o menos larga, pero sin propósito de someterse a tratamiento curativo alguno, no interesan al psicoanalista, el cual tampoco puede desembarazarse, en conciencia, de tales enfermos —como lo hacen otros médicos menos profundamente conocedores de estas cuestiones—, diciéndoles que están perfectamente y recetándoles una ligera cura hidroterápica. Así, uno de nuestros colegas, al que se le preguntó qué hacía con los pacientes de este género que acudían a su consulta, respondió, encogiéndose de hombros, que les imponía una multa de un determinado número de coronas. No es, por lo tanto, de extrañar que la consulta de un psicoanalista, aun del de mayor clientela, sea, en general, poco visitada. A pesar de esto, yo he hecho colocar una doble puerta entre mi sala de espera y mi gabinete de consulta, precaución cuyo objeto no es difícil de adivinar. Pues bien, sucede muchas veces que los clientes que hago pasar de la primera a la segunda de estas habitaciones olvidan cerrar tras ellos las dos puertas. En cuanto lo advierto, y cualquiera que sea la calidad social de la persona, no dejo nunca de hacerle observar, con enfado, su negligencia y rogarle que la repare. Me diréis que esto constituye una pedantería llevada al exceso, tanto más, cuanto que en ocasiones se trata de enfermos nerviosos que repugnan tocar los picaportes y dejan gustosos, a los que los acompañan, el cuidado de abrir y cerrar las puertas. Pero en la mayor parte de estos casos mi severa actitud tiene perfecta justificación, pues aquellos que dejan abiertas las puertas al entrar en el gabinete del médico son gente mal educada que no merece ser acogida con amabilidad. No vayáis a creer que se trata de un absurdo prejuicio mío y dejad que os explique el porqué de mi afirmación. Los clientes no cometen esta falta más que cuando se hallan solos en la sala de espera y no dejan a nadie en ella al pasar a mi gabinete, pues en el caso contrario, comprenden muy bien que su propio interés es evitar que otras personas escuchen su conversación con el médico, y no olvidan nunca cerrar cuidadosamente ambas puertas.

Vemos, por lo tanto, que esta negligencia de los pacientes, lejos de ser accidental, se halla perfectamente determinada y no carece de sentido ni de importancia, pues revela su actitud con respecto al médico. Aquellos que olvidan cerrar las puertas tras de sí, al entrar en el gabinete de consulta, son pacientes para los cuales la mejor garantía es el renombre mundano de que el médico goce, y quieren ser deslumbrados por el lujo de su instalación y lo concurrido de su consulta. Probablemente han telefoneado con anterioridad preguntando a qué hora pueden ser recibidos, e imaginan hallar ante la puerta una larga cola de clientes. De este modo, cuando entran en la sala de espera y la ven vacía y además muy modestamente amueblada, quedan tan defraudados que pierden en el acto todo respecto hacia el médico y dejan abiertas las puertas tras de sí, como queriendo decirle: "Para qué cerrar si no hay nadie en la sala de espera ni es probable que nadie entre en ella mientras yo esté en el gabinete de consulta". En un tal estado de ánimo llegarían estos pacientes a dar prueba de una absoluta incorrección, durante la visita, si el médico no tuviera la precaución de imponerse a ellos duramente desde las primeras palabras.

El análisis de este pequeño acto sintomático no os enseña nada que ya no sepáis, o sea, que el mismo no es accidental, que posee un móvil, un sentido y una intención, y que forma parte de un conjunto psíquico definido, constituyendo un indicio de un importante estado de alma. Pero lo más importante es que se trata de un proceso ajeno por completo a la conciencia del actor, pues ni uno solo de los pacientes que dejan las dos puertas abiertas confesaría haber querido testimoniarme su desprecio por medio de una negligencia. Es muy probable que más de uno conviniera en haber experimentado un sentimiento de decepción al entrar en la sala de espera, pero la conexión entre esta impresión y el acto sintomático subsiguiente escapa siempre a la conciencia del sujeto.

Voy ahora a hacer un paralelo entre este pequeño acto sintomático y una observación clínica. Para ello escogeré un caso que he tenido ocasión de tratar recientemente y que se presta a una breve exposición dentro de la amplitud exigida por toda comunicación de este género.

Un joven oficial del ejército aprovechó una licencia para venir a mi casa y encargarme de someter a tratamiento a su suegra, la cual, a pesar de vivir en condiciones felicísimas, envenenaba su existencia y la de todos los suyos con una absurda obsesión. Cuando la enferma acudió a mi consulta, vi que se trataba de una señora de cincuenta y tres años, muy bien conservada, amable y sencilla. Sin hacerse rogar, me relató la historia siguiente: Vive en el campo con su marido, director de una gran fábrica. Su vida conyugal ha sido felicísima, y nunca ha tenido nada que reprochar a su esposo, que la colma de cariñosas atenciones. Se casaron por amor hace treinta años, y desde el día de la boda, ni una sola discordia, ni un solo motivo de celos han venido a perturbar la paz del matrimonio. Sus dos hijos se han casado a completa satisfacción de todos, y su marido, queriendo cumplir hasta el fin sus deberes de padre de familia, no ha consentido todavía en retirarse de los negocios. Pero hace un año se produjo un hecho incomprensible que ella misma no acierta a explicarse. Habiendo recibido una carta anónima que acusaba a su marido de mantener relaciones amorosas con una joven, un incoercible impulso interior la llevó a prestar fe a aquella calumnia, y desde que recibió el anónimo ha visto desvanecerse toda su apacible felicidad. Las circunstancias que rodearon la recepción de la calumniosa denuncia fueron las siguientes: Una criada, a la que la señora de que tratamos admitía con exceso en su intimidad, perseguía con un odio feroz a otra joven que, siendo de igual modestísimo nacimiento, había logrado crearse una posición mucho mejor, pues en lugar de entrar a servir, había obtenido, tras de una rápida preparación comercial, un empleo en la fábrica. Poco después, cuando la guerra obligó a incorporarse a filas a la mayor parte del personal masculino llegó la joven a ocupar un puesto de importancia, adquiriendo derecho a habitar en las dependencias de la fábrica y siendo tratada con toda clase de consideraciones por los jefes de la misma. Esta elevación de su antigua compañera despertó en la criada una tremenda envidia. Así las cosas, le habló un día su señora de un individuo, ya de cierta edad, al que habían invitado recientemente a comer y del que se sabía que se hallaba separado de su mujer y vivía con una querida. Nuestra enferma, sin saber a punto fijo por qué, dijo entonces a su criada que para ella no habría desgracia más terrible que averiguar que su marido la engañaba, y, al siguiente día, recibió por correo la carta anónima en que, con letra contrahecha, se le anunciaba la fatal noticia. La señora sospechó, en el acto, que el anónimo era obra de su perversa criada, pues la persona a la que en él se denunciaba como querida del marido no era otra que la joven empleada a la que aquella odiaba. Pero, aunque la señora adivinó en seguida la intriga y poseía bastante experiencia para saber cuán poca confianza merecen tales cobardes delaciones, no por ello dejó de experimentar una profunda impresión. Sufrió una terrible crisis de excitación y envió a buscar a su marido, al que dirigió los más amargos reproches. El marido rechazó con toda calma la acusación e hizo lo mejor que en estos casos puede hacerse. Avisó al médico de la familia y de la fábrica, y entre todos intentaron calmar a la infeliz señora. La actitud ulterior del matrimonio fue de una gran sensatez. La criada quedó despedida y la presunta querida continuó en su puesto. Nuestra enferma pretende desde entonces haber recobrado por completo su tranquilidad y no creer ya en la verdad de la anónima denuncia; pero esta calma no es ni profunda ni duradera, pues le basta encontrar en la calle a la joven calumniada u oír pronunciar su nombre para ser presa de una nueva e intensa crisis de excitación.

Tal es el historial de esta buena señora. No era necesario poseer una gran experiencia psiquiátrica para comprender que, al contrario de otros enfermos nerviosos, se hallaba más bien inclinada a atenuar su caso, o como solemos decir los neurólogos, a disimular, aunque sin conseguir jamás desvanecer su creencia en la acusación formulada en el anónimo.

¿Qué actitud será la del psiquíatra ante un caso de este género? Podemos suponer la que adoptaría con respecto al acto sintomático de aquellos pacientes que dejan abierta tras de sí las puertas de la sala de espera, pues sabemos que en dicho acto no vería sino un accidente desprovisto de todo interés psicológico. Pero esta actitud es insostenible ante un caso de celos morbosos. El acto sintomático puede parecernos indiferente; mas el síntoma se nos impone siempre como un fenómeno importante y de innegable trascendencia, tanto desde el punto de vista subjetivo como desde el objetivo. Así, en el caso que nos ocupa, no sólo trae consigo intensos sufrimientos para el paciente, sino que amenaza destruir la felicidad de una familia. No será, pues, posible para el psiquíatra prescindir de dedicarle todo su interés, y conforme a los métodos usuales, intentará, en primer lugar, caracterizarlo por una de sus propiedades esenciales. No puede decirse que la idea que atormenta a la enferma sea absurda en sí misma. Es muy frecuente, en efecto, que hombres casados y ya de edad madura sostengan una querida joven. Pero lo que sí es absurdo es su credulidad, no teniendo —como no tiene—, fuera de las afirmaciones del anónimo, motivo alguno para dudar de la fidelidad de su cariñoso marido. Sabe también que la anónima denuncia no merece confianza alguna, y posee clarísimos indicios de que no se trata sino de una vengativa calumnia. Dadas todas estas circunstancias, debería decirse que sus celos carecen de todo fundamento y en efecto lo piensa así, pero, a pesar de ello, continúa sufriendo como si poseyese pruebas irrefutables de la traición de su marido. La Psiquiatría ha convenido en calificar de *obsesiones* las ideas de este género, refractarias a los argumentos lógicos y extraídos de la más inmediata realidad. Así, pues, la buena señora sufre de *celos obsesivos*, constituyendo ésta la característica esencial de su caso patológico.

Tras de esta primera conclusión, aumenta nuestro interés psiquiátrico. Si una obsesión resiste a las pruebas extraídas de la realidad, ello debe de obedecer a que su origen es totalmente ajeno a la misma. Mas entonces, ¿cuál podrá ser su procedencia? Y siendo muy variable el contenido de las obsesiones, ¿por qué, en nuestro caso, se halla constituido precisamente por celos? Por último, ¿en qué persona se desarrollan tales obsesiones, y con especialidad el delirio de celos? Mucho nos agradaría saber lo que de todo esto piensa el psiquíatra; pero nuestra curiosidad queda por completo defraudada. De todas las interrogantes que sobre este caso nos hemos planteado, sólo una le interesa. Investigará los antecedentes hereditarios, análogos trastornos u otro género cualquiera de perturbaciones psíquicas, cosa que equivale a decir que si el sujeto ha desarrollado una idea obsesiva es porque poseía una predisposición hereditaria a tal enfermedad. Esta respuesta es, sin duda, interesante, pero no satisface todos nuestros deseos ni agota tampoco la motivación del presente caso patológico. No creemos poder admitir que el hecho de aparecer la obsesión celosa, en lugar de otro cualquiera de distinto contenido, sea indiferente, arbitrario e inexplicable, ni tampoco que interpretando en sentido negativo el principio de la omnipotencia de las leyes hereditarias, se llegue a concluir que desde el momento en que un alma se halla predispuesta a ser presa de una obsesión, carecen de toda importancia los sucesos susceptibles de actuar sobre ella. Extrañaréis, sin duda, que la Psiquiatría científica rehúse proporcionarnos más informaciones sobre estas materias, pero habéis de tener en cuenta que aquel que da más de lo que tiene, no es un hombre honrado, y que el psiquíatra no posee medio alguno de penetrar más profundamente en la interpretación de los casos de este género, hallándose, por lo tanto, obligado a limitarse a formular el diagnóstico y a establecer, a pesar de su copiosa experiencia, un pronóstico muy incierto sobre la marcha ulterior de la enfermedad.

Pero ¿acaso puede el psicoanálisis proporcionarnos una más amplia explicación? Ciertamente, y espero poder demostraros que, incluso en un caso tan difícilmente accesible como el que nos ocupa, es nuestra disciplina capaz de descubrir datos susceptibles de hacernos llegar a su inteligencia. Recordad, ante todo, el hecho, insignificante en apariencia, de que, en realidad, ha sido la misma paciente la que ha provocado la redacción del anónimo, punto de partida de su obsesión, pues advirtió el día antes a la joven intrigante que su mayor desgracia sería saber que su marido tenía una querida. Diciendo esto, hizo surgir, indudablemente, por vez primera en la imaginación de la criada la idea del anónimo. La obsesión se hace así, hasta cierto punto, independiente de la carta y ha debido existir anteriormente en la enferma a título de temor o quizá de deseo. Añadid a esto los siguientes pequeños indicios que nos fue dado descubrir después de dos horas de análisis. La paciente se encontraba muy poco dispuesta a obedecer, cuando al terminar el relato de su historia le rogué que me participase otras ideas y recuerdos que pudieran hallarse relacionados con ella. Pretendía no tener nada más que decir, y al cabo de dos horas hubo necesidad de poner fin al análisis, puesto que la paciente declaraba sentirse completamente bien y estar segura de haberse desembarazado para siempre de su patológica idea, declaración que le fue dictada, indudablemente, por el temor de verme proseguir el análisis. Sin embargo, durante dichas dos horas hubo de dejar escapar algunas observaciones que autorizaban y hasta imponían una determinada interpretación mediante la cual quedaba claramente definida la génesis de su idea obsesiva. La paciente escondía un intenso amor hacia un joven —aquel, su yerno a cuya instancia había acudido a mi consulta—, pero no se daba perfecta cuenta de este sentimiento, pues además de que apenas era consciente en ella, los lazos de parentesco que la unían al amado hicieron que su pasión amorosa no encontrase grandes dificultades para revestir el disfraz de una lícita ternura familiar. Dada la experiencia que sobre las situaciones de este género hemos adquirido en la práctica psicoanalítica, podemos penetrar sin dificultad en la vida psíquica de esta honrada mujer y excelente madre de familia.

El amor que su yerno le había inspirado era demasiado monstruoso e imposible para poder abrirse camino hasta su conciencia, pero manteniéndose en estado inconsciente ejercía sobre su vida psíquica una intensa presión. Necesitaba, pues, hallar un exutorio, y lo encontró, en efecto, utilizando el mecanismo de desplazamiento, proceso que participa siempre en la génesis de los celos obsesivos. Si su marido incurriese a su vez en la gravísima falta de enamorarse de alguien mucho más joven que él, se vería ella libre del remordimiento y de su infidelidad. Esta idea fija era para la señora como un bálsamo calmante aplicado sobre una ardiente llaga. Su propia pasión no había llegado a abrirse paso hasta su conciencia, pero, en cambio, el desplazamiento de la misma sobre su marido, proceso que tan gran alivio le proporcionaba, sí llegó a hacerse consciente, e incluso en una forma obsesiva y delirante. De este modo, todos los argumentos que contra la idea fija pudieron oponerse tenían que ser necesariamente baldíos, pues no se dirigían contra el verdadero estado de cosas, sino contra su imagen refleja, a la cual comunicaba aquel toda su energía, permaneciendo oculto e inatacable en lo inconsciente.

Recapitulemos los datos que hemos podido obtener por medio de este breve y difícil esfuerzo psicoanalítico y que nos permitirán quizá llegar a la comprensión del caso patológico que hubo de motivarlo, suponiendo naturalmente que hayamos procedido con acierto en su análisis, cosa de la que no podéis vosotros ser jueces. Primer dato: la idea fija no es ya algo absurdo e incomprensible, sino que presenta un sentido y se halla bien motivada, formando parte de un suceso afectivo sobrevenido en la vida del paciente. Segundo dato: esta idea fija corresponde a la necesaria reacción a un proceso psíquico inconsciente que determinados indicios nos han hecho posible descubrir, y debe precisamente a una tal conexión con dicho proceso su carácter obsesivo y su resistencia a todos los argumentos proporcionados por la lógica y la realidad, llegando incluso a constituir algo deseado por el sujeto, como una especie de consuelo y alivio. Tercer dato: si la víspera de recibir el anónimo hizo la señora a su criada la confidencia que ya conocéis, es incontestable que la impulsó a ello el secreto sentimiento que hacia su yerno alimentaba, sentimiento que forma algo como el segundo término de su enfermedad. Vemos, por lo tanto, que este caso presenta, con el acto sintomático anteriormente analizado, importantes analogías en lo que se refiere al esclarecimiento del sentido o intención y a las relaciones con un inconsciente daño en la situación.

Claro es que con eso no hemos resuelto todas las interrogantes que podemos plantearnos a propósito de este caso, pues son muchos los problemas que entraña. Algunos de ellos no tienen aún solución posible, y otros no han podido ser resueltos por las circunstancias harto desfavorables en que el análisis hubo de realizarse. Así, podemos preguntarnos, todavía, por qué una mujer tan feliz en su matrimonio llega a enamorarse de su yerno y por qué el exutorio necesario a este sentimiento reprimido toma, en lugar de otra forma cualquiera, la de un reflejo o una proyección de su propio estado sobre su marido. Contrario a lo que pudiéramos creer, no son estas interrogantes ociosas y arbitrarias e incluso poseemos ya algunos datos que hacen posible una respuesta. En primer lugar, nuestra enferma se encuentra en la edad crítica, la cual trae consigo una súbita e indeseada exaltación de la necesidad sexual. Este hecho podría, en rigor, bastar para explicar todo el resto. Pero también es posible que el excelente y fiel marido no se hallase ya desde hace algunos años en posesión de una potencia sexual proporcionada a las necesidades de su mujer mejor conservada. Sabemos, por experiencia, que estos maridos, cuya fidelidad no tiene necesidad de ninguna otra explicación, se distinguen precisamente por el tierno cariño que muestran a sus mujeres y por una indulgencia poco común con respecto a los trastornos nerviosos de las mismas. Por último, puede también no ser indiferente que el amor patológico de esta señora haya venido a recaer precisamente sobre el joven marido de su hija. Una intensa pasión erótica de una madre hacia su hija, sentimiento que podría reducirse, en último análisis, a la constitución sexual de la primera, halla a veces, en tales transformaciones, el medio de continuar subsistiendo. A este propósito, habré de recordaros que las relaciones eróticas entre suegra y yerno han sido siempre consideradas como particularmente abyectas, y eran objeto en los pueblos primitivos de un rigurosísimo *tabú*[2]. Mas

---

[2] N. del Traductor. —Véase la obra de Freud *Tótem y tabú*, que forma parte de esta colección.

a pesar de esto, suelen superar, manifestándose ora en sentido positivo, ora en el negativo, la medida socialmente deseable. No habiendo conseguido realizar un completo análisis de este caso no puedo indicaros ahora cuál de los factores antes detallados intervino en la génesis del mismo, ni tampoco si actuaron dos de ellos o todos conjuntamente.

Advierto en este instante que estoy hablándoos de algo para cuya comprensión no os halláis preparados. Mas si lo he hecho así, ha sido con objeto de establecer un paralelo entre la Psiquiatría y el psicoanálisis. Y ahora os pregunto: ¿Habéis observado que exista una contradicción entre ambas? La Psiquiatría no aplica los métodos técnicos del psicoanálisis, ni intenta enlazar algo a la idea fija, satisfaciéndose con mostrarnos, en la herencia, un factor etiológico general y lejano, en lugar de dedicarse a la investigación de causas más especiales y próximas. Pero ¿acaso constituye esto una contradicción? Nada de eso; por el contrario, el psicoanálisis y la Psiquiatría se completan uno a la otra, hallándose en una relación semejante a la que existe entre el factor hereditario y el suceso psíquico, los cuales, lejos de excluirse recíprocamente, colaboran del modo más eficaz a la obtención del mismo resultado. Me concederéis, por lo tanto, que en la naturaleza de la labor psiquiátrica no hay nada que pueda servir de argumento contra la investigación psicoanalítica. Es el psiquíatra y no la Psiquiatría lo que se opone al psicoanálisis, la cual es a aquella, aproximadamente, lo que la Histología es a la Anatomía, ciencias de las cuales estudia una las formas exteriores de los órganos y la otra los tejidos y las células de que los mismos se componen. Una contradicción entre estos dos órdenes de estudios, continuación uno del otro, es inconcebible. La Anatomía constituye hoy la base de la medicina científica, pero hubo un tiempo en el que la disección de cadáveres humanos, practicada con el fin de estudiar la estructura interna del cuerpo, se hallaba prohibida, del mismo modo que hoy en día se juzga casi condenable dedicarse al psicoanálisis para investigar el funcionamiento íntimo de la vida psíquica. Todo nos lleva, sin embargo, a creer que no puede tardar ya en imponerse la convicción de que una psiquiatría verdaderamente científica ha de poseer un profundo conocimiento de los misteriosos procesos inconscientes que se desarrollan en nuestro psiquismo.

Nuestra disciplina psicoanalítica, tan combatida, posee quizá entre vosotros algunos partidarios que verían con gusto su consagración como método terapéutico, y sabiendo que los medios psiquiátricos de que hasta ahora disponemos no tienen acción ninguna sobre las ideas fijas, esperan que el psicoanálisis, al que es conocido el mecanismo de los síntomas a ellas correspondientes, será quizá más afortunado. Pues bien, desgraciadamente no es así y su impotencia actual ante estas afecciones es idéntica a la del resto de los métodos terapéuticos. Merced al psicoanálisis llegamos a descubrir lo que en la vida psíquica del enfermo se ha desarrollado, pero no poseemos medio alguno de hacérselo comprender al enfermo mismo. Ya os advertí que en el caso de que en esta primera lección nos hemos ocupado, me fue imposible llevar el análisis más allá de los primeros estratos. Pero ¿puede acaso hacerse de esta circunstancia un argumento para afirmar que en tales casos debe abandonarse todo análisis, como totalmente estéril? A mi juicio, no. Tenemos el derecho e incluso el deber de proseguir estas investigaciones, sin preocuparnos de su utilidad inmediata. Al llegar a su término, por ahora indeterminable, todos aquellos conocimientos que hayamos logrado adquirir en nuestro camino, por mínimos que parezcan, se encontrarán transformados en poder terapéutico. Por otro lado, aunque ante otras afecciones nerviosas y psíquicas demostrara el psicoanálisis una igual impotencia que con respecto a las ideas fijas, no por ello dejaría de hallarse perfectamente justificada como medio insustituible de investigación científica. Por si tal impotencia existiera en realidad, tampoco podría practicarse nuestra disciplina como método investigativo, pues los sujetos humanos que constituyen nuestro material de estudio se hallan dotados de voluntad propia, y para prestarse a ayudarnos tienen necesidad de motivos personales que a ello los impulsen. En caso contrario nos rehusarán siempre su colaboración. Por lo tanto, he de hacer constar, como término de esta primera lección, que existen amplios grupos de perturbaciones nerviosas, cuya comprensión resulta fácilmente transformable en poder terapéutico, y que en estas afecciones, difícilmente accesibles por otros caminos, logra el psicoanálisis obtener resultados nada inferiores a aquellos que se obtienen en cualquier otra rama de la terapéutica interna.

XVII
EL SENTIDO DE LOS SÍNTOMAS

En la lección que antecede hube de exponeros cómo la psiquiatría clínica prescinde de la forma aparente del contenido de los síntomas, mientras que, en cambio, el psicoanálisis dedica atención principal a ambos elementos, y ha sido, de este modo, el primero en establecer que todo síntoma posee un sentido y se halla estrechamente enlazado a la vida psíquica del enfermo. El sentido de los síntomas neuróticos fue descubierto por el doctor J. Breuer mediante el estudio y la acertadísima derivación de un caso de histeria (1880-1882), que se ha hecho célebre en los fastos de la medicina. Cierto es que P. Janet realizó, independientemente de Breuer, idéntico descubrimiento, y que incluso le pertenece la prioridad de publicación, pues Breuer no comunicó sus observaciones sino diez años más tarde (1893-95), en la época de su colaboración conmigo, pero en último término es indiferente establecer a cuál de los dos corresponde la prioridad en el hallazgo. En todo descubrimiento suele participar generalmente más de una persona y no siempre el éxito acompaña a quien realmente debiera. Así, América no ha recibido su nombre de Colón, su verdadero descubridor. Además, si a eso fuéramos, habríamos de hacer constar que antes que Breuer y Janet, formuló ya el gran psiquíatra Leuret la opinión de que, si supiéramos traducir los delirios de los alienados, encontraríamos que poseían un sentido. Por mi parte, confieso que durante mucho tiempo he estado dispuesto a atribuir a Janet los mayores merecimientos en la explicación de los síntomas neuróticos, por concebirlos como manifestaciones de "ideas inconscientes" que dominarían a los enfermos. Pero más tarde se ha expresado sobre este punto con tan exageradas reservas, que parece haber querido dar a entender que lo inconsciente no era para él sino un concepto auxiliar sin realidad alguna efectiva, inútil rectificación que le ha perjudicado extraordinariamente, aminorando en gran manera sus méritos científicos. Personalmente, puedo decir que desde ella me resultan incomprensibles las restantes deducciones de este autor.

Así, pues, los síntomas neuróticos poseen —como los actos fallidos y los sueños— un sentido propio y una íntima relación con la vida de las personas en las que surgen. Por medio de algunos ejemplos espero facilitaros la comprensión de este importante punto de vista, cuya general efectividad no puede, como es natural, ser objeto en estas lecciones de una prueba total. Pero aquellos que quieran convencerse de la verdad de mi afirmación sobre el sentido inherente a todo síntoma, no tienen sino realizar por sí mismos una cantidad suficiente de observaciones directas. Por determinadas razones, los ejemplos que a continuación voy a exponeros no están tomados de la histeria, sino de otra neurosis harto singular, y en el fondo muy análoga, sobre la cual habré de deciros previamente algunas palabras a título de introducción.

Esta neurosis, a la que denominamos *neurosis obsesiva*, no es tan generalmente conocida como la histeria, pues se comporta mucho más discretamente, renunciando casi por completo a todo género de manifestaciones somáticas y concentrando todos los síntomas en el dominio psíquico.

La neurosis obsesiva y la histeria han sido, entre todas las formas de la enfermedad neurótica, aquellas cuyo estudio ha constituido la primera base del psicoanálisis y cuyo tratamiento ha proporcionado y proporciona a nuestra terapia sus mayores éxitos. Especialmente la primera de dichas perturbaciones, que no presenta aquella misteriosa extensión de lo psíquico a lo somático característica de la histeria, ha sido objeto, por parte de nuestra disciplina, de un más completo esclarecimiento; demostrándose que presenta con mucha mayor precisión determinados caracteres de las enfermedades neuróticas.

Los enfermos de neurosis obsesiva muestran generalmente las siguientes manifestaciones: Experimentan impulsos extraños a su personalidad, se ven obligados a realizar actos cuya ejecución no les proporciona placer ninguno, pero a los cuales no pueden sustraerse y su pensamiento se halla invariablemente fijo a ideas ajenas a su interés normal. Tales ideas (representaciones obsesivas) pueden carecer por sí mismas de todo sentido o ser tan sólo indiferentes para el individuo al que se imponen, pero lo más frecuente es que sean totalmente absurdas. De todos modos, y cualquiera que sea el carácter que presenten, constituyen siempre el punto de partida de una intensa actividad intelectual, que agota al enfermo, el cual se ve constreñido, contra todo el torrente de su voluntad, a cavilar incesantemente en derredor de tales ideas, como si se tratase de sus asuntos personales más importantes. Los impulsos que el enfermo experimenta pueden presentar también, en ocasiones, un carácter infantil y desatinado, pero la mayor parte de las veces poseen un contenido temeroso, sintiéndose el enfermo incitado a cometer graves crímenes, de los que huye horrorizado, defendiéndose contra la tentación por medio de toda clase de prohibiciones, renunciamientos y limitaciones de su libertad. Conviene hacer constar que tales crímenes y malas acciones no llegan jamás a ser siquiera iniciados, pues la fuga y la prudencia acaban siempre por imponerse. Los actos que el enfermo lleva realmente a cabo, esto es, los actos obsesivos, son siempre inocentes e insignificantes, consistiendo de ordinario en repeticiones u ornamentaciones ceremoniosas de los actos más corrientes de la vida cotidiana. Resulta de este modo que los actos más necesarios, tales como los de acostarse, lavarse, vestirse o salir de paseo, se convierten en problemas complicadísimos, apenas solubles. Las representaciones, impulsos y actos patológicos no aparecen mezclados en idéntica proporción en cada forma y caso de neurosis obsesiva, pues, casi siempre es uno solo de estos factores el que domina en el cuadro sintomático y caracteriza a la enfermedad, pero todas las formas y todos los casos tienen innegables rasgos comunes.

Trátase ciertamente de una singular dolencia. La fantasía más extravagante de un psiquíatra no hubiera conseguido nunca imaginar nada semejante, y si no tuviéramos ocasión de ver continuamente casos de este género, no creeríamos en su existencia. No supongáis, sin embargo, contribuir al alivio del enfermo aconsejándole que se distraiga, deseche sus ideas absurdas y piense, en su lugar, en algo razonable. El enfermo mismo quisiera hacer aquello que le aconsejáis, pues presenta una perfecta lucidez, comparte vuestra opinión sobre sus síntomas obsesivos e incluso la formula espontáneamente antes que vosotros, pero nada le es posible hacer para mejorar su estado. Aquellos actos que la neurosis obsesiva impone al paciente se hallan sostenidos por una energía para la cual no encontramos comparación ninguna en la vida normal. El enfermo no puede hacer otra cosa que desplazar o sustituir su obsesión, reemplazando una idea absurda por otra que quizá lo es menos, cambiando de precauciones y prohibiciones o variando de ceremonial. Puede desplazarse la coerción, pero no suprimirla. Esta capacidad de desplazamiento de los síntomas desde su forma primitiva a otra muy alejada y diferente constituye uno de los principales caracteres de la neurosis obsesiva, dolencia en la cual descubrimos, además, la singularísima circunstancia de que las oposiciones (polaridades) que llenan la vida psíquica se muestran particularmente acentuadas. Junto a la obsesión de contenido negativo o positivo, vemos aparecer en el terreno intelectual un estado de duda que, extendiéndose sobre las cosas generalmente más ciertas y seguras, provoca en el sujeto una perpetua indecisión, despojándole de toda su energía y haciéndole imponerse inhibiciones cada vez más rigurosas. Este cuadro sintomático resulta tanto más singular cuanto que los neuróticos obsesivos suelen haber sido antes, por lo general, personas de carácter enérgico, a veces de una gran tenacidad y siempre de un nivel intelectual superior al vulgar. En la mayoría de los casos presentan además una alta disciplina moral, llevada hasta el escrúpulo y una extrema corrección. Podéis, pues, imaginar la difícil labor que es necesario llevar a cabo para orientarse en este contradictorio conjunto de rasgos de carácter y síntomas patológicos. Por lo tanto, no aspiramos en un principio sino a un modestísimo resultado, esto es, al de conseguir, comprender e interpretar algunos de los síntomas de esta enfermedad.

Antes de entrar en el fondo de la cuestión, querréis, sin duda, saber cuál es la actitud que la psiquiatría adopta ante los problemas de la neurosis obsesiva. Muy poco es lo que sobre este punto puede comunicaros, pues dicha disciplina se limita a distribuir calificativos a las diferentes obsesiones y a sostener que los sujetos portadores de los síntomas de las mismas son siempre "degenerados", afirmación nada satisfactoria, pues lejos de constituir un esclarecimiento, no pasa de ser una estimación de carácter peyorativo, de la que habremos de deducir que aquellos individuos que salen del nivel vulgar son campo abonado para el desarrollo de toda clase de singularidades. En realidad, es innegable que las personas susceptibles de presentar tales síntomas han de haber recibido de la naturaleza una constitución diferente de la del resto de los humanos. Pero ¿por qué razón ha de considerárselos más "degenerados" que a los demás nerviosos, tales como los histéricos o los enfermos de psicosis? La característica establecida por la psiquiatría resulta evidentemente demasiado general y hasta nos inclinaremos a rechazarla totalmente al observar que individuos de un gran valor social pueden presentar los mismos síntomas. Generalmente, sabemos muy poco de la vida íntima de nuestros grandes hombres, cosa debida tanto a su propia discreción como a la falta de sinceridad de sus biógrafos, pero cuando tropezamos con un fanático de la verdad, como Emilio Zola, que pone ante nosotros toda su vida sin el menor fingimiento, vemos cuántas costumbres obsesivas suelen atormentar a tales hombres de alta mentalidad.

Para estos neuróticos de elevada intelectualidad ha creado la psiquiatría la categoría de los "degenerados superiores". Está bien, pero el psicoanálisis nos ha descubierto que es posible hacer desaparecer definitivamente estos singulares síntomas obsesivos, como hacemos desaparecer muchas otras dolencias en sujetos que nadie ha pensado en calificar de "degenerados". Por mi parte, puedo asegurar que he conseguido más de una vez este halagüeño resultado.

Pasaré ahora a citaros dos ejemplos de análisis de un síntoma obsesivo. El primero de ellos data de hace ya muchos años, pero no he encontrado otro más reciente, que siendo de igual interés, se preste mejor a ser expuesto en estas lecciones. El segundo, en cambio, es de fecha muy próxima. Dado que los casos de este género exigen ser expuestos en su totalidad y sin omitir un solo detalle serán estos los dos únicos ejemplos que podré comunicaros aquí en apoyo de mis afirmaciones sobre esta parte de la investigación psicoanalítica.

Una señora de próximamente treinta años, que sufría de fenómenos obsesivos muy graves y a la que hubiera yo quizá logrado aliviar sin un pérfido accidente que destruyó toda mi labor y del que ya os hablaré en otra ocasión, ejecutaba varias veces al día, entre otros muchos, el singular acto obsesivo siguiente: Corría desde su alcoba a un gabinete continuo, se colocaba en un lugar determinado, delante de la mesa que ocupaba el centro de la habitación, llamaba a su doncella, le daba una orden cualquiera o la despedía sin mandarle nada y volvía después, con igual precipitación, a la alcoba. Este manejo no constituye, ciertamente, un grave síntoma patológico, pero sí es lo bastante singular para excitar nuestra curiosidad. Afortunadamente, pudo proporcionarnos su explicación —y de un modo irrefutable— la paciente misma, sin la menor intervención por nuestra parte, pues de otra forma nos hubiese sido imposible dar con el sentido de su acto obsesivo o siquiera proponer una interpretación del mismo. Siempre que le habíamos preguntado por qué llevaba a cabo aquel extraño manejo y qué significación podía tener, nos había contestado que lo ignoraba en absoluto, pero un día, después de lograr vencer en ella un grave escrúpulo de conciencia, encontró de repente la explicación buscada y nos relató los hechos a los que el misterioso síntoma se enlazaba. Más de diez años atrás, había contraído matrimonio con un hombre que le llevaba muchos años y que durante la noche de bodas demostró una total impotencia. Toda la noche la pasó corriendo de su cuarto al de su mujer para renovar sus tentativas, pero sin obtener éxito ninguno. A la mañana siguiente, dijo contrariado: "Me avergüenza que la criada que va a venir a hacer la cama pueda adivinar lo que ha sucedido", y cogiendo un frasco de tinta roja que por azar se hallaba en el cuarto, lo vertió en las sábanas; pero no precisamente en el sitio en que hubieran debido encontrarse las manchas de sangre. Al principio, no llegué a comprender qué relación podía existir entre este recuerdo y el acto obsesivo de mi paciente, pues el paso repetido de una habitación a otra y la aparición de la doncella eran los únicos extremos que el mismo tenía comunes con el supuesto antecedente real. Pero, entonces, me llevó la enferma a la segunda habitación, y colocándome ante la mesa me hizo descubrir, en el tapete que la cubría, una gran mancha roja y me explicó que se situaba junto a la mesa en una posición tal que la criada no podía por menos de ver la mancha. Ante este nuevo detalle no había ya posibilidad de duda sobre la estrecha relación existente entre la escena de la noche de bodas y el acto obsesivo actual. Pero además nos ofrece este caso otras interesantísimas observaciones.

Ante todo, es evidente que la enferma se identifica con su marido y reproduce su conducta durante la noche de bodas, imitando su paso de una habitación a otra. Para que tal identificación sea completa, habremos además de admitir que reemplaza el lecho y las sábanas por la mesa y el tapiz que la cubre, sustitución que podría parecernos arbitraria, si no conociésemos ya, por haberlo estudiado a fondo en la primera serie de estas lecciones, el simbolismo onírico[3]. Pero sabemos que la mesa es muchas veces, en nuestros sueños, una representación del lecho, y que mesa y lecho son, a la par, símbolos del matrimonio, pudiendo por lo tanto reemplazarse indistintamente entre sí.

Todo esto parece demostrar que el acto obsesivo de esta enferma posee un sentido, constituyendo una representación y una repetición de la escena anteriormente descrita. Pero nada nos obliga a declararnos satisfechos con esta apariencia de prueba, pues, sometiendo a un examen más detenido las relaciones entre el suceso real y el acto obsesivo, tendremos quizá interesantes informaciones sobre hechos más lejanos y sobre la intención del acto mismo. El nódulo de este último consiste, evidentemente, en el hecho de hacer venir a la criada y atraer su atención sobre la roja mancha, contrariamente a los deseos del marido después del desgraciado intento de simulación. De este modo, se conduce la paciente —siempre en representación de su marido— como si no tuviera que temer la entrada de la doncella, dado que la mancha cae sobre el lugar debido.

---

[3] N. del Traductor. —Véase el tomo IV de estas *Obras Completas.*

Vemos, pues, que no se contenta con reproducir la escena real, sino que la ha continuado y corregido, perfeccionándola. Pero, al hacerlo así rectifica también aquel otro penoso accidente que obligó al marido a recurrir a la tinta roja, esto es, a su total impotencia. De todo eso, habremos de deducir que el acto obsesivo de nuestra enferma presenta el siguiente sentido: "Mi marido no tenía por qué avergonzarse ante nadie, pues no era impotente". El deseo que encierra esta idea es presentado por la enferma como realizado en un acto obsesivo, análogamente a como sucede en los sueños, y obedece a la tendencia de la buena señora a rehabilitar a su esposo.

En apoyo de lo que antecede podría citaros todo lo que de esta paciente sé; o, mejor dicho, son todas las circunstancias de su vida las que nos imponen una tal interpretación de su acto obsesivo, ininteligible por sí mismo. Separada de su marido hace varios años, lucha contra la idea de solicitar sea anulado su matrimonio; mas por determinados escrúpulos de conciencia, no se decide a ello, y sintiéndose obligada a permanecer fiel, vive en el más absoluto retiro. Para alejar toda tentación, llega incluso a rehabilitarle y engrandecerle en su fantasía. Pero aún hay más. El verdadero y profundo secreto de su enfermedad consiste en que por medio de la misma protege a su marido contra las murmuraciones y le hace posible vivir separado de ella sin que nadie sospeche la causa real de la separación. Vemos, pues, cómo el análisis de un inocente acto obsesivo puede hacernos penetrar directamente hasta el más profundo nódulo de un caso patológico y revelarnos, al mismo tiempo, una gran parte del misterio de la neurosis de obsesión. Si me he detenido a exponeros minuciosamente este ejemplo ha sido por aparecer reunidas en él condiciones características que no en todos es posible encontrar. Su interpretación fue descubierta por la enferma misma, fuera de toda dirección ajena y mediante el establecimiento de una relación entre sus síntomas y un suceso real perteneciente no a un olvidado período de su vida infantil, sino a su plena madurez, suceso que ha dejado una precisa huella en su memoria. Todas las objeciones que la crítica dirige generalmente contra nuestras interpretaciones de síntomas se estrellan contra este solo caso, pero claro es que no siempre tenemos una tal fortuna.

Algunas palabras, todavía, antes de pasar a otro ejemplo: Seguramente, habréis extrañado que un acto obsesivo tan insignificante en apariencia nos haya llevado a cosa tan íntima de la existencia de la sujeto como la historia de su noche de bodas, y os preguntaréis, además, si el hecho de pertenecer tales intimidades precisamente a la vida sexual, ha de considerarse o no como un simple azar desprovisto de toda trascendencia. Claro es que esta circunstancia ha podido depender de la naturaleza particular del caso escogido como primer ejemplo, pero, de todos modos, quisiera que no sentarais conclusión alguna antes de oír el que a continuación voy a exponeros y que presenta una muestra de una categoría harto frecuente, o sea, de un ceremonial inherente al acto de acostarse.

Trátase de una bella muchacha de diecinueve, hija única y muy superior a sus padres, tanto en instrucción como en agilidad intelectual. De niña presentaba un carácter salvaje y orgulloso, y durante sus últimos años, sin causa exterior aparente, había llegado a mostrarse patológicamente nerviosa. Da prueba de una particular hostilidad contra su madre y se manifiesta descontenta, deprimida e inclinada a la indecisión y a la duda hasta el punto de no poder atravesar sola las plazas ni las calles un poco anchas. Nos hallamos aquí ante un complicado estado patológico, susceptible, por lo menos, de dos diagnósticos: El de agorafobia y el de neurosis obsesiva. Pero sin detenernos a discutir este punto concreto, pasaremos a lo que verdaderamente nos interesa en esta enferma, o sea, el ceremonial que lleva a cabo al acostarse y con el que causa la desesperación de sus padres. Puede decirse que, en un cierto sentido, todo sujeto normal tiene su ceremonial para acostarse, o precisa, para conciliar el sueño, del cumplimiento de determinadas condiciones, pues ha rodeado el paso del estado de vigilia al de reposo de ciertas formalidades que ha de reproducir exactamente cada noche. Pero todos los requisitos de que el hombre sano rodea su sueño son tan racionales como fácilmente comprensibles, y cuando las circunstancias exteriores le imponen alguna modificación, se adapta a ella sin trabajo ni pérdida de tiempo. En cambio, el ceremonial patológico carece de flexibilidad; sabe imponerse al precio de los mayores sacrificios, ocultándose detrás de fundamentos en apariencia racionales, y examinado superficialmente no parece diferenciarse del ceremonial normal sino por una exagerada minuciosidad. Pero un más detenido examen nos mostrará siempre que el ceremonial patológico trae consigo requisitos que ninguna razón justifica y otros francamente antirracionales. Nuestra enferma explica sus precauciones nocturnas, alegando que para dormir bien tiene necesidad de un silencio absoluto y se ve obligada, por lo tanto, a limitar todo lo que pudiera producir un ruido. Con este fin, toma todas las noches, antes de acostarse, las precauciones siguientes: En primer lugar, para el reloj de pared que hay en el cuarto y hace transportar a otra habitación distante todos los demás relojes, sin exceptuar siquiera uno pequeño de pulsera, metido dentro de su estuche. En segundo lugar, reúne sobre su escritorio todos los floreros y jarrones, de manera que ninguno de ellos pueda caer y romperse durante la noche, turbando así su reposo. Sabe, perfectamente, que la necesidad de proteger su descanso no justifica estas medidas sino en apariencia, pues se da cuenta de que el pequeño reloj de pulsera metido dentro de su estuche no podría ser causa de perturbación alguna, tanto más, cuanto que nadie ignora que el tic-tac regular y monótono de un reloj, lejos de perturbar el sueño, lo favorece. Conviene, además, en que el temor de que los floreros y jarrones caigan espontáneamente al suelo, produciendo ruido, es por completo inverosímil. Los restantes detalles del ceremonial carecen ya de toda relación con el absoluto silencio que dice serle necesario para conciliar el sueño. Así, exige, entre otras cosas, que la puerta que separa su alcoba de la de sus padres quede entreabierta, y para obtener este resultado la inmoviliza con ayuda de diversos objetos, precaución que en vez de evitar posibles ruidos es, por el contrario, susceptible de producirlos. Pero la parte más importante del ceremonial se refiere al lecho mismo. La almohada larga no debe tocar a la cabecera y el pequeño almohadón superior ha de quedar dispuesto en rombo sobre dicha almohada, reclinando luego la enferma su cabeza en este almohadón y precisamente en el sentido del diámetro longitudinal del rombo. Por último, ha de sacudir el edredón de manera que todo su contenido vaya a acumularse en su parte inferior formando un promontorio, pero inmediatamente deshace su labor igualándolo de nuevo.

Os haré gracia de los demás detalles, a veces muy minuciosos, de este ceremonial, los cuales sobre no enseñarnos nada nuevo nos alejarían considerablemente del fin que nos proponemos. Pero he de advertiros que la realización del mismo resulta mucho más complicada de lo que pudiera creerse. La enferma teme siempre no haberlo llevado a cabo con todo el cuidado necesario y revisa y repite indefinidamente cada uno de los actos de que se compone, a medida que sus dudas van recayendo sobre ellos. De este modo, resulta que tales manejos duran una o dos horas, durante las cuales ni la muchacha ni sus atemorizados padres pueden conciliar el sueño.

El análisis de este ceremonial no ha sido tan fácil como el del acto obsesivo de nuestra anterior enferma, pues me vi obligado a guiar a la muchacha y a proponerle proyectos de interpretación que rechazaba invariablemente con una negativa categórica o no acogía sino con una despreciativa duda. Pero a esta primera reacción negativa, siguió un período durante el cual, mostrándose interesada por las hipótesis de interpretación que se le proponían, reunía las asociaciones que con respecto a ellas surgían en su imaginación, comunicaba sus recuerdos y establecía relaciones entre ellos y sus síntomas, acabando por aceptar nuestra explicación de estos últimos, aunque sometiéndola previamente a una elaboración personal. A medida que esta labor iba cumpliéndose en ella, se fue haciendo menos meticulosa en la ejecución de sus actos obsesivos, y antes del término del tratamiento, llegó a abandonar todo su ceremonial. He de advertiros también que la labor psicoanalítica, tal como hoy en día la practicamos, no se ocupa sucesivamente de cada uno de los síntomas particulares hasta su completa elucidación. Por lo contrario, nos veremos a cada instante en la necesidad de abandonar un tema dado; pero ello no nos preocupa lo más mínimo, pues estamos seguros de volver a hallarlo al abordar el examen de cualquiera de los restantes elementos del caso. La interpretación de síntomas que a continuación voy a exponeros es, por lo tanto, una síntesis de resultados cuya consecución fue interrumpida varias veces por otros trabajos diferentes, y duró, de este modo, varios meses.

Nuestra enferma comenzó por comprender que si le resultaba imposible dejar un reloj en su cuarto durante la noche, era por constituir para ella, dicho objeto, un símbolo genital femenino. El reloj de pared, del que conocemos todavía otras interpretaciones simbólicas, asume este papel a causa de la periódica regularidad de su funcionamiento. Cuando una mujer quiere acentuar la regularidad de sus menstruos suele decir que "anda como un reloj". Pero lo que nuestra enferma temía, sobre todo, era ser perturbada en su sueño por el tic-tac de la maquinaria, ruido que puede ser considerado como una representación simbólica de los latidos del clítoris en los momentos de excitación sexual. En efecto, nuestra enferma había sido despertada repetidas veces por esta penosa sensación, y el temor a la misma, o sea, a la erección del clítoris; esto era lo que la obligaba a alejar de su alcoba todos los relojes en marcha. Los floreros y los jarrones son, como todos los recipientes, símbolos femeninos. Así, pues, la precaución de colocarlos durante la noche en sitio desde el que no pudiesen caer y romperse, no se hallaba desprovista de sentido. Conocida es la costumbre, nada rara, de romper un cacharro o un plato en la ceremonia de los esponsales y repartir los fragmentos entre los asistentes, costumbre que, colocándonos en el punto de vista de una organización matrimonial premonogámica, podemos interpretar como un renunciamiento de los circunstantes a los derechos que cada uno podía o debía tener sobre la desposada.

A esta parte del ceremonial de nuestra enferma asociaba la misma un recuerdo y varias ideas. Siendo aún niña, iba un día con un vaso en la mano y cayó al suelo, hiriéndose en un dedo con un cristal y sangrando abundantemente. Más tarde, al llegar a la pubertad tuvo conocimiento de los hechos referentes a las relaciones sexuales y quedó obsesionada por el temor angustioso de no sangrar en la noche de bodas, circunstancia que haría dudar a su marido de su virginidad. Sus precauciones contra la rotura de los floreros y jarrones de su alcoba constituyen, pues, una especie de reacción contra todo el complejo relacionado con la virginidad y la hemorragia consecutiva al primer contacto sexual, reacción de protesta que se dirige tanto contra el temor de sangrar, como contra el opuesto de no sangrar. Vemos, pues, que el deseo de prevenir todo ruido, con el cual explica la muchacha estas precauciones, no tiene, en realidad, relación ninguna con ellas.

La paciente misma adivinó el sentido central de su ceremonial un día en que tuvo la súbita comprensión del motivo por el que no quería que la almohada tocase la cabecera del lecho. "La almohada —decía— es siempre mujer, y la pared vertical del lecho, es hombre". Quería, pues, y por una especie de acto mágico, separar al hombre de la mujer, esto es, impedir a sus padres todo contacto sexual. Mucho antes de haber establecido su ceremonial, había intentado ya alcanzar idéntico fin de una manera más directa, simulando miedo o utilizando un miedo real, para obtener que la puerta que separaba la alcoba de la de sus padres quedase abierta durante la noche, medida que conservó luego en el ceremonial que nos ocupa. De este modo, se proporcionaba un medio de espiar a sus padres, y a fuerza de estar en constante vigilancia contrajo un insomnio que duró varios meses. No contenta con perturbar así la vida de sus padres, iba algunas veces a instalarse entre ambos en el lecho conyugal, acto con el que conseguía realmente separar la "almohada" de la "cabecera". Cuando alcanzó ya una edad en la que no podía acostarse con sus padres sin molestarlos y hallarse molesta ella misma, se ingenió todavía para simular un incoercible miedo, con el fin de obtener que la madre le cediese su sitio junto al padre y fuera a ocupar su cama de soltera. Esta situación constituyó seguramente el punto de partida de algunas de las fantasías cuya huella encontramos en el ceremonial.

El acto de sacudir el edredón que, como la almohada, es también un símbolo femenino, hasta que reuniéndose todas sus plumas en su parte inferior formase una especie de bolsa, posee también un sentido: el de embarazar a la mujer. Pero nuestra paciente no dejaba de disipar en el acto este simbólico embarazo, pues había vivido durante muchos años con el temor de que le naciese un hermano que hubiese dado al traste con su privilegiada posición de hija única. Por otro lado, si la almohada grande, símbolo femenino, representaba a su madre, el pequeño almohadón de encima tenía que ser representación de su propia persona. Más entonces, ¿por qué había de quedar este almohadón dispuesto en sentido romboidal y colocar luego ella encima su cabeza en la dirección del diámetro longitudinal del mismo? La paciente cayó en seguida en que el rombo es la elemental forma geométrica con la que se suele representar en los grafitos callejeros el genital femenino abierto. Así, pues, se adjudicaba ella el papel masculino, reemplazando con su cabeza el miembro viril. (*Cf. La decapitación como representación simbólica de la castración*).

Me diréis que es triste que en la imaginación de una muchacha virgen puedan germinar tales cosas. Convengo en ello, pero no debéis olvidar que en esta triste verdad no me cabe responsabilidad alguna, pues me he limitado a interpretar los signos en que se manifiesta. Los ceremoniales que acabo de describiros son siempre fenómenos de extraordinaria singularidad. Sin embargo, con respecto al caso presente no podréis menos de reconocer que existe una estrecha correspondencia entre sus elementos y las fantasías que la interpretación nos revela. Pero lo que más me interesa es que hayáis observado claramente en este ejemplo cómo estos ceremoniales son cristalización, no de una sola y única fantasía, sino de varias, muy distintas, aunque convergentes en un punto dado. Por último, habréis también advertido que las formalidades del ceremonial analizado traducían los deseos sexuales de un sentido tan pronto positivo, a título de sustitutivos, como negativo, a título de medios de defensa.

El análisis de este ceremonial hubiera podido proporcionarnos todavía más amplios resultados si hubiésemos relacionado con él todos los demás síntomas que la enfermedad presentaba, pero esta labor carecía de conexión con el fin que nos habíamos propuesto. Contentaos, pues, con saber que esta muchacha experimentaba por su padre una atracción erótica cuyos principios se remontaban a su niñez, hecho en el que habremos quizá de ver el motivo de su actitud hostil hacia su madre. Resulta, por lo tanto, que también el análisis de este síntoma nos ha introducido en la vida sexual de la enferma, circunstancia que hallaremos cada vez menos sorprendente a medida que vayamos conociendo mejor el sentido y la intención de los síntomas neuróticos.

En los dos ejemplos analizados, habréis podido observar que, al igual de los actos fallidos y los sueños, también los síntomas neuróticos poseen un sentido que los enlaza estrechamente a la vida íntima de los enfermos. Cierto es que no puedo pediros que consideréis suficiente prueba de esta afirmación los dos casos expuestos, pero, en cambio, vosotros no podéis exigirme que os exponga aquí un número ilimitado de ejemplos hasta que lleguéis a un tal convencimiento, pues la necesaria minuciosidad de este género de comunicaciones haría necesario un curso semestral de cinco horas por semana, sólo para elucidar este punto concreto de la teoría de la neurosis. Habré de limitarme, por lo tanto, a estas dos pruebas en favor de mi afirmación, remitiendo a aquellos que deseen conocer un mayor número de casos a la literatura existente sobre esta cuestión, y especialmente a las clásicas interpretaciones de síntomas efectuadas por J. Breuer, a las interesantísimas explicaciones de los obscuros síntomas de la demencia precoz, publicadas por C. G. Jung en la época en que este autor no era todavía más que psicoanalista y no pretendía arrogarse la categoría de profeta, y por último, a los estudios publicados en nuestras revistas psicoanalíticas. Las investigaciones de este género son precisamente muy numerosas, pues el análisis, la interpretación y la traducción de los síntomas neuróticos han atraído siempre el interés de los psicoanalistas hasta el punto de hacerles descuidar todos los demás problemas de las neurosis.

Aquellos de entre vosotros que quieran imponerse este trabajo de documentación quedarán seguramente impresionados por la amplitud y la fuerza probatoria del material reunido sobre esta materia; pero al mismo tiempo, tropezarán con una dificultad: Sabemos que el sentido de un síntoma reside en una relación del mismo con la vida íntima del enfermo. Cuanto más individualizado se halla un síntoma, más fácil resulta establecer dicha relación. La labor que nos incumbe, cuando nos hallamos ante una idea desprovista de sentido o de un acto sin objeto, será, por lo tanto, la de descubrir la situación pretérita en la que tales ideas o actos poseyeron sentido y objeto respectivamente. El acto obsesivo de aquella enferma que se colocaba delante de la mesa de su gabinete y hacía acudir a la doncella constituye el prototipo de este género de síntomas. Pero con gran frecuencia hallamos también síntomas que poseen un carácter totalmente distinto y a los que hemos de considerar como típicos de la enfermedad, pues son aproximadamente los mismos en todos los casos y no presentan diferencias individuales, o sólo tan poco definidas, que se hace muy difícil enlazarlos a la vida individual de los enfermos y referirlos a situaciones vividas. Ya el ceremonial de nuestra segunda enferma presenta muchos de estos rasgos típicos, aunque también nos muestra rasgos individuales suficientes para hacer posible lo que pudiéramos llamar interpretación *histórica* del caso. Mas todos estos enfermos de neurosis obsesiva poseen una tendencia a repetir determinados actos aislándolos de los restantes de su vida cotidiana y dándoles un ritmo distinto. La mayoría de ellos muestran un excesivo afán de limpieza. Los enfermos atacados de agorafobia (topofobia, miedo del espacio), dolencia que no entra ya en el cuadro de la neurosis obsesiva, sino en el de la histeria de angustia (*Angsthysterie*), reproducen en sus cuadros nosológicos, con una monotonía a veces fatigante, idénticos rasgos: miedo de los lugares cerrados, de los grandes espacios descubiertos y de las calles y avenidas que se extienden hasta perderse de vista, creyéndose, en cambio, protegidos cuando son acompañados por una persona conocida u oyen detrás de ellos el ruido de un coche. Pero sobre este fondo uniforme, cada enfermo presenta sus condiciones individuales, o como pudiéramos decir, sus fantasías, que son a veces diametralmente opuestas en los diversos casos. Unos temen las calles estrechas y otros las anchas; unos no pueden andar por la calle más que cuando hay poca gente y otros, por el contrario, sólo se sienten a gusto entre la multitud. Del mismo modo, la histeria, a pesar de toda su riqueza en rasgos individuales, presenta numerosísimos caracteres generales y típicos que hacen muy difícil la retrospección histórica. No olvidemos, sin embargo, que estos síntomas típicos son los que nos sirven de guía para fijar el diagnóstico. Si en un caso dado de histeria hemos conseguido enlazar un síntoma típico con un suceso personal o una serie de sucesos personales análogos, por ejemplo, relacionar una serie de vómitos histéricos con determinadas impresiones de repugnancia, nos desorientará ver que el análisis de otro caso de síntomas idénticos refiere los vómitos a la influencia presunta de sucesos personales de una naturaleza por completo diferente. En tales casos, nos inclinamos a admitir que los síntomas, o sea, en este ejemplo, los vómitos histéricos, poseen causas que permanecen ocultas, no siendo los datos históricos revelados por el análisis sino pretextos accidentales que en el momento de presentarse son aprovechados por la necesidad interna existente.

Llegamos así a la desalentadora conclusión de que si bien podemos obtener una explicación satisfactoria del sentido de los síntomas neuróticos individuales, guiándonos por su relación con los sucesos vividos por el enfermo, en cambio, todo nuestro arte interpretativo es insuficiente para descubrirnos el significado de los síntomas típicos, mucho más frecuentes. Además, habréis de tener en cuenta que no os he expuesto aún todas las dificultades con que tropezamos cuando queremos perseguir rigurosamente la interpretación histórica de los síntomas, exposición de la que quiero abstenerme de momento, mas no porque intente presentaros esta cuestión más fácil de lo que en realidad es, sino porque no me parece conveniente provocar confusiones y desalientos en vosotros desde el comienzo de vuestros estudios comunes. Cierto es que nos hallamos todavía al principio del camino que ha de llevarnos a la comprensión de lo que los síntomas significan, pero debemos atenernos provisionalmente a los resultados obtenidos y no avanzar sino progresivamente hacia lo desconocido. Trataré, pues, de mitigar la mala impresión que mis anteriores palabras hayan podido causaros, haciéndoos saber que entre las dos categorías de síntomas —individuales y típicos— no puede existir una diferencia fundamental. Demostrado que los síntomas individuales dependen incontestablemente de los sucesos vividos por el enfermo, podemos admitir que también los síntomas típicos pueden ser reducidos, a su vez, a sucesos igualmente típicos, esto es, comunes a todos los hombres. Los rasgos restantes que observamos regularmente en las neurosis pueden ser reacciones generales que la naturaleza misma de las alteraciones patológicas impone al enfermo, tales como la repetición y la duda de la neurosis obsesiva. En realidad, no tenemos razón ninguna para desalentarnos antes de conocer los resultados a que nuestra investigación ha de llevarnos más adelante.

En la teoría de los sueños, tropezamos con una idéntica dificultad, de la que no tuve ocasión de hablaros en nuestras anteriores lecciones sobre el fenómeno onírico. El contenido manifiesto de los sueños, que sometido al análisis nos da los resultados que ya conocéis, es infinitamente vario y presenta grandes diferencias individuales. Pero junto a esta variedad existen sueños que pueden ser igualmente calificados de típicos y se producen de un modo idéntico en todos los hombres, presentando un contenido uniforme que opone a la interpretación iguales dificultades que los síntomas antes detallados. Estos sueños son aquellos en que experimentamos la sensación de caer o planear en el espacio, volamos, nadamos, nos vemos privados de movimientos o desnudos, y otros varios de carácter angustioso. Su interpretación es, en cada sujeto, diferente, y no nos proporciona explicación alguna sobre la regular identidad de su contenido ni sobre su carácter típico. Pero en ellos observamos también un fondo común mezclado con rasgos individuales y es muy probable que los progresos de nuestra investigación nos permitan incluirlos en la concepción de la vida onírica que del estudio de los sueños restantes hemos deducido.

XVIII
La fijación al trauma. —Lo inconsciente

En mi pasada conferencia os anuncié que, para continuar la labor que aquí venimos desarrollando, no tomaríamos ya como punto de partida nuestras dudas y vacilaciones, sino los resultados positivos obtenidos. Comenzaremos, pues, por examinar dos interesantísimas conclusiones que se deducen de los dos análisis antes expuestos.

Primera: Las dos pacientes nos producen la impresión de hallarse, por decirlo así, *fijadas* a un determinado fragmento de su pasado, siéndoles imposible desligarse de él, y mostrándose, por lo tanto, ajenas al presente y al porvenir. Se han sumido en la enfermedad, como antes se sumergían en el claustro aquellas personas que no se sentían con fuerzas para afrontar una vida desgraciada o difícil. Nuestra primera enferma vio destrozada su vida por la no consumación de su matrimonio, y expresa, en sus síntomas, tanto sus agravios contra su marido como aquellos sentimientos que la impulsan a disculparle, rehabilitarle y lamentar su pérdida. Aunque joven y deseable, recurre a toda clase de precauciones reales e imaginarias (mágicas) para conservarle su fidelidad. Rehúsa todo trato social, descuida su tocado, experimenta dificultad para levantarse del sillón en que se halla sentada, vacila cuando tiene que firmar con su nombre de soltera, y es incapaz de hacer regalo ninguno a nadie, bajo el pretexto de que nadie debe recibir nada de ella.

En nuestra segunda paciente —la joven del ceremonial—, el factor que hubo de actuar sobre su existencia, desviándola del curso normal, fue una inclinación erótica hacia su padre, surgida en ella antes de la pubertad. De su estado patológico ha deducido la conclusión de que no puede casarse mientras no se cure, pero creemos más que justificada la sospecha de que, por el contrario, es para no casarse y poder permanecer junto a su padre por lo que ha enfermado.

No siendo esta extraña y desventajosa actitud de nuestras dos pacientes ante la vida un particularísimo rasgo personal, sino un carácter general y de gran trascendencia práctica de la neurosis, habremos de preguntarnos cómo, por qué caminos y en virtud de qué motivos llegan los enfermos a adoptarla. La primera enferma histérica que Breuer trató, se hallaba igualmente fijada a la época durante la cual hubo de asistir a su padre en la enfermedad que le llevó al sepulcro. Después, y a pesar de la curación de su histeria, renunció hasta cierto punto a la existencia, pues no obstante haber recobrado la salud y el ejercicio regular de todas sus funciones, se sustrajo al destino normal de la mujer. El análisis de todos y cada uno de estos casos nos demuestra que los enfermos han retrocedido, con sus síntomas y las consecuencias que de los mismos se derivan, a un período de su vida pretérita, eligiendo, casi siempre, una fase muy precoz de la misma, su primera infancia, y a veces, aunque parezca ridículo, el período en el que aún eran niños de pecho.

Las neurosis traumáticas, de las que tantos casos hemos observado durante la pasada guerra, presentan una cierta analogía con los casos de que aquí venimos ocupándonos. Estas neurosis, que también se dan en tiempos de paz como consecuencia de catástrofes ferroviarias u otros accidentes cualesquiera que hayan puesto en peligro la vida del sujeto, no pueden, en el fondo, asimilarse a las neurosis espontáneas, objeto habitual de la investigación y la terapia analítica, y por razones que espero poder exponeros algún día, no nos ha sido todavía posible someterlas a nuestros puntos de vista. Pero existe, sin embargo, un extremo en el que coinciden ambos géneros de neurosis, pues en las traumáticas, hallamos como base de la enfermedad una fijación del sujeto al accidente sufrido. Los pacientes reproducen regularmente en sus sueños la situación traumática, y en aquellos casos que se presentan acompañados de accesos histeriformes, susceptibles de análisis, puede comprobarse que cada acceso corresponde a un retorno total del sujeto a dicha situación. Diríase que para el enfermo no ha pasado aún en el momento del trauma, y que sigue siempre considerándolo como presente, circunstancia que merece todo nuestro interés, pues nos muestra el camino hacia una teoría, que pudiéramos calificar de *económica*, de los procesos psíquicos. En realidad, ya el término "traumático" no posee sino un tal sentido económico, pues lo utilizamos para designar aquellos sucesos que, aportando a la vida psíquica, en brevísimos instantes, un enorme incremento de energía, hacen imposible la supresión o asimilación de la misma por los medios normales, y provocan, de este modo, duraderas perturbaciones del aprovechamiento de la energía.

La semejanza descubierta entre ambas dolencias neuróticas nos induce a considerar también como traumáticos los sucesos a los que nuestros enfermos de neurosis espontánea parecen haber quedado fijados. Obtenemos, así, una etiología extraordinariamente sencilla para esta neurosis, pues podremos asimilarla a una enfermedad traumática y explicar su patogénesis por la incapacidad del paciente para reaccionar normalmente a un suceso psíquico de un carácter afectivo muy pronunciado. Es este el mismo punto de vista que, entre 1893 y 1895, expusimos Breuer y yo en la fórmula que encerraba los resultados de nuestras nuevas observaciones. A él se adapta perfectamente el primero de los casos analizados en el capítulo anterior, o sea, el de la joven enferma separada de su marido. No habiendo cicatrizado en ella la herida moral que le infirió la no consumación de su matrimonio, permanece como suspensa del trauma experimentado. Pero ya en nuestro segundo ejemplo —el de la muchacha eróticamente fijada a su padre— hallamos que nuestra fórmula no es lo suficientemente comprensiva. El enamoramiento infantil de una niña por su padre es un sentimiento tan corriente y tan generalmente dominado que el calificativo de "traumático" correría, si lo aplicásemos a este caso, el peligro de perder toda significación. Además, el historial de esta enferma nos muestra que su primera fijación erótica transcurrió sin daño alguno hasta parecer extinguida, y sólo muchos años después volvió a surgir, manifestándose en los síntomas de la neurosis obsesiva. Advertimos, pues, en este caso, un más amplio contenido de condiciones patógenas y una mayor complicación, pero creemos también que nada habremos de hallar en él que pueda invalidar el punto de vista traumático.

Creo conveniente abandonar aquí el camino por el que con las anteriores consideraciones nos hemos internado, y que, por el momento, no nos lleva a conclusión alguna. Para poder continuar por él habremos de ampliar previamente nuestros conocimientos. Mientras tanto, me limitaré a indicaros que la fijación a una fase determinada del pasado traspasa los límites de la neurosis. Toda neurosis comporta una fijación de este género, pero no toda fijación conduce necesariamente a la neurosis, se confunde con ella o se introduce en su curso. En la tristeza, que trae consigo un total desligamiento del presente y del porvenir, hallamos un manifiesto ejemplo de una tal fijación afectiva del pasado. Pero incluso los menos versados en estas cuestiones advierten una clarísima diferencia entre la tristeza y la neurosis que pueden ser consideradas como una forma patológica de la tristeza.

Nos sucede también, a veces, hallar individuos, que a consecuencia de un suceso traumático que ha conmovido lo que hasta el momento constituía la base misma de su vida, en un profundo abatimiento y llegan a renunciar a todo interés por el presente y el futuro, quedando fijadas al pasado todas sus facultades anímicas. Pero no por ello puede decirse que estos desgraciados sean neuróticos. Vemos, pues, que no debemos conceder un exagerado valor a este carácter de la neurosis, cualesquiera que sean sus efectos y la regularidad con que se manifieste.

Pasemos ahora a examinar el segundo resultado de nuestros análisis. Apropósito de nuestra primera enferma, hicimos observar cuán desprovisto de sentido se hallaba el acto obsesivo que llevaba a cabo y cuáles eran los recuerdos íntimos de su vida que con él enlazaba. A continuación, investigamos las relaciones que podrían existir entre este acto y dichos recuerdos, y descubrimos la intención del primero, guiándonos por la naturaleza de los segundos. Pero al llegar a este punto de nuestra labor, pasamos por alto un detalle que merece toda nuestra atención. Mientras la enferma estuvo repitiendo su acto obsesivo, no sabía que al realizarlo se refería a un suceso de su vida. No siéndole conocido el lazo existente entre el acto y dicho suceso, decía verdad al afirmar que ignoraba los móviles que la impulsaban a obrar. Mas un día, bajo la influencia del tratamiento, tuvo la revelación de dicho enlace y pudo comunicárnoslo, aunque ignorando todavía la intención al servicio de la cual realizaba su acto obsesivo, y que no era otra sino la de corregir un penoso suceso pretérito y rehabilitar a su marido, al que seguía amando. Sólo después de una larga y penosa labor llegó a comprender que tal intención podía ser la única causa determinante de su acto obsesivo.

De la relación con la escena que siguió a la desdichada noche de bodas y de móviles de la enferma, inspirados en su cariño conyugal, es de lo que dedujimos aquello que hemos convenido en considerar como el "sentido" del acto obsesivo. Pero mientras ejecutaba este, tal sentido le era desconocido, tanto en lo referente al origen del acto como en lo concerniente a su fin. Resulta, pues, que actuaban en ella procesos psíquicos de los que el acto obsesivo era un producto. Este producto era percibido normalmente por la enferma, pero ninguna de las condiciones psíquicas previas del mismo llegaba a su conocimiento consciente. Comportábase, pues, exactamente como aquel hipnotizado al que Bernheim ordenó abrir un paraguas en la clínica, cinco minutos después de despertar, y que una vez despierto, ejecutó esta orden sin poder explicar los motivos de su acto. A este género de situaciones es al que nos referimos cuando hablamos de *procesos psíquicos inconscientes*, y creemos poder afirmar rotundamente que no es posible definirlas de una manera científica más correcta. Si alguien lo logra, renunciaremos voluntariamente a la hipótesis de los procesos psíquicos inconscientes, pero de aquí a entonces, habremos de mantenerla y acogeremos con un resignado encogimiento de hombros la objeción de que lo inconsciente carece de toda realidad científica, no siendo sino un concepto auxiliar o *une façon de parler*, objeción inconcebible en el caso que nos ocupa, puesto que este inconsciente, cuya realidad se quiere negar, produce efectos de una realidad tan palpable y evidente como el acto obsesivo.

En el caso de nuestra segunda paciente, la situación es en el fondo idéntica. La sujeto creó un principio según el cual no debía la almohada tocar a la cabecera del lecho, y obedece a este principio sin conocer su origen y sin saber lo que significa ni tampoco a qué fuentes debe su poder. El enfermo puede no dar importancia a tales principios o puede también rebelarse, indignado contra ellos y proponerse desobedecerlos; todo ello no posee la menor importancia desde el punto de vista de la ejecución del acto obsesivo. Se siente impulsado a obedecer y es inútil que se pregunte por qué. En estos síntomas de la neurosis obsesiva, representaciones e impulsos que surgen de no se sabe dónde, mostrándose refractarios a todas las influencias de la vida normal y siendo considerados por el enfermo mismo como energías omnipotentes llegadas de un modo extraño o como espíritus inmortales que vienen a mezclarse al tumulto de la vida humana, hemos de reconocer, desde luego, un clarísimo indicio de la existencia de un particular sector de la vida anímica aislado de todo el resto de la misma. Tales síntomas y representaciones nos conducen infaliblemente a la convicción de la existencia de lo inconsciente psíquico, y esta es la razón de que la psiquiatría clínica, que no conoce sino una psicología de lo consciente, no sepa salir del apuro declarando que dichas manifestaciones no son otra cosa que productos de degeneración. Claro es que las representaciones y los impulsos obsesivos no son inconscientes por sí mismos, siendo objeto, como la realización de los actos obsesivos, de la percepción consciente. Para llegar a constituirse en síntomas han necesitado antes penetrar hasta la conciencia, pero las condiciones psíquicas previas a las cuales se hallan sometidos, así como los conjuntos en los que nuestra interpretación nos permite ordenarlos, si son inconscientes, por lo menos hasta el momento en que las hacemos llegar a la conciencia del enfermo por medio de nuestra labor de análisis.

Si a todo esto agregamos que el estado de cosas comprobado en nuestros dos análisis se repite en la sintomatología de todas las afecciones neuróticas, que los enfermos ignoran siempre y sin excepción alguna el sentido de sus síntomas, y que el análisis revela, en todo caso, que tales síntomas son producto de procesos inconscientes, los cuales pueden, sin embargo, ser hechos conscientes en determinadas y muy diversas condiciones favorables, comprenderéis sin esfuerzo, que el psicoanálisis no puede prescindir de la hipótesis de lo inconsciente y que nos hayamos acostumbrados a manejar este elemento como algo perfectamente concreto. Comprenderéis también cuán poco competentes son, en estas cuestiones, todos aquellos que no conocen lo inconsciente sino a título de noción y no han practicado nunca análisis ni interpretado jamás un sueño o buscado el sentido y la interpretación de síntomas neuróticos. Digámoslo una vez más: La sola posibilidad de atribuir, mediante la interpretación analítica, un sentido a los síntomas neuróticos constituye ya una prueba irrefutable de la existencia de procesos psíquicos inconscientes o, si lo preferís, de la necesidad de admitir la existencia de esos procesos.

Pero eso no es todo. Otro descubrimiento de Breuer, más importante aún a mi juicio que el primero, y realizado sin colaboración ajena, amplía considerablemente nuestro conocimiento de las relaciones existentes entre lo inconsciente y los síntomas neuróticos. El sentido de los síntomas es, desde luego, inconsciente, pero, además, existe, entre esta inconsciencia y la aparición o persistencia de los síntomas, una relación de exclusión recíproca. Vais a comprender en seguida lo que esto significa. De conformidad con las teorías de Breuer, afirmo, a mi vez, lo siguiente: Siempre que nos hallamos en presencia de un síntoma, debemos deducir la existencia en el enfermo de procesos inconscientes que contienen precisamente el sentido de dicho síntoma. Y, al contrario, es necesario que tal sentido sea inconsciente para que el síntoma se produzca. Los procesos conscientes no engendran síntomas neuróticos; pero, además, en el momento mismo en que procesos inconscientes se hacen conscientes, desaparecen los síntomas. Hallamos, pues, aquí un nuevo procedimiento terapéutico, o sea, un medio de lograr la desaparición de los síntomas. El mismo Breuer obtuvo de este modo la curación del caso de histeria a que antes nos hemos referido y fijó la técnica por medio de la cual se conseguía atraer a la conciencia del enfermo los procesos inconscientes que contenían el sentido de sus síntomas y provocar, por lo tanto, la desaparición de estos últimos.

Este descubrimiento de Breuer no fue resultado de una especulación lógica, sino de una afortunada observación directa favorecida por la colaboración de la enferma misma.

En lugar de intentar comprenderlo relacionándolo con algo ya conocido, os aconsejo que lo aceptéis como un hecho fundamental que trae consigo la explicación de otros muchos. Por lo tanto, habréis de permitirme que os facilite su inteligencia exponiéndolo en otra forma distinta.

El síntoma se forma como sustitución de algo que no ha conseguido manifestarse al exterior. Ciertos procesos psíquicos que hubieran debido desarrollarse normalmente hasta llegar a la conciencia han visto interrumpido o perturbado su curso por una causa cualquiera, y obligados a permanecer inconscientes, han dado, en cambio, origen al síntoma. Existe, pues, una especie de permuta que la terapia de los síntomas neuróticos habrá de deshacer.

El descubrimiento de Breuer constituye aún hoy en día la base del tratamiento psicoanalítico. El principio de que los síntomas desaparecen en cuanto sus previas condiciones inconscientes son atraídas a la conciencia del sujeto ha sido confirmado por todas las investigaciones ulteriores, a pesar de las singularísimas e inesperadas complicaciones con las que tropezamos al querer llevar a cabo su aplicación práctica. La eficacia de nuestra terapia no va más allá de la medida en la que le es posible transformar lo inconsciente en consciente.

Permitidme aquí una breve digresión encaminada a poneros en guardia contra la aparente facilidad de esta labor terapéutica. Por lo que hemos expuesto, pudiera creerse que la neurosis no es sino la consecuencia de una especie de ignorancia de ciertos procesos psíquicos que debían ser conocidos por el sujeto, definición que se aproximaría mucho a la teoría socrática según la cual el vicio mismo es un efecto de la ignorancia. Ahora bien; un médico acostumbrado a practicar análisis no hallará, generalmente, dificultad ninguna para descubrir los procesos psíquicos de los que un enfermo no tiene conciencia, y siendo así, debería poder restablecer sin esfuerzo a su paciente, desvaneciendo su ignorancia por la comunicación de lo que a él le ha sido posible descubrir. Por lo menos, la parte relativa al sentido inconsciente de los síntomas quedaría fácilmente resuelta de este modo, pues claro es que sobre la parte restante, o sea, sobre las relaciones existentes entre los síntomas y los sucesos vividos, no puede el médico proporcionar grandes aclaraciones, dado que no conoce dichos sucesos y tiene que esperar que el enfermo los recuerde y le hable de ellos. Pero incluso sobre este punto es posible obtener, en ciertos casos, las informaciones deseadas por un camino indirecto, interrogando a los familiares del enfermo, los cuales, hallándose al corriente de la vida del mismo, podrán, muchas veces, indicar aquellos sucesos que sobre ella han podido actuar a modo de traumas y referirse incluso a acontecimientos que el enfermo ignora por haberse producido en una época muy temprana de su vida. Combinando estos dos procedimientos debería, pues, alcanzarse, en poco tiempo y con un mínimo de esfuerzo, el resultado apetecido, o sea, el de atraer a la conciencia del enfermo sus procesos psíquicos inconscientes.

Desgraciadamente, la realidad práctica es muy distinta y nos muestra que puede haber géneros muy diversos de conocimiento y que no todos poseen un mismo valor psicológico. El conocimiento del médico no es el mismo que el del enfermo y no puede tener iguales efectos. Cuando el médico comunica al paciente sus descubrimientos no obtiene resultado positivo ninguno, o, mejor dicho, el único resultado que obtiene consiste, no en suprimir los síntomas, sino en iniciar el análisis, cuyos primeros datos son proporcionados, a veces, por las contradicciones y negativas del paciente. Este sabe ya algo que hasta el momento ignoraba, o sea, que sus síntomas poseen un sentido, pero su conocimiento de dicho sentido continúa siendo tan absolutamente nulo como antes. Vemos, por tanto, que existen varios géneros de ignorancia, mas para determinar en qué consisten tales diferencias será necesario esperar a que nuestros conocimientos psicológicos alcancen una mayor profundidad. De todos modos, nuestra afirmación de que los síntomas desaparecen en cuanto su sentido se hace consciente, no por ello resulta menos verdadera. Lo que sucede es que el conocimiento de dicho sentido debe hallarse basado en una transformación interna del enfermo, transformación que sólo mediante una labor psíquica continuada y orientada hacia un fin determinado puede llegar a conseguirse. Nos hallamos aquí en presencia de un problema que concretaremos dentro de poco en una *dinámica* de la formación de síntomas.

Quisiera saber si esto no os parece demasiado obscuro y complicado y si no os desoriento y confundo al reiterar con tanta frecuencia aquello mismo que acabo de exponer, rodear cada afirmación de toda clase de limitaciones y abandonar un camino a poco de iniciado. Sentiría que fuese así; pero no gusto de simplificar a expensas de la verdad y no veo inconveniente alguno en que os deis cuenta de que la materia aquí tratada presenta múltiples facetas y una extrema complicación. Pienso, además, que no hay mal ninguno en exponeros sobre cada punto concreto más de lo que por el momento puede seros útil, pues sé muy bien, que cada oyente o lector somete a una orientación en su pensamiento a aquello que le es comunicado, y abrevia la exposición, simplificándola, y seleccionando lo que le parece digno de conservar en su memoria. De este modo, resulta innegable que, hasta una cierta medida, cuantas más cosas se exponen, más queda en los oyentes. Espero, por lo tanto, que no obstante todos los accesorios con que he creído deber sobrecargar mi exposición, habréis conseguido formaros una clara idea de la parte esencial de la misma, esto es, de lo relativo al sentido de los síntomas, a lo inconsciente y a las relaciones existentes entre tales elementos. Y habréis comprendido también, que nuestros esfuerzos ulteriores tenderán a dos fines distintos: Averiguar cómo los hombres enfermos contraen neurosis que a veces duran toda la vida, cuestión que constituye un problema clínico, e investigar, en segundo lugar, cómo los síntomas patológicos se desarrollan partiendo de las condiciones de la neurosis, cuestión que constituye un problema de dinámica psíquica. Debe además de existir un punto en el que estos dos problemas se encuentren.

No quisiera avanzar más por hoy, pero como aún nos queda algún tiempo aprovechable, lo utilizaré para atraer vuestra atención sobre otro carácter de nuestros dos análisis, del que más adelante habremos de ocuparnos con todo detenimiento. Me refiero a las lagunas de la memoria o amnesias. Ya os hice observar que la actuación del tratamiento psicoanalítico podría resumirse en la siguiente fórmula: Transformar en consciente todo lo inconsciente patogénico. Pero quizá os extrañe averiguar que esta fórmula puede ser reemplazada por esta otra: Llenar todas las lagunas de la memoria de los enfermos, o sea, suprimir sus amnesias. Siendo equivalentes los contenidos de estas fórmulas, habremos de deducir que las amnesias de los neuróticos se hallan íntimamente relacionadas con la producción de sus síntomas. Sin embargo, recordando nuestro primer análisis, me observaréis que nada hay en él que justifique tal afirmación. La enferma, lejos de haber olvidado la escena a la que se enlaza su acto obsesivo, guarda de ella el más vivo recuerdo, y en la génesis de su síntoma no encontramos tampoco olvido ninguno. Menos precisa, pero totalmente análoga, es la situación psíquica de nuestra segunda enferma, la joven del ceremonial obsesivo. También ella recuerda claramente, aunque con cierta vacilación y muy a disgusto, su conducta anterior, cuando insistía para que la puerta que separaba su alcoba de la de sus padres permaneciese abierta toda la noche o para que su madre le cediese su sitio en el lecho conyugal. Lo único que pudiera parecernos singular es que la primera enferma, a pesar de haber llevado a cabo su acto obsesivo un número incalculable de veces, no haya tenido jamás la menor idea de las relaciones del mismo con el suceso acaecido la noche de bodas y que el recuerdo de este suceso no haya surgido en ella ni aun en el momento en que por un interrogatorio directo se le invitaba a buscar los motivos de dicho acto. Lo mismo podemos decir de la muchacha, la cual relaciona, además, su ceremonial y las circunstancias que lo provocaron con una misma situación, reproducida cada noche. En ninguno de estos casos se trata de una amnesia propiamente dicha, o sea, de una pérdida de recuerdos, pero sí existe la ruptura de una conexión que debería traer consigo la reproducción del suceso, es decir, su reaparición en la memoria. Una tal perturbación de esta facultad resulta suficiente en la neurosis obsesiva. En cambio, la histeria se caracteriza, la mayor parte de las veces, por amnesias de gran amplitud. El análisis de los síntomas histéricos revela, sin excepción alguna, toda una serie de impresiones de la vida pretérita que el enfermo confirma haber olvidado hasta el momento. Esta serie de impresiones olvidadas se extiende, por un lado, hasta los primeros años de la vida, de modo que la amnesia histérica puede ser considerada como una continuación directa de la amnesia infantil, que oculta, incluso a los sujetos más normales, las primeras fases de su vida anímica. Pero, además, averiguamos con asombro que también los sucesos más recientes de la vida de los enfermos pueden sucumbir al olvido, y especialmente aquellos que han favorecido la iniciación de la enfermedad o la han intensificado.

Con gran frecuencia desaparecen del recuerdo de tales sucesos recientes importantísimos detalles, o son estos sustituidos por recuerdos. También suele suceder, casi siempre, que próximo ya el término del análisis, comiencen a surgir recuerdos de sucesos recentísimos, cuya retención había dejado grandes lagunas en el contexto total.

Estas perturbaciones de la memoria son, como ya hemos dicho, características de la histeria, enfermedades que presenta también, a título de síntomas, estados (crisis de histerismo) que no deja generalmente huella ninguna en la memoria. Nada de esto puede, en cambio, observarse en la neurosis obsesiva, y por lo tanto habremos de deducir que tales amnesias constituyen un carácter psicológico de la alteración histérica y no un rasgo común a todas las neurosis. Pero esta diferencia pierde parte del valor que pudiéramos atribuirle ante la consideración siguiente: Al hablar del "sentido" de un síntoma nos referimos tanto a su procedencia como a su fin u objeto, esto es, tanto a las impresiones y sucesos a que debe su origen, como a la intención a cuyo servicio se ha colocado. El origen de un síntoma se reduce, de este modo, a impresiones procedentes, en un momento dado, pero que han devenido luego inconscientes a consecuencia del olvido en que hubieron de caer. El fin del síntoma, o sea, su tendencia, es, por el contrario, en todos los casos, un proceso endopsíquico que ha podido ser consciente alguna vez, pero que puede también haber permanecido oculto siempre en lo inconsciente. Carece, por lo tanto, de importancia el que la amnesia pueda recaer también sobre los orígenes del síntoma, esto es, sobre los sucesos en los que el mismo se basa, pues los factores que determinan la dependencia del síntoma con relación a lo inconsciente son, exclusivamente, su fin y su tendencia, factores que, desde un principio, han podido ser inconscientes.

Esta importancia que a lo inconsciente concedemos en la vida psíquica del hombre ha sido lo que ha hecho surgir contra el psicoanálisis las más encarnizadas críticas. Mas no creáis que esta resistencia que se opone a nuestras teorías, en este punto concreto, es debida a la dificultad de concebir lo inconsciente o la relativa insuficiencia de nuestros conocimientos sobre este sector de la vida anímica. A mi juicio, procede de causas más profundas. En el transcurso de los siglos han infligido la ciencia al ingenuo egoísmo de la humanidad dos graves mortificaciones. La primera fue cuando mostró que la tierra, lejos de ser el centro del universo, no constituía sino una parte insignificante del sistema cósmico, cuya magnitud apenas podemos representarnos. Este primer descubrimiento se enlaza para nosotros al nombre de Copérnico, aunque la ciencia alejandrina anunció ya antes algo muy semejante. La segunda mortificación fue infligida a la humanidad por la investigación biológica, la cual ha reducido a su más mínima expresión las pretensiones del hombre a un puesto privilegiado en el orden de la creación, estableciendo su ascendencia zoológica y demostrando la indestructibilidad de su naturaleza animal. Esta última transmutación de valores ha sido llevada a cabo en nuestros días, bajo la influencia de los trabajos de Charles Darwin, Wallace y sus predecesores, y a pesar de la encarnizada oposición de la opinión contemporánea. Pero todavía espera, a la megalomanía humana, una tercera y más grave mortificación, cuando la investigación psicológica moderna consiga totalmente su propósito de demostrar al *yo* que ni siquiera es dueño y señor en su propia casa, sino que se encuentra reducido a contentarse con escasas y fragmentarias informaciones sobre lo que sucede, fuera de su conciencia, en su vida psíquica. Los psicoanalistas no son ni los primeros ni los únicos que han lanzado esta llamada a la modestia y al recogimiento, pero es a ellos a los que parece corresponder la misión de defender este punto de vista con mayor ardor y aducir en su apoyo un rico material probatorio, fruto de la experiencia directa y al alcance de todo el mundo. De aquí la resistencia general que se alza contra nuestra disciplina, y el olvido de todas las reglas de la cortesía académica, de la lógica y de la imparcialidad en el que caen nuestros adversarios. Mas a pesar de todo esto, aún nos hemos visto obligados, como no tardaréis en saber, a perturbar todavía más y en una forma distinta la tranquilidad del mundo.

XIX

Resistencia y represión

Para progresar en nuestra inteligencia de las neurosis, precisamos de nuevos datos. Voy, pues, a exponeros dos interesantísimas observaciones que, al ser publicadas por vez primera, despertaron general sorpresa.

Primera: Los enfermos cuya curación emprendemos, intentando libertarles de sus síntomas, oponen siempre a nuestra labor terapéutica, y a través de toda la duración del tratamiento, una enérgica y tenaz resistencia. Es este un hecho tan singular que no extrañamos la incredulidad con que suele acogerse su exposición, y por lo tanto, nos guardamos muy bien de comunicarlo a los familiares del enfermo, pues correríamos el peligro de que nuestras indicaciones fuesen consideradas como una prudente medida preventiva, encaminada a justificar de antemano la larga duración del tratamiento o su posible fracaso. Tampoco el paciente reconoce su resistencia como tal, y constituye ya un éxito hacerle darse cuenta de ella. Tanto para él como para los que le rodean, tiene que resultar ridículamente inverosímil la idea de que pueda haber alguien que, atormentado por determinados síntomas y dispuesto a toda clase de sacrificios con tal de verlos desaparecer, se coloque, no obstante, al lado de su enfermedad y en contra de aquellos que acuden a librarle de ella. Y, sin embargo, nada más exacto. Ante la objeción de inverosimilitud, recordaremos un hecho análogo muy frecuente. No es nada raro ver individuos que, sufriendo de un terrible dolor de muelas, no se deciden a acudir al dentista o le oponen una violenta resistencia cuando trata de atenazar la muela enferma con la llave liberadora.

La resistencia del enfermo adopta las más diversas y sutiles formas, cambia continuamente de apariencia, y se hace a veces muy difícil de reconocer. Por lo tanto, el médico deberá hallarse constantemente sobre aviso y desconfiar de todos los actos y manifestaciones del paciente. En la terapia psicoanalítica aplicamos aquella misma técnica que os di a conocer al tratar de la interpretación de los sueños. Invitamos al enfermo a situarse en un estado de serena autoobservación y a comunicarnos todas las percepciones internas que de este modo efectúe —sentimientos, ideas y recuerdos— en el mismo orden en que se le vayan presentando. Le rogaremos, además, expresamente que no ceda a ningún motivo que pudiera dictarle una selección o una exclusión de determinadas percepciones, aunque las mismas le parezcan *desagradables o indiscretas, poco importantes o demasiado absurdas* para ser comunicadas. Por último, le advertiremos que no deberá pasar en ningún momento de la superficie de su conciencia, haciendo caso omiso de toda crítica que en él se eleve contra los resultados de su autoobservación, y le aseguraremos que el éxito y, sobre todo, la duración del tratamiento, dependen de la fidelidad con la que se conforme y adapte a esta regla fundamental del análisis. Por la aplicación de esta técnica a la interpretación de los sueños sabemos ya que precisamente aquellas ideas y recuerdos que más dudas y objeciones despiertan en el sujeto son las que encierran, por lo general, los materiales más susceptibles de ayudarnos a descubrir lo inconsciente.

El primer resultado que obtenemos al formular esta regla fundamental de nuestra técnica es el de despertar contra ella la resistencia del enfermo, el cual intentará sustraerse a sus mandamientos por todos los medios posibles. Tan pronto afirmará que no se le ocurre nada que comunicarnos, como alegará una imposibilidad de orientarse en el cúmulo de ideas que surgen en su imaginación. Comprobaremos, después, con desagrado que, a pesar de nuestras advertencias, cede a aquellas objeciones críticas contra las que hubimos de prevenirle, delatándose por las prolongadas pausas que intercala en sus manifestaciones, y acabando por confesar que le es imposible comunicarnos lo que se le ocurre por tratarse de cosas demasiado íntimas o concernientes a una tercera persona a la que no sería correcto poner en evidencia. Otras veces argüirá que se trata de algo tan insignificante, estúpido y absurdo que no puede creer tenga la menor relación con nuestros propósitos terapéuticos, y de este modo, continuará variando sus objeciones hasta lo infinito, obligándonos a recordarle que si le hemos dicho que había de comunicarnos *todo* lo que en su pensamiento surgiese es porque considerábamos indebida y perjudicial la más mínima excepción.

Difícilmente encontraremos un enfermo que no haya intentado silenciar todo un sector de su vida psíquica con el fin de hacerlo inaccesible al análisis. Uno de mis pacientes, persona de altas dotes intelectuales, me ocultó de este modo, durante semanas enteras, unas relaciones amorosas, y cuando le reproché tal infracción a la sagrada regla psicoanalítica, se defendió alegando haber creído que aquello no podía interesar a nadie más que a él. Pero el tratamiento psicoanalítico no admite este derecho de asilo. Inténtese, por ejemplo, decretar que en una ciudad como Viena no podrá prenderse a nadie en lugares tales como el Gran Mercado o la Catedral de San Esteban, y resultará inútil todo esfuerzo que se haga para capturar a cualquier malhechor, pues podemos estar seguros de que ninguno saldría de dichos asilos. En otro caso, había yo creído poder conceder un tal derecho de excepción a un individuo de cuyo restablecimiento dependían cuestiones de general importancia y al que un juramento oficial impedía revelar muchas cosas que ocupaban su imaginación. Después de vencer infinitas dificultades, terminó el tratamiento a satisfacción del enfermo, pero yo quedé mucho menos satisfecho de los resultados obtenidos y me prometí no emprender nunca un nuevo ensayo de este género en iguales condiciones.

Los neuróticos obsesivos llegan a hacer casi inaplicable esta regla técnica, exagerando sus escrúpulos de conciencia y sus vacilaciones; y los enfermos de histeria de angustia consiguen incluso reducirla al absurdo no confesando sino ideas, sentimientos y recuerdos cuya falta de relación con lo buscado desorienta totalmente nuestra labor. Pero no entra en mis intenciones exponeros al detalle todas estas dificultades técnicas. Les bastarás saber que cuando por fin conseguimos, a fuerza de energía y perseverancia, imponer al enfermo una cierta obediencia a nuestra regla fundamental, la resistencia vencida por este lado se transporta en el acto a otro terreno distinto, produciéndose una resistencia intelectual que combate con ayuda de los más diversos argumentos y se apodera de las dificultades e inverosimilitudes que el pensamiento normal, pero mal informado, descubre en las teorías analíticas. Escuchamos entonces de boca del enfermo todas las críticas y objeciones que en la literatura científica constan contra nosotros y que a su vez nos eran ya familiares antes de su publicación por haberlas oído exponer a pacientes anteriores. Como veis, trátase de una verdadera tempestad en un vaso de agua. Pero el enfermo consiente en oírnos y se presta a que le instruyamos, refutando sus objeciones e indicándole los trabajos de que puede extraer una completa información. Se halla dispuesto a hacerse partidario de nuestras teorías, pero a condición de que el análisis no intervenga en su caso para nada, singular actitud que habremos de rechazar como una manifestación de la resistencia, encaminada a desviarnos de nuestra labor terapéutica. En los neuróticos obsesivos, la resistencia se sirve de una táctica especial. El enfermo no pone obstáculo ninguno a nuestra labor analítica, haciéndonos creer que vamos obteniendo un rápido esclarecimiento de su caso patológico, pero al cabo de algún tiempo nos damos cuenta de que a dicho esclarecimiento no corresponde, como debiera, una marcada atenuación de los síntomas, y descubrimos que la resistencia se ha refugiado en el estado de duda, característico de la neurosis obsesiva, y burla, atrincherada en esta oculta posición, todos nuestros ataques. El enfermo piensa, aproximadamente, lo que sigue: "Todo esto es muy interesante y merece ser seguido con la mayor atención. Si fuera verdad, cambiaría seguramente el curso de mi enfermedad, pero no creo que lo sea, y mientras no me convenza, para nada puede influir en ella". Esta situación dura, a veces, largo tiempo hasta que nos es posible atacar a la resistencia en su refugio mismo e iniciar de este modo la lucha decisiva.

Las resistencias intelectuales no son las peores y logramos siempre vencerlas. Pero, permaneciendo dentro del cuadro del análisis, halla el enfermo medio de suscitar resistencias contra las que la lucha resulta extraordinariamente difícil. En lugar de recordar, reproduce aquellos sentimientos y actitudes de su vida pretérita que por medio de la *transferencia* pueden ser utilizados como procedimientos de resistencia contra el médico y el tratamiento. Los enfermos de sexo masculino reproducen generalmente, en estos casos, los sentimientos que abrigaron hacia su propio padre, pero sustituyendo a este la persona del médico, y convierten así en resistencia determinados caracteres de la relación filial o resultante de ella, tales como el deseo de independencia, el amor propio que impulsa al hijo a igualar o sobrepasar a su padre y la repugnancia a echar sobre sí, una vez más, en la vida, el peso del agradecimiento. Por momentos experimentamos la impresión de que el propósito de confundir al médico, hacerle sentir su impotencia y triunfar sobre él, supera en el enfermo a la intención, mejor y más lógica, de ver curada su enfermedad. Las mujeres muestran, a su vez, una gran maestría para utilizar, como procedimiento de resistencia, la transferencia sobre el médico de sentimientos cariñosos de acentuado carácter erótico. Cuando esta tendencia llega a alcanzar una cierta intensidad, pierde la enferma todo interés por el tratamiento y olvida todas las obligaciones a que prometió someterse en sus comienzos. Por otro lado, los celos, que no dejan nunca de presentarse, y la decepción que causa a la paciente la cortés frialdad que el médico opone a sus sentimientos no pueden sino contribuir a perturbar las serenas relaciones personales que deben existir entre médico y sujeto, y a eliminar, de este modo, uno de los más poderosos factores del análisis.

Sin embargo, no debemos condenar irrevocablemente las resistencias de este género, pues, a pesar de todo, contienen siempre importantísimos datos de la vida pretérita del enfermo, y nos lo revelan, además, de una forma tan convincente, que constituyen uno de los mejores elementos auxiliares del análisis, siempre que por medio de una acertada técnica se las sepa orientar favorablemente. Pero, de todos modos, se observa que estos elementos comienzan siempre por ponerse al servicio de la resistencia y no exteriorizan sino su parte hostil al tratamiento. Puede también decirse que se trata de caracteres o cualidades, peculiares al *yo* de la enferma, que han sido movilizados para combatir aquellas modificaciones que el tratamiento aspira a conseguir. Estudiando estos caracteres nos damos cuenta de que se han formado en relación con las condiciones de las neurosis y por reacción contra sus exigencias. Podemos, pues, considerarlos como latentes en el sentido de que no se hubieran jamás presentado, o no se hubieran presentado con la misma intensidad, fuera de la neurosis. Pero, no creáis que la aparición de estas resistencias pueda amenazar la eficacia del tratamiento analítico, pues no constituye nada imprevisto para el analista. Por el contrario, contamos con ellas, y únicamente nos desagradan cuando no logramos provocarlas con una precisión suficiente y hacerlas inteligibles al enfermo. Finalmente, llegamos a darnos cuenta de que la supresión de estas resistencias constituye la más importante función del análisis y, al mismo tiempo, la única parte de nuestra labor que, si logramos llevarla a buen puerto, podrá darnos la certidumbre de haber prestado al enfermo un verdadero servicio.

A todo esto, habréis de añadir que el paciente aprovecha cualquier ocasión de relajar su esfuerzo, utilizando con este fin los accidentes que puedan sobrevenir durante el tratamiento, los sucesos exteriores susceptibles de distraer su atención, las opiniones adversas al análisis formuladas por alguna persona de su intimidad, una enfermedad orgánica accidental o surgida a título de complicación de la neurosis, y en último término, incluso la misma mejoría de su estado. Añadid todo esto, y tendréis un cuadro, si no completo, muy aproximado de las formas y medios de resistencia con los que nos vemos obligados a luchar durante todo el análisis. Me he detenido a exponeros tan al detalle esta parte de nuestras investigaciones por ser precisamente el conocimiento de la resistencia opuesta por el enfermo a la supresión de sus síntomas lo que ha servido de base a nuestra concepción dinámica de las neurosis. Breuer y yo comenzamos por practicar la psicoterapia por medio del hipnotismo. La primera enferma de Breuer no fue tratada sino en estado de sugestión hipnótica, y yo continué después aplicando este procedimiento a mis enfermos. Con la ayuda del hipnotismo resulta el tratamiento analítico mucho más breve, fácil y agradable que actualmente, pero sus resultados eran inseguros y nada duraderos, razón por la cual me decidí a prescindir de él en absoluto, y vi entonces claramente cómo durante todo el tiempo en que hubimos de recurrir a su ayuda fue imposible llegar al conocimiento de la dinámica de estas enfermedades. En efecto, el estado hipnótico ocultaba la resistencia a la percepción del médico. Bajo la presión de la hipnosis, la resistencia dejaba libre un determinado sector en el que el análisis podía actuar con todo desembarazo, pero, en cambio, se acumulaba en los límites de dicho sector, haciéndose impenetrable. La actuación del hipnotismo, con respecto a la resistencia, resultaba, así, muy semejante a las que atribuimos a la duda de la neurosis obsesiva. Creo, por lo tanto, tener un pleno derecho a proclamar que el psicoanálisis propiamente dicho no data sino del momento en que renuncié a recurrir a la sugestión hipnótica.

Pero, aunque la comprobación de este fenómeno haya alcanzado una tan importante significación, será prudente preguntarnos si quizá no procedemos con alguna ligereza al considerar como resistencia muchas de las exteriorizaciones de nuestros enfermos. Pudieran existir casos de neurosis en los que la carencia de asociaciones obedeciese a causas distintas, y tampoco es imposible que los argumentos que sobre este punto concreto se nos oponen merezcan ser tomados en consideración, siendo nosotros los que obramos equivocadamente al rechazar la crítica intelectual de nuestros analizados, aplicándola al cómodo calificativo de resistencia. Pero debo advertiros que este juicio no ha sido formulado por nosotros sino después de una larga e intensa labor y después de haber tenido ocasión de observar a cada uno de estos enfermos críticos en el momento de aparición de una resistencia y después de la desaparición de la misma. Sucede, además, que la resistencia cambia constantemente de intensidad durante el curso del tratamiento, pues aumenta siempre que se aborda un tema nuevo, alcanza su grado máximo en el momento más interesante de la elaboración del mismo y baja de nuevo al quedar agotado. Lo que nunca hemos llegado a provocar, a menos de haber incurrido en graves errores de técnica, ha sido el *máximum* de resistencia de que el enfermo resulta capaz. De este modo, nos ha sido posible adquirir la convicción de que los pacientes abandonan y vuelven a adoptar su actitud crítica un número incalculable de veces durante el curso del análisis. Cuando nos hallamos a punto de atraer a la conciencia un nuevo fragmento particularmente penoso del material inconsciente, su criticismo alcanza el más alto grado y todo aquello que de nuestras teorías ha llegado a aceptar y comprender hasta el momento queda anulado en un instante. En su tendencia a la contradicción a todo precio, puede incluso llegar a presentar el cuadro completo de la imbecilidad afectiva. Pero si podemos ayudarle a vencer esta resistencia, recobrará el dominio sobre sus ideas y su facultad de comprender. Su crítica no es, por lo tanto, una función independiente, y como tal, digna de respeto, sino un arma de su situación afectiva dirigida por su resistencia. Contra aquello que no le conviene se defiende con agudo ingenio y gran espíritu crítico, pero, en cambio, da muestras de la mayor y más ingenua credulidad cuando se trata de aceptar algo que se acomoda a sus intenciones. Puede ser que esto mismo se verifique también en todo hombre normal y que si esta subordinación del intelecto a la vida afectiva se nos muestra con mayor precisión en el analizado, sea únicamente por la presión que sobre él ejerce el análisis.

¿Cómo explicamos este hecho de que el enfermo se defienda con tanta energía contra la supresión de sus síntomas y el restablecimiento del curso normal de sus procesos psíquicos? Nos decimos que estas fuerzas que se oponen a la modificación del estado patológico deben de ser las mismas que anteriormente hubieron de provocarlo. Los síntomas han debido de formarse a consecuencia de un proceso que la experiencia adquirida al tratar de suprimirlos ha de permitirnos reconstituir. Sabemos ya, desde las observaciones de Breuer, que la existencia del síntoma tiene por condición el que un proceso psíquico no haya podido llegar a su fin normal a manera de poder hacerse consciente. El síntoma viene entonces a sustituir a aquella parte evolutiva del proceso que ha quedado obstaculizada. Estas observaciones nos revelan el lugar en que debemos situar aquella actuación de una energía cuya existencia sospechábamos. Contra la penetración del proceso psíquico hasta la conciencia, ha debido de elevarse una violenta oposición que le ha forzado a permanecer inconsciente, adquiriendo como tal la capacidad de engendrar síntomas. Idéntica oposición se manifiesta, en el curso del tratamiento, contra los esfuerzos encaminados a transformar lo inconsciente en consciente, y esta oposición es la que advertimos en calidad de resistencia. A este proceso patógeno que se manifiesta a nuestros ojos por el intermedio de la resistencia es al que damos el nombre de *represión*.

Intentaremos ahora formarnos una idea más precisa de este proceso de represión que constituye la condición preliminar de la formación de síntomas y es a la vez algo para lo que no conocemos analogía ninguna. Tomemos como modelo un impulso, o sea, un proceso psíquico dotado de una tendencia a transformarse en acto. Sabemos que este impulso puede ser rechazado y condenado, y que, por este hecho, queda despojado de la energía de que podía disponer y deviene impotente. Pero puede persistir a título de recuerdo, dado que todo el proceso de su enjuiciamiento y condena se desarrolla bajo la intervención consciente del *yo*. Si este mismo impulso sucumbiera a la represión, la situación sería muy distinta, pues el impulso conservaría su energía, pero no dejaría tras de sí ningún recuerdo y el proceso mismo de la represión se llevaría a cabo sin conocimiento del *yo*.

Vemos, pues, que esta comparación no nos aproxima en ningún modo a la inteligencia de la naturaleza de la represión. Con objeto de conseguir la comprensión de este proceso os expondré ahora aquellas representaciones teóricas que han demostrado ser las únicas utilizables para enlazar el concepto de represión a una imagen definida. Ante todo, es necesario que sustituyamos al sentido descriptivo de la palabra *inconsciente* por su sentido sistemático, o, dicho de otra manera, es preciso que nos decidamos a reconocer que la conciencia o la inconsciencia de un proceso psíquico no son sino una de las

74

propiedades del mismo, sin que además hayan de ser, como tales, obligadamente unívocas. Cuando un proceso permanece inconsciente, su separación de la conciencia constituye, quizá, tan sólo un indicio de la suerte que ha corrido, pero nunca esta suerte misma. Para hacernos una idea exacta de este su destino admitimos que todo proceso psíquico —salvo una excepción de la que más tarde hablaremos— existe al principio en una fase o estadio inconsciente, pasando después a la fase consciente, del mismo modo que una imagen fotográfica comienza por ser negativa y no llega a constituir la imagen verdadera, sino después de haber pasado a la fase positiva. Ahora bien; así como no todos los negativos llegan necesariamente a ser positivados, tampoco es obligado que todo proceso psíquico inconsciente haya de transformarse en consciente.

Diremos, pues, que todo proceso forma parte primeramente del sistema psíquico de lo inconsciente y puede después, bajo determinadas circunstancias, pasar al sistema de lo consciente.

La representación más grosera de estos sistemas —o sea, la espacial— es la que nos resulta más cómoda. Asimilaremos, pues, el sistema de lo inconsciente a una gran antecámara en la que se acumulan, como seres vivos, todas las tendencias psíquicas. Esta antecámara da a otra habitación más reducida, una especie de salón en el que habita la conciencia, pero ante la puerta de comunicación entre ambas estancias hay un centinela que inspecciona a todas y cada una de las tendencias psíquicas, les impone su censura e impide que penetren en el salón aquellas que caen en su desagrado. Que el centinela rechace a una tendencia dada desde el umbral mismo del salón o que la haga retroceder después de haber penetrado en él son detalles exentos de toda importancia y dependientes tan sólo de la mayor o menor actividad y perspicacia que el mismo despliegue. Esta imagen tiene para nosotros la ventaja de permitirnos desarrollar nuestra nomenclatura técnica. Las tendencias que se encuentran en la antecámara reservada a lo inconsciente escapan a la vista de la conciencia, recluida en la habitación vecina, y, por lo tanto, tienen que permanecer inconscientes en un principio. Cuando después de haber penetrado hasta el umbral son rechazadas por el vigilante, es que son incapaces de devenir conscientes, y entonces las calificamos de *reprimidas*. Pero tampoco aquellas otras a las que el vigilante ha permitido franquear el umbral se han hecho por ello conscientes necesariamente, pues esto no podrá suceder más que en los casos en que hayan conseguido atraer sobre sí la mirada de la conciencia. Llamaremos, pues, a esta segunda habitación sistema de lo *preconsciente*. De este modo, conserva la percatación su sentido puramente descriptivo. La esencia de la represión consiste en el obstáculo infranqueable que el centinela opone al paso de una tendencia dada de lo inconsciente a lo preconsciente. Y este mismo centinela es el que se nos muestra en forma de resistencia cuando intentamos poner fin a la represión por medio del análisis.

Me diréis, sin duda, que estas representaciones son tan groseras como fantásticas y nada propias de una exposición científica. Convengo en que, efectivamente, adolecen del primero de los defectos señalados, y añadiré que no las creo, además, completamente exactas. Así, pues, tengo ya preparado algo que las sustituya con ventaja, aunque no pueda garantizaros que no siga pareciéndonos fantástico. Entre tanto, habréis de concederme que estas representaciones auxiliares, de las que tenemos un ejemplo en el muñeco de Ampère nadando en el circuito eléctrico, no son, ni mucho menos, despreciables, en tanto en cuanto constituyen un medio auxiliar para la comprensión de determinadas observaciones. Puedo aseguraros que nuestra grosera hipótesis de las dos habitaciones con un centinela vigilando a la puerta de comunicación entre ambas, y la conciencia como espectadora al fondo de la segunda estancia, nos da una idea muy aproximada de la situación real, y quisiera también que convinierais en que nuestros términos *inconsciente, preconsciente* y *consciente* prejuzgan menos y se justifican más que otros muchos propuestos o ya en uso, tales como *subconsciente, paraconsciente, intraconsciente*, etc.

Pero aún podéis hacerme una observación mucho más importante. Podéis, en efecto, advertirme que la organización del aparato psíquico admitida por nosotros para la explicación de los síntomas neuróticos habrá de poseer una validez general y servirnos también para el esclarecimiento de la función normal. Exacto. No me es posible por el momento entrar en el examen de esta extensión de nuestra hipótesis a la vida anímica normal, pero sí quiero hacer resaltar el extraordinario incremento que experimenta nuestro interés por la psicología de la formación de síntomas, ante la esperanza de que el estudio de las circunstancias patológicas nos aproxime al conocimiento del devenir psíquico normal, oculto hasta ahora a nuestros ojos. Todo esto que acabo de exponeros sobre los dos sistemas psíquicos, sus relaciones recíprocas y los lazos que les unen a la conciencia, ¿no os recuerda algo ya conocido? A poco que reflexionéis, os daréis cuenta de que el centinela que hemos colocado entre lo inconsciente y lo preconsciente no es otra cosa que una personificación de la *censura*, a la que en nuestra primera serie de conferencias vimos dedicada a la formación del sueño manifiesto[4]. Los restos diurnos, a los que reconocimos como estímulos del sueño, eran, según nuestra concepción del fenómeno onírico, materiales inconscientes que, habiendo sufrido durante el estado de reposo nocturno la influencia de deseos inconscientes y reprimidos, se asocian a ellos y forman, con su colaboración y merced a la energía de que se hallan dotados, el sueño latente. Bajo el

---

[4] N. del Traductor. —Véase el tomo IV de estas *Obras Completas* titulado *Introducción al Psicoanálisis I: Los actos fallidos y los sueños.*

dominio del sistema inconsciente, los materiales preconscientes sufren una elaboración constituida por una condensación y un desplazamiento, elaboración que no suele observarse sino excepcionalmente en la vida psíquica normal, o sea, en el sistema preconsciente. Estas diferencias en el funcionamiento de los dos sistemas fue lo que nos sirvió para caracterizarlos, considerando únicamente como un indicio de la pertenencia de un proceso a uno u otro de ellos su relación con la conciencia, la cual no es sino una prolongación de lo preconsciente. Ahora bien; el sueño no es ya un fenómeno patológico, y se realiza en todo hombre normal, dentro de las condiciones que caracterizan al estado de reposo. Nuestra hipótesis sobre la estructura del aparato psíquico, hipótesis que engloba en la misma explicación la formación del sueño y la de los síntomas neuróticos, puede extenderse, según todas las probabilidades, a la vida psíquica normal.

Es esto todo lo que por el momento puedo deciros sobre la represión, proceso que no es sino una condición preliminar de la formación de síntomas. Sabemos que el síntoma es un sustitutivo de algo que la represión impide manifestarse. Pero del conocimiento de este proceso a la comprensión de la formación sustitutiva hay una considerable distancia. La represión nos plantea ya por sí misma los problemas de cuáles son las tendencias psíquicas que a ella sucumben y cuáles las fuerzas que la imponen y los motivos a que obedece. Para responder a estas interrogantes, no disponemos por ahora sino de un único elemento. Nuestras anteriores investigaciones nos han demostrado que la resistencia es un producto de las fuerzas del *yo*, esto es, de sus cualidades características, tanto conocidas como latentes. Son, pues, estas mismas fuerzas y cualidades las que deben de haber determinado la represión, o por lo menos, haber contribuido a producirla. El resto nos es todavía desconocido.

En este punto acude a prestarnos su auxilio el segundo de los resultados experimentales de que antes os he hablado. El análisis nos permite definir de un modo general la intención a cuyo servicio se hallan colocados los síntomas neuróticos. No es esto, además, nada nuevo para vosotros, pues ya pudisteis observarlo en los casos de neurosis que hemos sometido a investigación. Ahora bien; podéis alegar que dos únicos análisis no constituyen prueba suficiente y exigirme que os demuestre mi afirmación en un número ilimitado de ejemplos. Pero esto es imposible. Habré, pues, de aconsejaros nuevamente que recurráis a la observación directa o prestéis fe a la afirmación unánime de todos los psicoanalistas.

Recordaréis sin duda que en los dos casos cuyos síntomas hemos sometido a un detenido examen nos ha hecho penetrar el análisis en la vida íntima sexual de los enfermos. Además, en el primero de ellos, hemos reconocido de un modo particularmente preciso la intención o la tendencia de los síntomas investigados. En cambio, en el segundo, es posible que dicha intención o tendencia haya quedado oculta por algo de lo que ya tendremos ocasión de hablar más adelante. Todos los demás casos que sometiésemos al análisis nos revelarían exactamente los mismos datos, pues en todos ellos llegaríamos al conocimiento de los deseos sexuales del enfermo y de los sucesos de este mismo orden que han dejado una huella en su vida, imponiéndonos la conclusión de que todos los síntomas de los neuróticos obedecen a idéntica tendencia, esto es, a la satisfacción de los deseos sexuales. Los síntomas tienden a la satisfacción sexual del enfermo y constituyen una sustitución de la misma cuando el enfermo carece de ella en la vida normal.

Recordad el acto obsesivo de nuestra primera paciente. Tratábase de una mujer privada de su marido, al que ama en extremo, pero cuya vida no puede compartir a causa de sus defectos y debilidades. No obstante, debe continuar siéndole fiel y no intenta reemplazarle por otro hombre. Su síntoma obsesivo le procura aquello a lo que aspira, pues por medio de él rehabilita a su marido, negando y corrigiendo sus debilidades, y, ante todo, su impotencia. Este síntoma no es, en el fondo, como los sueños, sino una satisfacción de un deseo erótico. A propósito de nuestra segunda enferma, habréis podido observar, por lo menos, que su ceremonial se encaminaba a oponerse a las relaciones sexuales de sus padres con el fin de hacer imposible el nacimiento de un nuevo hijo. Habréis visto, igualmente, que por medio de este ceremonial tendía, en el fondo, nuestra enferma a sustituir a su madre. Trátase, pues, aquí, como en el primer caso, de la supresión de obstáculos que se oponen a la satisfacción sexual y de la realización de deseos eróticos. De aquella complicación a que antes aludimos nos ocuparemos muy en breve.

Con el fin de justificar las restricciones que a continuación he de imponer a la generalidad de los principios expuestos, quiero atraer ahora vuestra atención sobre el hecho de que todo lo que aquí afirmo sobre la represión, la formación de los síntomas y su significado ha sido deducido del análisis de tres formas de neurosis —la histeria de angustia, la histeria de conversión y la neurosis obsesiva— y no se aplica en principio más que a ellas. Estas tres afecciones, que acostumbramos a reunir en un mismo grupo bajo el nombre genérico de *neurosis de transferencia*, circunscriben igualmente el dominio en que puede ejercerse la terapia psicoanalítica. Las demás neurosis no han sido objeto, por parte del psicoanálisis, de estudios tan penetrantes y profundos, e incluso hemos dejado de ocuparnos de uno de sus grupos ante la imposibilidad de toda intervención terapéutica. No debéis olvidar que el psicoanálisis es una ciencia aún muy joven, que para prepararse a ejercerla es necesaria una penosa y duradera labor y que, hasta hace poco tiempo, no contaba sino con un sólo partidario.

Pero en la actualidad se manifiesta un general deseo de penetrar y comprender la naturaleza de aquellas otras afecciones distintas de las neurosis de transferencia y espero poder exponeros todavía el desarrollo que experimentan nuestras hipótesis y resultados al ser aplicados a estos nuevos materiales, y mostraros cómo de estos nuevos estudios no ha surgido refutación alguna de nuestras primeras conclusiones. Una nueva observación, referente a las tres neurosis de transferencia, realza aún más el valor de los síntomas. El examen comparativo de las causas ocasionales de estas tres enfermedades da un resultado que puede resumirse en la fórmula siguiente: Los enfermos atacados por ellas sufren de una *privación* por rehusarles la realidad la satisfacción de sus deseos sexuales. Como veis, el acuerdo entre estos dos resultados es perfecto y nos muestra una vez más que los síntomas son una satisfacción sustitutiva destinada a reemplazar a aquella que resulta imposible en la vida normal.

Ciertamente, pueden oponerse todavía numerosas objeciones al principio de que los síntomas neuróticos son satisfacciones sexuales sustitutivas. De dos de estas objeciones quiero ocuparme en el acto. Si hubierais sometido directamente al examen psicoanalítico un cierto número de enfermos, me diríais quizá en tono de reproche: "Existe una serie de casos en que vuestra afirmación no se confirma, pues los síntomas parecen presentar en ellos una tendencia contraria, consistente en excluir o suprimir la satisfacción sexual". No voy por ahora a negar la exactitud de vuestra interpretación. Pero aquellos estados que constituyen el objeto de los estudios psicoanalíticos son generalmente más complicados de lo que quisiéramos, aunque claro es que si no lo fueran no habría necesidad de una disciplina especial para elucidarlos. Ciertos fragmentos del ceremonial de nuestra segunda enferma muestran, en efecto, este carácter ascético y hostil a la satisfacción sexual, por ejemplo, cuando aleja de su habitación toda clase de relojes, acto mágico con el que imagina evitarse las erecciones nocturnas, o cuando quiere impedir la caída y rotura de floreros y jarrones esperando con este acto preservar su virginidad.

En otros casos de ceremonial inherente al acto de acostarse, a los que he tenido ocasión de analizar, este carácter negativo se mostraba mucho más pronunciado, y algunos de ellos se componían por entero de medidas preservativas contra los recuerdos y las tentaciones sexuales. Pero el psicoanálisis nos ha demostrado más de una vez que las antítesis no equivalen siempre a una contradicción. Pudiéramos ampliar nuestro principio diciendo que los síntomas tienden unas veces a procurar una satisfacción sexual al sujeto y otras a preservarle contra la misma, predominando en la histeria el carácter positivo, o sea, el de satisfacción; y el negativo o ascético, en la neurosis obsesiva. Si los síntomas pueden servir tanto a la satisfacción sexual como a su contrario, este doble destino o bipolaridad se explica perfectamente por uno de los engranajes de su mecanismo, del que no hemos tenido todavía ocasión de hablar. Los síntomas son, ante todo, como más adelante veremos, efectos de transacciones resultantes de la interferencia de las tendencias opuestas y expresan tanto lo que ha sido reprimido como lo que ha constituido la causa de tal represión y ha contribuido, de esta manera, a su génesis. La sustitución puede efectuarse más en provecho de una de estas tendencias que de la otra y raras veces se hace en provecho de una sola. En la histeria, las dos intenciones se expresan, la mayor parte de las veces, por un único síntoma, y en cambio, en la neurosis obsesiva, existe una separación entre ambas, consistente en que el síntoma aparece en dos tiempos, esto es, se compone de dos actos que se llevan a cabo sucesivamente y se anulan uno al otro.

Menos fácil nos será disipar otra de nuestras dudas. Pasando revista a un cierto número de interpretaciones de síntomas, os mostraréis quizá inclinados a concluir que constituye un abuso teórico el querer explicaros todos por la satisfacción sustitutiva de deseos sexuales, y haréis resaltar que estos síntomas no ofrecen a la satisfacción ningún elemento real, limitándose la mayor parte de las veces a reanimar una sensación o a representar una imagen fantástica perteneciente a un complejo sexual. Hallaréis, además, que la pretendida satisfacción sexual presenta con gran frecuencia un carácter pueril e indigno, se aproxima a un acto masturbatorio o recuerda aquellas sucias prácticas que prohibimos ya a los niños. Pero, sobre todo, manifestaréis vuestro asombro ante el hecho de considerar como una satisfacción sexual algo que no debía ser descrito sino como una satisfacción de deseos crueles o repugnantes y a veces contra la naturaleza. Sobre estos últimos puntos no nos será posible ponernos de acuerdo mientras no hayamos sometido a un profundo examen la vida sexual del hombre y no hayamos definido qué es lo que podemos permitirnos considerar como sexual sin riesgo de equivocarnos.

XX
La vida sexual humana

A primera vista parece que todo el mundo se halla de acuerdo
sobre el sentido de "lo sexual", asimilándolo a lo indecente, esto
es, a aquello de que no debe hablarse entre personas correctas.
Hasta mis oídos ha llegado la curiosa anécdota siguiente: Los
alumnos de un célebre psiquíatra, queriendo convencer a su
maestro de que los síntomas de los histéricos poseían, con
extraordinaria frecuencia, un carácter sexual, le condujeron ante
el lecho de una histérica, cuyos accesos simulaban, innegablemente, el parto. Mas el profesor exclamó con aire despectivo:
"Está bien; pero el parto no tiene nada de sexual". En efecto;
un parto no es siempre un acto incorrecto y poco decoroso.

Extrañaréis, sin duda, que me permita bromear sobre cosas
tan serias. Pero he de advertiros que no se trata únicamente de
una chanza más o menos ingeniosa, pues, en realidad, resulta
muy difícil delimitar con exactitud el contenido del concepto
de "lo sexual". Lo más acertado sería decir que entraña todo
aquello relacionado con las diferencias que separan los sexos,
mas esta definición resultaría tan imprecisa como excesivamente
comprensiva. Tomando como punto central el acto sexual en
sí mismo, podría calificarse de sexual todo lo referente a la
intención de procurarse un goce por medio del cuerpo, y en
particular, de los órganos genitales del sexo opuesto, o sea, todo
aquello que tiende a conseguir la unión de los genitales y la
realización del acto sexual. Sin embargo, esta definición tiene
también el defecto de aproximarnos a aquellos que identifican
lo sexual con lo indecente y hacernos convenir con ellos en que
el parto no tiene nada de sexual. En cambio, considerando la

procreación como el nódulo de la sexualidad, se corre el peligro de excluir del concepto definido una gran cantidad de actos, tales como la masturbación o el mismo beso, que presentando un indudable carácter sexual no tienen la procreación como fin. Estas dificultades con que tropezamos para establecer el concepto de lo sexual surgen en todo intento de definición y, por lo tanto, no deben sorprendernos con exceso. Lo que sí sospechamos es que en el desarrollo de la noción de "lo sexual" se ha producido algo cuya consecuencia podemos calificar, utilizando un excelente neologismo de H. Silberer, de "error por encubrimiento" (*Uberdeckungsfehler*). Sin embargo, tampoco sería justo decir que carecemos de toda orientación sobre lo que los hombres denominan "sexual".

Una definición que tenga a la vez en cuenta la oposición de los sexos, la consecución de placer, la función procreadora y el carácter indecente de una serie de actos y de objetos que deben ser silenciados; una tal definición, repetimos, puede bastar para todas las necesidades prácticas de la vida, pero resulta insuficiente desde el punto de vista científico, pues merced a minuciosas investigaciones, que han exigido, por parte de los sujetos examinados, un generoso desinterés y un gran dominio de sí mismos, hemos podido comprobar la existencia de grupos enteros de individuos cuya vida sexual difiere notablemente de la considerada como "normal". Algunos de estos "perversos" han suprimido, por decirlo así, de su programa la diferencia sexual, y sólo individuos de su mismo sexo pueden llegar a constituirse en objeto de sus deseos sexuales. El sexo opuesto no ejerce sobre ellos atracción sexual ninguna, y en los casos extremos, llegan a experimentar por los órganos genitales contrarios una invencible repugnancia.

Estos individuos, que naturalmente han renunciado a toda actividad procreadora, reciben el nombre de homosexuales o invertidos y son hombres o mujeres, que muchas veces, aunque no siempre, han recibido una esmerada educación, poseen un nivel moral o intelectual muy elevado, y no presentan, fuera de esta triste anomalía, ninguna otra tara. Por boca de sus representantes en el mundo científico se dan a sí mismos la categoría de una variedad humana particular, de un *tercer sexo*, que puede aspirar a los mismos derechos que los otros dos, pretensión cuyo examen crítico tendremos quizá ocasión de hacer más adelante. Han tratado, también, de hacer creer que constituyen una parte selecta de la humanidad, pero lo cierto es que la proporción de individuos carentes de todo valor es, entre ellos, idéntica a la que se da en el resto de los grupos humanos de diferentes normas sexuales. Estos perversos se comportan, por lo menos, con respecto a su objeto sexual, aproximadamente del mismo modo que los normales con respecto al suyo, pero existe todavía una amplia serie de anormales cuya actividad sexual se aparta cada vez más de aquello que un hombre de sana razón estima deseable. Por su variedad y singularidad no podríamos compararlos sino a los monstruos deformes y grotescos que en el cuadro de P. Brueghel acuden a tentar a San Antonio, o a los olvidados dioses y creyentes que Gustavo Flaubert hace desfilar en larga procesión ante su piadoso eremita. Tan abigarrada multitud exige una clasificación, sin la cual nos sería imposible orientarnos. Así, pues, los dividimos en dos grupos: Aquellos que, como los invertidos, se distinguen del hombre normal por el objeto de sus deseos sexuales, y aquellos otros que tienden a un fin sexual distinto del normalmente aceptado. Al primer grupo pertenecen aquellos que han renunciado a la cópula de los órganos genitales opuestos y reemplazan en su acto sexual los genitales de su pareja por otra parte o región del cuerpo de la misma. Poco importa que esta parte o región se preste mal, por su estructura, al acto intentado; los individuos de este grupo prescinden de toda consideración de este género y traspasan los límites de la repugnancia, sustituyendo la vagina por la boca o el ano. A continuación, y dentro del mismo grupo, hallamos otros sujetos que encuentran la satisfacción de sus deseos en los órganos genitales, mas no a causa de la función sexual de los mismos, sino por otras funciones que por razones anatómicas o de proximidad les son inherentes. Todo el interés sexual de estos individuos queda monopolizado por las funciones de la excreción. Vienen, después, otros perversos que han renunciado ya por completo a los órganos genitales como objetos de satisfacción sexual y han elevado a esta categoría a otras partes del cuerpo totalmente diferentes, tales como los senos, los pies o los cabellos femeninos. Otros no intentan ya satisfacer su deseo sexual con ayuda de una región cualquiera del cuerpo femenino, sino que se contentan con una parte del vestido, un zapato, una prenda interior, etc., y reciben así el calificativo de *fetichistas*. Por último, citaremos aquellos que desean al objeto sexual en su totalidad, pero exigen determinados requisitos, singulares o aterradores, hasta el punto de no ser capaces de gozar sino cuerpos muertos, aberración que los lleva hasta el asesinato. Pero basta de tales horrores.

El otro gran grupo de perversos se compone, en primer lugar, de individuos cuyo fin sexual es algo normalmente considerado como un mero acto preparatorio del fin verdadero. Inspeccionan, palpan y tocan a la persona de sexo opuesto, buscan entrever las partes escondidas e íntimas de su cuerpo, o descubren sus propias partes pudendas con la secreta esperanza de obtener una reciprocidad. Vienen después los enigmáticos sadistas, que no conocen otro placer que el de infligir a su objeto dolores y sufrimientos de toda clase, desde la simple humillación a las graves lesiones corporales, y paralelamente a estos aparecen los masoquistas, cuyo único goce consiste en recibir del objeto amado todas las humillaciones y sufrimientos en forma simbólica o real. Otros, por último, presentan una asociación o entrecruzamiento de varias de estas tendencias anormales. Para terminar, añadiremos que cada uno de los dos grandes grupos de que acabamos de ocuparnos se subdivide en otros dos. La primera de estas subdivisiones comprende a los individuos que buscan la satisfacción sexual en la realidad, y la segunda, a aquellos otros que se contentan simplemente con representarse en su fantasía dicha satisfacción y sustituyen el objeto real por una creación imaginativa.

Que todos estos horrores o extravagancias representan realmente la actividad sexual de estos individuos es algo que no admite la menor duda, pues no sólo son concebidos por ellos como tal actividad, sino que desempeñan en su vida idéntico papel que la normal satisfacción sexual en la nuestra, y su consecución les impulsa a sacrificios iguales y a veces mucho mayores, que a los normales la de sus deseos. Examinando estas aberraciones, tanto al detalle como en conjunto, pueden descubrirse los extremos en que las mismas se aproximan al estado normal y aquellos otros en que de él se apartan. Adviértase, así mismo, que el carácter de indecencia inherente a la actividad sexual llega aquí a su máximo grado.

Y ahora, ¿qué actitud deberemos adoptar con respecto a estas formas extraordinarias de la satisfacción sexual? Declarar que nos hallamos indignados, manifestar nuestra aversión personal y asegurar que jamás compartiremos tales vicios son cosas que no significan nada, y que además nadie nos exige. Trátase, después de todo, de un orden de fenómenos que solicita nuestra atención con los mismos títulos que otro cualquiera. Escudarse en la afirmación de que se trata de hechos rarísimos y excepcionales es exponerse a un rotundo mentís. Los fenómenos de que nos ocupamos son, por el contrario, muy frecuentes y se hallan harto difundidos. Ahora bien; si se nos alega que no tratándose, en último análisis, sino de desviaciones y perversiones del instinto sexual, no debemos dejarnos inducir por ellas en error por lo que respecta a nuestro modo de concebir la vida sexual en general, nuestra respuesta sería inmediata: Mientras no hayamos comprendido estas formas patológicas de la sexualidad y mientras no hayamos establecido sus relaciones con la vida sexual normal nos será igualmente imposible llegar a la inteligencia de esta última. Nos hallamos, pues, ante una urgente labor teórica que consistirá en justificar la posibilidad de las perversiones de que hemos hablado y establecer sus relaciones con la sexualidad llamada normal.

En esta labor nos auxiliarán una observación teórica y dos nuevos resultados experimentales: La primera es de Ivan Bloch, que, rectificando la concepción de todas estas perversiones como "estigmas de degeneración", hace observar que tales desviaciones del fin sexual y tales actitudes perversas con respecto al objeto han existido en todas las épocas conocidas y en todos los pueblos, tanto en los más primitivos como en los más civilizados, y han gozado a veces de completa tolerancia y general aceptación. Los dos nuevos resultados a que nos referimos han sido obtenidos en el curso de investigaciones psicoanalíticas de sujetos neuróticos, y son de tal naturaleza que pueden orientar de una manera decisiva nuestra concepción de las perversiones sexuales.

Los síntomas neuróticos —hemos dicho— son satisfacciones sustitutivas, y ya hube de indicaros que la confirmación de este principio por medio del análisis de los síntomas tropezaría con graves dificultades. En efecto, para poder dar a los síntomas esta categoría, tenemos que incluir en el concepto de "satisfacción sexual" la de los deseos sexuales llamados perversos, pues el análisis nos impone con sorprendente frecuencia una tal interpretación. La pretensión de los homosexuales o invertidos a ser considerados como seres excepcionales cae por su base en cuanto descubrimos que no existe un solo neurótico en el cual no podamos probar la existencia de tendencias homosexuales, y que gran número de síntomas neuróticos no son otra cosa que la expresión de esta inversión latente. Aquellos que se dan a sí mismos el nombre de homosexuales no son sino los invertidos conscientes y manifiestos, y su número es insignificante al lado de los homosexuales latentes. De este modo, nos encontramos obligados a ver en la homosexualidad una ramificación casi regular de la vida erótica y a concederle una importancia cada vez más considerable, aunque claro es que nada de esto anula las diferencias existentes entre la vida sexual normal y la homosexualidad manifiesta. La importancia práctica de esta última se mantiene intacta, pero en cambio disminuye mucho su valor teórico. Con respecto a una cierta afección que no podemos ya incluir entre las neurosis de transferencia —la paranoia— llegamos incluso a averiguar que es siempre consecuencia de una defensa contra impulsos homosexuales de extrema intensidad. Recordaréis quizá todavía que una de las enfermas, cuyo análisis expusimos en lecciones anteriores, suplantaba en su acto obsesivo a un hombre, a su propio marido, del que vivía separada. Una tal producción de síntomas simulatorios de la actividad masculina es muy frecuente en las enfermas neuróticas, y aunque no podamos incluirla en el cuadro de la homosexualidad, lo cierto es que presenta una estrecha relación con las condiciones de la misma.

Sabido es que la neurosis histérica puede provocar la aparición de síntomas en todos los sistemas orgánicos, perturbando así todas las funciones. Pues bien, el análisis nos revela que tales síntomas no son sino manifestaciones de aquellas tendencias llamadas *perversas*, que intentan sustituir los órganos genitales por otros de distinta función, comportándose, entonces, estos últimos como genitales sustitutivos. La sintomatología de la histeria es precisamente lo que nos ha llevado a la conclusión de que todos los órganos del soma pueden desempeñar una función sexual erógena además de su propia función normal, quedando esta perturbada cuando aquella alcanza una cierta intensidad.

Innumerables sensaciones e inervaciones, que a título de síntomas histéricos se localizan en órganos aparentemente ajenos a la sexualidad, nos revelan de este modo su verdadera naturaleza de satisfacciones de deseos sexuales perversos, satisfacciones en las que los órganos distintos de los genitales han asumido la función sexual. Dentro de un tal estado de cosas comprobamos la extraordinaria frecuencia con que los órganos de absorción de alimentos y los de excreción llegan a constituirse en portadores de excitaciones sexuales. Es este un hecho que ya hemos observado en las perversiones, con la diferencia de que en ellas se nos muestra con toda claridad y sin error posible, mientras que en la histeria debemos comenzar por la interpretación de los síntomas y relegar después las tendencias sexuales perversas a lo inconsciente, en lugar de atribuirlas a la conciencia del individuo.

De los numerosos cuadros sintomáticos que la neurosis obsesiva puede presentar, los más importantes son los provocados por la presión de las tendencias sexuales intensamente sádicas, o sea, perversas con respecto a su fin. De conformidad con la estructura de la neurosis obsesiva, sirven estos síntomas de medios de defensa contra tales deseos y expresan así la lucha entre la voluntad de satisfacción y la voluntad de defensa. Pero la satisfacción misma, en lugar de producirse directamente, halla medio de manifestarse en la conducta de los enfermos por los caminos y medios más alejados y se vuelve preferentemente contra la persona misma del paciente, haciéndole infligirse toda clase de torturas. Otras formas de esta neurosis, aquellas que podemos denominar escrutadoras, corresponden a una sexualización excesiva de actos que en los casos normales no son sino preparatorios de la satisfacción sexual, tales como los de ver, tocar y registrar. La enorme importancia del delirio del tacto y de la obsesión de limpieza encuentran aquí una completa explicación. Una insospechada cantidad de actos obsesivos resulta no ser sino modificación o repetición disfrazada del onanismo, el cual acompaña, como acto único y uniforme, a las formas más variadas del fantasear sexual.

No me sería difícil ampliar la enumeración de los lazos que ligan la perversión a la neurosis; mas, para nuestros fines, creo suficiente lo expuesto hasta aquí. Debemos, sin embargo, guardarnos, después de esta explicación del significado de los síntomas, de exagerar la frecuencia y la intensidad de las tendencias perversas en el hombre. Me habéis oído antes decir que la privación de una normal satisfacción sexual puede engendrar una neurosis. Pero, en estos casos, sucede, además, que la necesidad sexual se desvía hacia los caminos de satisfacción perversa, proceso que más adelante habré de exponeros con mayor detalle. De todos modos, comprenderéis ya sin dificultad que, merced a un tal estancamiento "colateral", muestran las tendencias perversas una mayor intensidad que si a la satisfacción sexual normal no se hubiera opuesto obstáculo alguno en la realidad. Una análoga influencia actúa también sobre las perversiones manifiestas, las cuales son provocadas o favorecidas, en ciertos casos, por aquellas invencibles dificultades con que, a consecuencia de circunstancias pasajeras o de condiciones sociales permanentes, se tropieza la satisfacción sexual normal. Claro es que tales tendencias perversas son, en otros casos, independientes de dichas circunstancias susceptibles de favorecerlas y constituyen, para los individuos en que se manifiestan, la forma normal de su vida sexual.

Habréis experimentado quizá la impresión de que lejos de elucidar las relaciones existentes entre la sexualidad normal y la perversa no hemos hecho sino complicarlas. Mas a poco que reflexionéis, habréis de convenir en que si es cierto que la restricción o privación efectiva de una satisfacción sexual normal es susceptible de hacer surgir tendencias perversas en personas que jamás las manifestaron, habremos de admitir que dichas personas poseían una predisposición a tales perversiones, o si lo preferís, que las mismas existían en ellas en estado latente. Este hecho nos lleva al segundo de los nuevos resultados a que antes hube de referirme. La investigación psicoanalítica se ha visto obligada a dirigir también su atención sobre la vida sexual infantil, pues los recuerdos y asociaciones que surgen en la imaginación de los enfermos durante el análisis de sus síntomas alcanzan siempre hasta sus primeros años infantiles. Todas las hipótesis que hemos formulado sobre este hecho concreto han sido confirmadas, punto por punto, en la observación directa de sujetos infantiles. Por último, hemos llegado a comprobar que todas las tendencias perversas tienen sus raíces en la infancia y que los niños llevan en sí una general predisposición a las mismas, manifestándolas dentro de la medida compatible con la inmadura fase de la vida en que se hallan, esto es, que la sexualidad perversa no es otra cosa sino la sexualidad infantil ampliada y descompuesta en sus tendencias constitutivas.

Todo lo que antecede habrá transformado, sin duda alguna, vuestra idea sobre las perversiones y no podéis ya negar sus relaciones con la vida sexual del hombre. ¡Mas al precio de cuánta sorpresa y cuánta penosa decepción! Seguramente os inclinaréis al principio a negarlo todo, tanto que los niños posean algo que merezca el nombre de vida sexual, como la exactitud de las observaciones psicoanalíticas y mi derecho a hallar en la conducta de los niños una afinidad con aquello que, a título de perversión, condenamos en los adultos. Permitidme, pues, que, en primer lugar, os exponga las razones de vuestra resistencia y a continuación os daré a conocer la totalidad de mis conclusiones.

Pretender que los niños no tienen vida sexual —excitaciones sexuales, necesidades sexuales y una especie de satisfacción sexual— y que esta vida despierta en ellos bruscamente a la edad de doce a catorce años es, en primer lugar, cerrar los ojos ante evidentísimas realidades, y, además, algo tan inverosímil y hasta disparatado, desde el punto de vista biológico, como lo sería afirmar que nacemos sin órganos genitales y carecemos de ellos hasta la pubertad. Lo que en los niños despierta en esta edad es la función reproductora, la cual se sirve, para realizar sus fines, del material somático y psíquico ya existente. Pensando de otro modo caéis en el error de confundir sexualidad y reproducción y os cerráis todo acceso a la comprensión de la sexualidad de las perversiones y de la neurosis. Pero además se trata de un error tendencioso que tiene un singularísimo origen. Pensáis así precisamente por haber pasado por la edad infantil y haber sufrido durante ella la influencia de la educación. En efecto, la sociedad considera como una de sus esenciales misiones educativas la de lograr que el instinto sexual encuentre, al manifestarse en el sujeto como una necesidad de procreación, una voluntad individual obediente a la coerción social, que lo refrene, limitándolo y dominándolo. Al mismo tiempo, se halla también interesada en que el desarrollo completo de la necesidad sexual quede retardado hasta que el niño haya alcanzado un cierto grado de madurez intelectual, pues con la total aparición del instinto sexual queda puesto un fin a toda influencia educativa. Si la sexualidad se manifestase demasiado precozmente rompería todos los diques y anularía toda la obra de la civilización, fruto de una penosa y larga labor. La misión de refrenar la necesidad sexual no es jamás fácil, y al realizarla se peca unas veces por exceso y otras por defecto. La base sobre la que la sociedad reposa es, en último análisis, de naturaleza económica; no poseyendo medios suficientes de subsistencia para permitir a sus miembros vivir sin trabajar, se halla la sociedad obligada a limitar el número de los mismos y a desviar su energía de la actividad sexual hacia el trabajo. Nos hallamos aquí ante la eterna necesidad vital que, nacida al mismo tiempo que el hombre, persiste hasta nuestros días.

La experiencia ha debido demostrar a los educadores que la misión de someter la voluntad sexual de la nueva generación no es realizable más que cuando, sin esperar la explosión tumultuosa de la pubertad, se comienza a influir sobre los niños desde muy temprano, sometiendo a una rigurosa disciplina, desde los primeros años, su vida sexual, la cual no es sino una preparación a la del adulto, y prohibiéndoles entregarse a ninguna de sus infantiles actividades sexuales. Siendo el fin ideal a que han tendido todos los educadores, el de dar a la vida infantil un carácter asexual, se ha llegado a creer realmente, al cabo del tiempo, en una tal asexualidad, y esta creencia ha pasado a constituirse en teoría científica. Así las cosas y para evitar ponerse en contradicción con las propias opiniones y propósitos, cierra todo el mundo los ojos ante la actividad sexual infantil o le da —conforme a las teorías científicas— una distinta significación. El niño es considerado, sin excepción alguna, como la más completa representación de la pureza y la inocencia, y todo aquel que se atreve a juzgarlo diferentemente es acusado de sacrilegio y de atentado contra los más tiernos y respetables sentimientos de la humanidad.

Los niños son los únicos a quienes estas convenciones no logran engañar, pues a pesar de ellas, hacen valer con toda ingenuidad sus derechos animales, mostrando a cada instante que la pureza es algo de lo que aún no tienen la menor idea. Y resulta harto singular ver cómo sus guardadores, que niegan en redondo la existencia de una sexualidad infantil, no por ello renuncian a la educación, y condenan, con la mayor severidad, a título de "malas mañas" del niño, las manifestaciones mismas de aquello que se resisten a admitir. Es, además, extraordinariamente interesante, desde el punto de vista teórico, el hecho de que los cinco o seis primeros años de la vida, esto es, la edad con respecto a la que el juicio de una infancia asexual resulta más equivocado, quedan envueltos luego, para una inmensa mayoría, por una nebulosa amnesia que sólo la investigación analítica consigue disipar, pero que ya antes se mostró permeable para ciertas formaciones oníricas.

Voy ahora a exponeros aquello que el estudio de la vida sexual del niño nos revela más evidentemente. Para mayor claridad habréis de permitirme introducir en mi exposición el concepto de la libido. Con esta palabra designamos aquella fuerza en que se manifiesta el instinto sexual análogamente a como en el hombre se exterioriza el instinto de absorción de alimentos. Otras nociones, tales como las de excitación y satisfacción sexual, no precisan de esclarecimiento ninguno. Como por lo que sigue habréis de ver —y quizá lo utilicéis como argumento en contra mía—, la interpretación tiene que intervenir muy ampliamente en lo relativo a la actividad sexual del niño de pecho. Estas interpretaciones se consiguen sometiendo, en la investigación analítica, los síntomas del sujeto a un análisis regresivo. Las primeras manifestaciones de la sexualidad aparecen, en el niño de pecho, enlazadas a otras funciones vitales. El principal interés infantil del sujeto recae sobre la absorción de alimentos y cuando después de mamar se queda dormido sobre el seno de su madre, presenta una expresión de euforia idéntica a la del adulto después del orgasmo sexual. Claro es que esto no bastaría para justificar conclusión alguna. Pero observamos, así mismo, que el niño de pecho se halla siempre dispuesto a comenzar de nuevo la absorción de alimentos, y no porque sienta ya el estímulo del hambre, sino por el acto mismo que la absorción trae consigo. Decimos, entonces, que "chupetea", y el hecho de que ejecutando este acto se duerma de nuevo con expresión bien aventurada nos muestra que la acción de chupetear le ha procurado por sí misma una satisfacción. Por último, acaba generalmente por no poder ya conciliar el sueño sin haber antes chupado algo. El primero que afirmó la naturaleza sexual de este acto fue un pediatra de Budapest, el doctor Lindner, y aquellas personas que teniendo niños a su cuidado no intenta adoptar actitud teórica ninguna, parecen ser de igual opinión, pues se dan perfecta cuenta de que este acto no sirve sino para procurarse un placer, ven en él una mala costumbre, y cuando el niño no quiere renunciar espontáneamente a ella, intentan quitársela por medio de la asociación de impresiones desagradables. Averiguamos así que el niño de pecho realiza actos que no sirven sino para procurarle un placer con ocasión de la absorción de alimentos, pero que después ha aprendido a separarlo de dicha condición. Esta sensación de placer la localizamos con la zona bucolabial, y designamos esta zona con el nombre de zona erógena, considerando el placer procurado por el acto de chupar como un placer sexual. Más adelante tendremos ocasión de discutir la legitimidad de estas calificaciones.

Si el niño de pecho fuera capaz de comunicar sus sensaciones, declararía, desde luego, que el acto de mamar del seno materno constituye el más importante de su vida. Diciendo esto, no se equivocaría grandemente, pues por medio de él satisface a un tiempo dos grandes necesidades de su vida. No sin cierta sorpresa, averiguamos, por medio del psicoanálisis, cuán profunda es la importancia psíquica de este acto, cuyas huellas persisten luego durante toda la vida. Constituye, en efecto, el punto de partida de toda la vida sexual y el ideal jamás alcanzado de toda satisfacción sexual ulterior, ideal al que la imaginación aspira en momentos de gran necesidad y privación. De este modo, forma el pecho materno el primer objeto del instinto sexual, y posee, como tal, una tan enorme importancia, que actúa sobre toda ulterior elección de objetos y ejerce en todas sus transformaciones y sustituciones una considerable influencia, incluso sobre los dominios más remotos de nuestra vida psíquica. Pero al principio, no tarda el niño en abandonar el seno materno y reemplazarle por una parte de su propio cuerpo, dedicándose a chupar su dedo pulgar o su misma lengua. De este modo, se procura placer sin tener necesidad del consentimiento del mundo exterior, y al recurrir a una segunda zona de su cuerpo intensifica además el estímulo de la excitación. Todas las zonas erógenas no son igualmente eficaces, y, por lo tanto, resulta un acontecimiento de gran importancia en la vida del niño el hecho de tropezar, a fuerza de explorar su propio cuerpo, con una región particularmente excitable del mismo, esto es, con los órganos genitales, encontrando así el camino que acabará por conducirle al onanismo.

Dando al "chupeteo" toda su importancia y significación, descubrimos dos esenciales caracteres de sexualidad infantil. Enlázase ésta especialmente a la satisfacción de las grandes necesidades orgánicas y se comporta, además, de un modo autoerótico, esto es, halla sus objetos en el propio cuerpo del sujeto. Aquello que se nos ha revelado con máxima claridad en la absorción de alimentos se reproduce parcialmente en excreciones. Deduciremos, pues, que el niño experimenta una sensación de placer al realizar la eliminación de la orina y de los excrementos, y que, por lo tanto, tratará de organizar estos actos de manera que la excitación de las zonas erógenas a ellos correspondientes le procuren el mayor placer posible. Al llegar a este punto, toma para el niño, el mundo exterior —según la sutil observación de Lou Andreas-Salomé— un carácter hostil a su rebusca de placer y le hace presentir, en lo futuro, luchas exteriores e interiores. En efecto, para obtener su renuncia a estas fuentes de goce, se inculca al infantil sujeto la convicción de que todo lo relacionado con tales funciones es indecente y debe permanecer secreto, obligándole, de este modo, a renunciar al placer en nombre de la dignidad social. El niño no experimenta al principio repugnancia alguna por sus excrementos, a los que considera como una parte de su propio cuerpo, se separa de ellos contra su voluntad y los utiliza como primer "regalo", con el que distingue a aquellas personas a las que aprecia particularmente. E incluso después que la educación ha conseguido desembarazarle de estas inclinaciones, transporta sobre los conceptos "regalo" y "dinero" el valor que antes concedió a los excrementos, mostrándose, en cambio, particularmente orgulloso de aquellos éxitos que enlaza al acto de orinar.

Siento que hacéis un es fuerzo sobre vosotros mismos para no interrumpirme y gritar: "¡Basta de horrores! ¡Pretender que la defecación es una fuente de satisfacción sexual utilizada ya por el niño de pecho, y que los excrementos son una sustancia preciosa y el ano una especie de órgano sexual! No podremos creerlo jamás y comprendemos por qué los pediatras y los pedagogos no quieren saber nada del psicoanálisis ni de sus resultados". Calmáos. Habéis olvidado que si os he hablado de hechos de la vida sexual infantil ha sido con ocasión de las perversiones sexuales. ¿Acaso no sabéis que, en las relaciones sexuales de numerosos adultos, tanto homosexuales como heterosexuales, reemplaza realmente el ano a la vagina? ¿Y no sabéis también que existen individuos para los cuales la defecación constituye durante toda su vida una fuente de voluptuosidad, a su juicio nada despreciable? En cuanto al interés que suscita el acto de la defecación y al placer que se puede experimentar asistiendo a la realización de este acto por segunda persona, no tenéis, para informaros, más que dirigiros a los niños mismos, cuando en una edad más avanzada puedan ya comunicar sus impresiones y sentimientos. Claro es que no debéis comenzar por intimidarles, pues comprenderéis que haciéndolo así no obtendréis de ellos el menor dato. Con respecto a las demás cosas aquí expuestas y a las que os resistís a prestar fe, puedo remitiros a los resultados del análisis y de la observación directa de los niños, pero me he de permitir indicaros que es necesaria muy mala voluntad para no ver los hechos de que acabo de hablaros o darles una distinta explicación. No extraño en modo alguno que encontréis sorprendente la afinidad que afirmamos existe entre la actividad sexual infantil y las perversiones; mas habéis de tener en cuenta que tal afinidad es naturalísima. Si el niño posee una vida sexual, ha de ser necesariamente de naturaleza perversa, puesto que, salvo algunos vagos indicios, carece de todo aquello que hace de la sexualidad una función procreadora, siendo precisamente este desconocimiento del fin esencial de la sexualidad —la procreación— lo que caracteriza a las perversiones. Calificamos, en efecto, de perversa toda actividad sexual que, habiendo renunciado a procreación, busca el placer como un fin independiente de la misma. De este modo, la parte más delicada y peligrosa del desarrollo de la vida sexual es la referente a su subordinación a los fines de la procreación. Todo aquello que se produce antes de este momento, se sustrae a dicho fin o sirve únicamente para procurar placer recibe la denominación peyorativa de "perverso" y es, a título de tal, condenado.

Dejadme, en consecuencia, proseguir mi rápida exposición de la sexualidad infantil. Aquello que antes os he expuesto con referencia a los órganos de absorción de alimentos y a los de excreción, podría ser completado por el examen de las demás zonas erógenas del soma. La vida sexual de un niño comporta una serie de tendencias parciales que actúan independientemente unas de otras y utilizan, para conseguir placer, tanto el cuerpo mismo del sujeto como objetos exteriores. Entre los órganos sobre los cuales se ejerce la actividad sexual no tardan en ocupar el primer lugar los genitales, y existen hombres que desde el onanismo inconsciente de su primera infancia hasta la masturbación forzada de su pubertad no han conocido jamás otra fuente de goce que sus propios órganos genitales, situación que a veces persiste bastante más allá de los años púberes. Este tema del onanismo no es, por cierto, fácilmente agotable, pues se presta a múltiples y variadas consideraciones.

A pesar de mi deseo de abreviar lo más posible mi exposición, me hallo obligado a deciros aún algunas palabras sobre la *curiosidad* o *investigación sexual* de los niños, muy característica de la sexualidad infantil y extraordinariamente importante desde el punto de vista de la sintomatología de las neurosis. La curiosidad sexual infantil comienza en hora muy temprana, a veces antes de los tres años, y no tiene como punto de partida las diferencias que separan los sexos, diferencias que no existen para el niño, el cual atribuye, a ambos, idénticos órganos genitales masculinos. Cuando un niño descubre en su hermana o en otra niña cualquiera la existencia de la vagina, comienza por negar el testimonio de sus sentidos, pues no puede figurarse que un ser humano se halle desprovisto de un órgano al que él mismo atribuye un tan importante valor. Más tarde, rechaza asustado la posibilidad que se le revela, comienza a experimentar los efectos de determinadas amenazas que le fueron dirigidas anteriormente con ocasión de la excesiva atención que consagraba a su pequeño miembro viril y cae de esta manera bajo el dominio de aquello que nosotros llamamos *complejo de castración*, cuya constitución influirá sobre su carácter si continúa poseyendo una salud normal, sobre sus neurosis si las contrae, y sobre sus resistencias cuando es sometido a un tratamiento psicoanalítico. Por lo que respecta a las niñas, sabemos que consideran como un signo de inferioridad la ausencia de un pene largo y visible, que envidian a los niños la posesión de este órgano, envidia de la cual nace en ellas el deseo de ser hombre, y que este deseo forma después parte de la neurosis provocada por los fracasos que puedan llegar a sufrir en el cumplimiento de su misión femenina. El clítoris desempeña además en la niña pequeña el papel de pene, siendo la sede de una excitabilidad particular y el órgano dispensador de la satisfacción autoerótica. La transformación de la niña en mujer se caracteriza ante todo por el desplazamiento total de esta sensibilidad desde el clítoris a la entrada de la vagina. En los casos de anestesia llamada sexual de las mujeres, conserva el clítoris intacta su sensibilidad.

El interés sexual infantil se dirige más bien, en primer término, sobre el problema de saber de dónde vienen los niños, esto es, sobre el problema que constituye el fondo de la interrogante planteada por la esfinge tebana, y este interés es despertado, la mayoría de las veces, por el temor egoísta que suscita el posible nacimiento de un hermanito. La respuesta habitual de los adultos, esto es, la de que quien trae a los niños es la cigüeña, suele ser acogida, más frecuentemente de lo que se cree, con una gran incredulidad, aun por los niños más pequeños. La impresión de ser engañado por los adultos contribuye mucho al aislamiento del niño y al desarrollo de su independencia. Pero el infantil sujeto no puede resolver este problema por sus propios medios. Su constitución sexual, insuficientemente desarrollada todavía, opone límites a su facultad de conocer. Admite al principio que los niños nacen a consecuencia de la absorción con los alimentos de determinadas sustancias especiales e ignora todavía que únicamente las mujeres pueden tener niños. Sólo más tarde averigua este hecho, y entonces relega al dominio de las fábulas la explicación que hace depender la venida de los niños de la absorción de un determinado alimento. En años posteriores, pero inmediatos, el niño se da ya cuenta de que el padre desempeña un determinado papel en la aparición de los hermanitos, pero no le es posible todavía definir en qué consiste esta intervención. Si por azar llega a sorprender un acto sexual ve en él una tentativa de violencia, un brutal cuerpo a cuerpo que le hace formar una falsa concepción sádica del coito. Sin embargo, no establece inmediatamente una relación entre este acto y la llegada de nuevos niños, y aunque advierta huellas de sangre en el lecho y en la ropa interior de su madre, no ve en ellas más que una prueba de las violencias que su padre le ha hecho sufrir. Más tarde comienza a sospechar que el órgano genital del hombre desempeña un papel esencial en la cuestión que tanto le preocupa, pero sigue sin poder asignar a este órgano otra función que la de evacuar la orina.

Los niños creen desde el principio, unánimemente, que el parto se produce por el ano, y sólo cuando su interés se desvía de este órgano, es cuando abandonan la teoría y la reemplazan por otra, según la cual nace el niño por el ombligo materno que se abre para dejar paso al nuevo ser. Por último, sitúan en la región del esternón, entre ambos senos, el sitio por donde el recién nacido hace su aparición. De este modo es como el niño va aproximándose al conocimiento de los hechos sexuales, o extraviado por su ignorancia, pasa a su lado sin advertirlos hasta que en los años inmediatamente anteriores a la pubertad recibe de ellos una explicación incompleta y deprimente que actúa muchas veces sobre él como un intenso traumatismo.

Habréis oído decir que para mantener sus afirmaciones sobre la causalidad sexual de las neurosis y sobre la importancia sexual de los síntomas da el psicoanálisis a la noción de lo sexual una extensión exagerada. Pero, a mi juicio, os encontráis ya en situación de juzgar si esta extensión resulta realmente injustificada. No hemos ampliado la noción de la sexualidad más que lo imprescindiblemente necesario para incluir en ella la vida sexual de los perversos y de los niños, o, dicho de otra manera, no hemos hecho otra cosa que restituir a dicho concepto su verdadera amplitud. Aquello que fuera del psicoanálisis se entiende por sexualidad es una sexualidad extraordinariamente restringida y puesta al servicio de la procreación, esto es, tan sólo aquello que se conoce con el nombre de vida sexual normal.

XXI
Desarrollo de la libido
y organizaciones sexuales

Tengo la impresión de no haber conseguido convenceros, como era mi deseo, de la importancia de las perversiones para nuestra concepción de la sexualidad. Voy, pues, a precisar y completar, en lo posible, lo que sobre este tema hube de exponeros en la lección anterior.

Nuestra modificación del concepto de sexualidad, que tan violentas críticas nos ha valido, no reposa única y exclusivamente en los datos adquiridos por medio de la investigación de las perversiones. El examen de la sexualidad infantil ha contribuido aún en mayor medida a imponernos tal modificación, y sobre todo la perfecta concordancia de los resultados de ambos estudios ha sido para nosotros algo definitivo y convincente. Pero las manifestaciones de la sexualidad infantil, evidentes en los niños ya un poco crecidos, parecen, en cambio, perderse, al principio, en una vaga indeterminación. Aquellos que no quieren tener en cuenta el desarrollo evolutivo y las relaciones analíticas, rehusarán a tales manifestaciones todo carácter sexual, y les atribuirán más bien un carácter indiferente. No debéis olvidar que por el momento no disponemos de una característica generalmente aceptada que nos permita afirmar la naturaleza sexual de un proceso, pues ya vimos que, so pena de tolerar una exagerada restricción de la sexualidad, no podíamos considerar como tal característica la pertenencia del proceso de que se trate a la función procreadora. Los criterios biológicos, tales como las periodicidades de veintitrés y veintiocho días establecidos por W. Fliess, son aún muy discutibles, y ciertas particularidades químicas, que en los procesos sexuales nos ha hecho sospechar nuestra labor, esperan todavía quien las descubra. Por el contrario, las perversiones sexuales de los adultos son algo concreto e inequívoco. Como su misma denominación generalmente admitida lo indica, forman parte innegable de la sexualidad y considerándolas o no como estigmas degenerativos, nadie se ha atrevido todavía a situarlas fuera de la fenomenología de la vida sexual. Su sola existencia nos permitiría ya afirmar que la sexualidad y la reproducción no coinciden, pues es universalmente conocido que todas las perversiones niegan en absoluto el fin de la procreación.

Podemos establecer a este propósito un interesante paralelo. Mientras que para una inmensa mayoría lo "consciente" es idéntico a lo "psíquico", nos hemos visto nosotros obligados a ampliar este último concepto y a reconocer la existencia de un psiquismo que no es consciente. Pues bien, con la identidad que muchos establecen entre lo "sexual" y "aquello que se relaciona con la procreación", o sea, lo "genital", sucede algo muy análogo, dado que no podemos menos de admitir la existencia de algo sexual que no es genital ni tiene nada que ver con la procreación. Entre estos dos conceptos no existe sino una analogía puramente formal, falta de toda base consistente.

Pero si la existencia de las perversiones sexuales aporta a esta discusión un argumento decisivo, no deja de ser un tanto singular que no se haya podido llegar todavía a un acuerdo. Ello se debe, indudablemente, a que el riguroso anatema que pesa sobre las prácticas perversas se extiende también al terreno teórico y se opone al estudio científico de las mismas. Diríase que la gente ve en las perversiones algo no solamente repugnante, sino también peligroso, y se conduce como si temiera caer en la tentación y abrigara, en el fondo, una secreta envidia a los perversos, semejante a la que el severo Landgrave confiesa en la célebre parodia del *Tannhäuser*:

106

"¡En Venusberg olvidó el honor y el deber! — ¡Ay! A nosotros no nos suceden esas cosas".

En realidad, los perversos no son más que unos pobres diablos que pagan muy duramente la satisfacción alcanzada a costa de mil penosos esfuerzos y sacrificios.

Aquello que, a pesar de la extrema singularidad de su objeto y de su fin, da a la actividad perversa un carácter incontestablemente sexual es la circunstancia de que el acto de la satisfacción perversa comporta casi siempre un orgasmo completo y una emisión de esperma. Claro que únicamente en las personas adultas, pues en el niño el orgasmo y la emisión de esperma no son todavía posibles y quedan reemplazados por fenómenos a los que no siempre podemos atribuir con seguridad un carácter sexual.

Para completar mi exposición demostrativa de la importancia de las perversiones sexuales debo añadir aún lo siguiente. A pesar de todo el desprecio que sobre tales perversiones pesa, y a pesar de la absoluta separación que se quiere establecer entre ellas y la actividad sexual normal, no podemos menos de reconocer que la vida sexual de los individuos más normales aparece casi siempre mezclada con algún rasgo perverso. Ya el beso puede ser calificado de acto perverso, pues consiste en la unión de dos zonas bucales erógenas y no en la de los órganos sexuales opuestos. Sin embargo, no se le ha ocurrido aún a nadie condenarlo como una perversión y es incluso tolerado en la escena a título de velada expresión del acto sexual, a pesar de que al alcanzar una alta intensidad puede provocar —y provoca realmente en muchas ocasiones— el orgasmo y la emisión de esperma, quedando así transformado en un completo acto perverso. Por otro lado, es del dominio general que para muchos individuos el contemplar y palpar el objeto sexual constituye una condición indispensable del goce sexual, mientras que otros muerden y pellizcan cuando su excitación genésica llega al máximo grado, y sabemos también que para el amante no es siempre de los genitales del objeto amado, sino de otra cualquier región del cuerpo del mismo, de donde emana la máxima excitación. Esta serie de observaciones, que podría ampliarse hasta lo infinito, nos muestra lo absurdo que sería excluir de la categoría de los normales y considerar como perversas a aquellas personas que presentan aisladamente tales tendencias. En cambio, vamos viendo cada vez con mayor claridad que el carácter esencial de las perversiones no consiste en sobrepasar el fin sexual o reemplazar los órganos genitales por otros, ni siquiera en el cambio de objeto, sino más bien en su exclusividad, carácter que las hace incompatibles con el acto sexual como función procreadora. Desde el momento en que los actos perversos se subordinan a la realización del acto normal a título de preparación o intensificación del mismo, sería injusto seguir calificándolos de perversiones, y claro es que la solución de continuidad que separa a la sexualidad normal de la sexualidad perversa queda muy disminuida, merced a los hechos de este género. Deduciremos, pues, sin violencia ninguna, que la sexualidad normal es un producto de algo que existió antes que ella y a expensas de lo cual hubo de formarse, eliminando, como inaprovechables, algunos de sus componentes y conservando otros para subordinarlos a un nuevo fin, es decir, el de la procreación.

Antes de utilizar los conocimientos que acabamos de adquirir sobre las perversiones para adentrarnos, provistos de nuevos datos y esclarecimientos, en el estudio de la sexualidad infantil, quiero atraer vuestra atención sobre una importante diferencia que existe entre dichas perversiones y esta sexualidad. La sexualidad perversa se halla generalmente centralizada de una manera perfecta. Todas las manifestaciones de su actividad tienden hacia el mismo fin que con frecuencia es único, pues suele predominar una sola de sus tendencias parciales, excluyendo a todas las demás o subordinándolas a sus propias intenciones. Desde este punto de vista no existe entre la sexualidad normal y la perversa otra diferencia que la de las tendencias parciales respectivamente dominantes, diferencia que trae consigo la de los fines sexuales. Puede decirse que tanto en una como en otra existe una tiranía bien organizada, siendo únicamente distinto el partido que la ejerce. Por el contrario, la sexualidad infantil, considerada en conjunto, no presenta ni centralización ni organización, pues todas las tendencias parciales gozan de iguales derechos y cada una busca el goce por su propia cuenta. Tanto la falta como la existencia de una centralización se hallan en perfecto acuerdo en el hecho de ser las dos sexualidades, la perversa y la normal, derivaciones de la infantil. Existen, además, casos de sexualidad perversa que presentan una semejanza todavía mayor con la sexualidad infantil en el sentido de que numerosas tendencias parciales persiguen o, mejor dicho, continúan persiguiendo sus fines, independientemente unas de otras. Pero en estos casos será más justo hablar de infantilismo sexual que de perversión.

Así preparados, podemos abordar la discusión de una propuesta que no dejará de hacérsenos. Seguramente se nos dirá: "¿Por qué os obstináis en dar el nombre de sexualidad a estas manifestaciones de la infancia, indefinibles según vuestra propia confesión, y de las que sólo mucho más tarde surge algo evidentemente sexual? ¿No sería preferible que, contentándonos con la descripción fisiológica, dijeseis simplemente que en el niño de pecho se observan actividades, tales como el 'chupeteo' y la retención de los excrementos, que demuestran una tendencia a la consecución de placer por mediación de determinados órganos? Diciendo esto, evitarías herir los sentimientos de vuestros oyentes y lectores con la atribución de una vida sexual a los niños apenas nacidos". Ciertamente, no tengo objeción alguna que oponer a la posibilidad de la consecución de placer por mediación de un órgano cualquiera, pues sé que el placer más intenso, o sea, el que procura el coito, no es sino un placer concomitante de la actividad de los órganos sexuales. Pero ¿sabríais decirme cuándo reviste este placer local, indiferente al principio, el carácter sexual que presenta luego en las fases evolutivas ulteriores? ¿Poseemos acaso un más completo conocimiento del placer local de los órganos que de la sexualidad? A todo esto, me responderéis que el carácter sexual aparece precisamente cuando los órganos genitales comienzan a desempeñar su misión, esto es, cuando lo sexual coincide y se confunde con lo genital, y refutaréis la objeción que yo pudiera deducir de la existencia de las perversiones, diciéndome que después de todo, el fin de la mayor parte de las mismas consiste en obtener el orgasmo genital, aunque por un medio distinto de la cópula de los órganos genitales. Eliminando así de la característica de lo sexual las relaciones que presentan con la procreación —incompatibles con las perversiones— mejoráis, en efecto, considerablemente vuestra posición, pues hacéis pasar la procreación a un segundo término y situáis en el primero la actividad genital pura y simple. Mas entonces, las divergencias que nos separan son menores de lo que pensáis. ¿Cómo interpretáis, sin embargo, las numerosas observaciones que muestran que los órganos genitales pueden ser sustituidos por otros en la consecución de placer, como sucede en el beso normal, en las prácticas perversas de los libertinos y en la sintomatología de los histéricos? Sobre todo, en esta última, es decir, la neurosis, sucede muy a menudo que diversos fenómenos de excitación —sensaciones e inervaciones, y hasta los procesos de la erección— aparecen desplazados desde los órganos genitales a otras regiones del cuerpo, a veces muy alejadas de ellos, por ejemplo, la cabeza y el rostro. Convencidos así de que nada os queda que podáis conservar como característico de aquello que llamáis sexual, os hallaréis obligados a seguir mi ejemplo y a extender dicha denominación a aquellas actividades de la primera infancia encaminadas a la consecución del placer local que determinados órganos pueden procurar.

Por último, acabaréis por darme toda la razón, si tenéis en cuenta las dos consideraciones siguientes: como ya sabéis, si calificamos de sexuales las dudosas e indefinibles actividades infantiles encaminadas a la consecución de placer, es porque el análisis de los síntomas nos ha conducido hasta ella a través de materiales de naturaleza incontestablemente sexual. Me diréis que de este carácter de los materiales que el análisis nos ha proporcionado no puede deducirse que las actividades infantiles de referencia sean igualmente sexuales. De acuerdo; pero examinemos, sin embargo, un caso análogo. Imaginad que no tuviéramos ningún medio de observar el desarrollo de dos plantas dicotiledóneas, tales como el peral y el haba, a partir de sus semillas respectivas, pero que, en ambos casos, pudiéramos perseguir tal desarrollo en sentido inverso, esto es, partiendo del individuo vegetal totalmente formado y terminado en el primer embrión con sólo dos cotiledones. Estos últimos parecen indiferenciados e idénticos en los dos casos. ¿Deberemos por ello concluir que se trata de una identidad real y que la diferencia específica existente entre el peral y el haba no aparece sino más tarde, durante el crecimiento? ¿No será, acaso, más correcto, desde el punto de vista biológico, admitir que tal diferencia existe ya en los embriones a pesar de la identidad aparente de los cotiledones? Pues esto y no otra cosa es lo que hacemos al calificar de sexual el placer que al niño de pecho procuran determinadas actividades. En cuanto a saber si todos los placeres procurados por los órganos deben ser calificados de sexuales o si existe, al lado del placer sexual, un placer de una naturaleza diferente, es cosa que no podemos discutir aquí. Sabemos aún muy poco sobre el placer procurado por los órganos y sobre sus condiciones, y no es nada sorprendente que nuestro análisis regresivo llegue en último término a factores todavía indefinibles.

Una observación más. Bien considerado, vuestra afirmación de la pureza sexual infantil no ganaría en consistencia, aunque llegaseis a convencerme de que existen excelentes razones para no considerar como sexuales las actividades del niño de pecho, pues en una época inmediatamente posterior, esto es, a partir de los tres años, la vida sexual del infantil sujeto se nos muestra con absoluta evidencia. Los órganos genitales se hacen susceptibles de erección y se observa con gran frecuencia un período de onanismo infantil, o sea, de satisfacción sexual. Las manifestaciones psíquicas y sociales de la vida sexual no se prestan ya a equivoco ninguno; la elección de objeto, la preferencia afectiva por determinadas personas, la decisión en favor de un sexo con exclusión del otro y los celos son hechos que han sido comprobados por observadores imparciales, ajenos al psicoanálisis y anteriores a él, y pueden volver a serlo por todo observador de buena voluntad. Me diréis que jamás habéis puesto en duda el precoz despertar de la ternura, pero dudáis de que posea un carácter sexual. Es cierto, pues a la edad de tres a ocho años los niños han aprendido ya a disimular este carácter, pero observando con atención, descubriréis numerosos indicios de las intenciones sexuales de esta ternura, y aquello que escape a vuestra observación directa se revelará fácilmente después de una investigación analítica. Los fines sexuales de este período de la vida se enlazan estrechamente a la exploración sexual que preocupa a los niños durante la misma época y de la cual ya os he citado algunos ejemplos. El carácter perverso de alguno de estos fines se explica naturalmente por la falta de madurez constitucional del niño, ignorante aún del fin del acto genésico.

Entre los seis y los ocho años sufre el desarrollo sexual una detención o regresión que, en los casos socialmente más favorables, merece el nombre de período de latencia. Esta latencia puede también faltar, y no trae consigo ineluctablemente una interrupción completa de la actividad y de los intereses sexuales. La mayor parte de los sucesos y tendencias psíquicas anteriores al período de latencia sucumben entonces a la amnesia infantil y caen en aquel olvido de que ya hemos hablado y que nos oculta toda nuestra primera infancia. La labor de todo psicoanálisis consiste en hacer revivir el recuerdo de este olvidado período infantil, olvido que no podemos por menos de sospechar motivado por los comienzos de la vida sexual contenidos en tal período, y que es, por lo tanto, un efecto de la represión.

A partir de los tres años, la vida sexual del niño presenta multitud de analogías con la del adulto y no se distingue de esta sino por la ausencia de una sólida organización bajo la primacía de los órganos genitales, por su carácter innegablemente perverso, y, naturalmente, por la menor intensidad general del instinto. Pero las fases más interesantes, desde el punto de vista teórico, del desarrollo sexual, o, mejor dicho, del desarrollo de la libido, son aquellas que preceden a este período. Dicho desarrollo se lleva a cabo con tal rapidez que la observación directa no hubiera probablemente conseguido nunca fijar sus fugitivas imágenes. Solamente merced al estudio psicoanalítico de las neurosis ha sido posible descubrir fases todavía más primitivas del desarrollo de la libido. Sin duda no son estas sino puras especulaciones, pero el ejercicio práctico del psicoanálisis nos mostrará su necesidad. Pronto comprenderéis por qué la patología puede descubrir aquí hechos que necesariamente pasan inadvertidos en circunstancias normales.

Podemos ahora darnos cuenta del aspecto que reviste la vida sexual del niño antes de la afirmación de la primacía de los órganos genitales, primacía que se prepara durante la primera época infantil anterior al período de latencia y comienza luego a organizarse sólidamente a partir de la pubertad. Existe durante todo este primer período una especie de organización más laxa, a la que daremos el nombre de *pregenital*, pero en esta fase no son las tendencias genitales parciales sino las *sádicas* y *anales* las que ocupan el primer término. La oposición entre *masculino* y *femenino* no desempeña todavía papel alguno, y en su lugar hallamos la oposición entre *activo* y *pasivo*, a la que podemos considerar como precursora de la polaridad sexual con la que más tarde llega a confundirse. Aquello que en las actividades de esta fase, y considerado desde el punto de vista de la fase genital, presenta un carácter masculino, se nos revela como expresión de un instinto de dominio que degenera fácilmente en crueldad. A la zona erógena del ano, importantísima durante toda esta fase, se enlazan tendencias de fin pasivo, los deseos de ver y saber se afirman imperiosamente y el factor genital no interviene en la vida sexual más que como órgano de excreción de la orina. No son los objetos lo que falta a las tendencias parciales de estas fases para formar uno solo. La organización sádico-anal constituye la última fase preliminar anterior a aquella en la que se afirma la primacía de los órganos genitales. Un estudio un poco profundo muestra cuántos elementos de esta fase preliminar entran en la constitución del aspecto definido ulterior y por qué motivos llegan las tendencias parciales a situarse en la nueva organización genital. Más allá de la fase sádico-anal del desarrollo de la libido, advertimos un estado de organización aún más primitivo en el que desempeña el papel principal la zona erógena bucal. Podéis comprobar que la característica de este estadio es aquella actividad sexual que se manifiesta en el chupeteo y admiraréis la profundidad y el espíritu de observación de los antiguos egipcios cuyo arte representa a los niños —entre otros a Horus, el dios infantil— con un dedo en la boca. Abraham nos ha revelado recientemente, en un interesantísimo estudio, cuán profundas huellas deja en toda la vida sexual ulterior esta primitiva fase oral.

Temo que todo lo que acabo de decir sobre las organizaciones sexuales os haya fatigado en lugar de instruiros. Es posible que yo haya detallado con exceso, pero tened paciencia; en las aplicaciones que de lo que acabáis de oír haremos ulteriormente, tendréis ocasión de daros cuenta de toda su gran importancia.

Mientras tanto, dad por seguro que la vida sexual, o como nosotros decimos, la función de la libido, lejos de aparecer de una vez y lejos de desarrollarse permaneciendo semejante a sí misma, atraviesa una serie de fases sucesivas entre las cuales no existe semejanza alguna, presentando, por lo tanto, un desarrollo que se repite varias veces, análogo al que se extiende desde la crisálida a la mariposa. El punto máximo de este desarrollo se halla constituido por la subordinación de todas las tendencias sexuales parciales bajo la primacía de los órganos genitales, esto es, por la sumisión de la sexualidad a la función procreadora. Al principio, la vida sexual presenta una total incoherencia, hallándose compuesta de un gran número de tendencias parciales que ejercen su actividad independientemente unas de otras en busca del placer local procurado por los órganos. Esta anarquía se halla mitigada por las predisposiciones a las organizaciones pregenitales que desembocan en la fase sádico-anal, pasando antes por la fase oral, que es la más primitiva. Añadid a esto los diversos procesos, todavía insuficientemente conocidos, que aseguran el paso de una fase de organización a la fase siguiente y superior. Próximamente veremos la importancia que puede tener, desde el punto de vista de la concepción de la neurosis, este largo y gradual desarrollo de la libido.

Por hoy, vamos a examinar todavía una distinta faceta de este desarrollo, o sea, la relación existente entre las tendencias parciales y el objeto; o, mejor dicho, echaremos una ojeada sobre este desarrollo para detenernos más largamente en uno de sus resultados, bastante tardíos. Hemos dicho que algunos de los elementos constitutivos del instinto sexual poseen desde el principio un objeto que mantiene con toda energía. Tal es el caso de la tendencia a dominar (sadismo) y de los deseos de ver y de saber. Otros, que se enlazan más manifiestamente a determinadas zonas erógenas del cuerpo, no tienen un objeto sino al principio, mientras se apoyan todavía en las funciones no sexuales, y renuncian a él cuando se desligan de estas funciones. De este modo, el primer objeto del elemento bucal del instinto sexual se halla constituido por el seno materno, que satisface la necesidad de alimento del niño. El elemento erótico, que extraía su satisfacción del seno materno, conquista su independencia con el "chupeteo", acto que le permite desligarse de un objeto extraño y reemplazarlo por un órgano o una región del cuerpo mismo del niño. La tendencia bucal se hace, pues, *autoerótica*, como lo son desde el principio las tendencias anales y otras tendencias erógenas. El desarrollo ulterior persigue, para expresarnos lo más brevemente posible, dos fines: Primero, renunciar al autoerotismo, esto es, reemplazar el objeto que forma parte del cuerpo mismo del individuo por otro que le sea ajeno y exterior. Segundo, unificar los diferentes objetos de las distintas tendencias y reemplazarlas por un solo y único objeto. Este resultado no puede ser conseguido más que cuando tal objeto único es completo y semejante al del propio cuerpo, y a condición de que un cierto número de tendencias queden eliminadas como inutilizables.

Los procesos que terminan en la elección de un objeto son harto complicados y no han sido aún descritos de un modo satisfactorio. Nos bastará con hacer resaltar el hecho de que cuando el ciclo infantil que precede al período de latencia se encuentra ya próximo a su término, el objeto elegido sigue siendo casi idéntico al del placer bucal del período precedente. Este objeto, si no es ya el seno materno es, sin embargo, siempre, la madre. Decimos, pues, de esta, que es el primer *objeto de amor*. Hablamos, sobre todo, de amor cuando las tendencias psíquicas del deseo sexual pasan a ocupar el primer plano mientras que las exigencias corporales o sexuales, que forman la base de este instinto, se hallan reprimidas o momentáneamente olvidadas. En la época en que la madre llega a constituir un objeto de amor, el trabajo psíquico de la represión ha comenzado ya en el niño, trabajo o consecuencia del cual una parte de sus fines sexuales queda sustraída a su conciencia. A esta elección que hace de la madre un objeto de amor se enlaza todo aquello que bajo el nombre de *complejo de Edipo* ha adquirido una tan considerable importancia en la explicación psicoanalítica de las neurosis y ha sido quizá una de las causas determinantes de la resistencia que se ha manifestado contra el psicoanálisis.

Escuchad un pequeño suceso que se produjo durante la última guerra:

Uno de los más ardientes partidarios del psicoanálisis se hallaba movilizado, como médico, en una región de Polonia y llamó la atención de sus colegas por los inesperados resultados que obtuvo en el tratamiento de un enfermo. Preguntado, declaró que se servía de los métodos psicoanalíticos y se mostró dispuesto a iniciar en ellos a sus colegas, los cuales convinieron en reunirse todas las noches para que les fuera instruyendo en las misteriosas teorías del análisis. Todo fue bien durante un cierto tiempo hasta el día en que nuestro psicoanalista llegó a hablar a sus oyentes del complejo de Edipo. Mas entonces se levantó un superior y manifestando su indignación ante aquellas enormidades que se trataba de hacer creer a honrados padres de familia, que se hallaban combatiendo por su patria, prohibió la continuación de las conferencias, viéndose obligado nuestro partidario a pedir su traslado a otro sector.

Desearéis, sin duda, averiguar de una vez en qué consiste ese terrible complejo de Edipo. Su propio nombre os permite ya sospecharlo, pues todos conocéis la leyenda griega del rey Edipo, que habiendo sido condenado por el destino a matar a su padre y desposar a su madre, hace todo lo que es posible para escapar a la predicción del oráculo, pero no lo consigue y se castiga arrancándose los ojos cuando averigua que sin saberlo ha cometido los dos crímenes que le fueron predichos. Supongo que muchos de vosotros habréis experimentado una intensa emoción en la lectura de la tragedia en que Sófocles ha tratado este argumento. La obra del poeta ático nos expone cómo el crimen cometido por Edipo va revelándose poco a poco en una investigación artificialmente retardada y reanimada sin cesar, merced a nuevos indicios, proceso muy semejante al del tratamiento psicoanalítico. En el curso del diálogo, sucede que Yocasta, la madre-esposa, cegada por el amor, se opone a la prosecución de la labor investigadora, invocando, para justificar su oposición, el hecho de que muchos hombres han soñado que cohabitaban con su madre, pero que los sueños no merecen consideración alguna. Nosotros, por nuestra parte, no despreciamos los sueños, sobre todo, los típicos, o sea, aquellos que son soñados por muchos hombres y nos hallamos persuadidos de que el relatado por Yocasta se enlaza íntimamente con el contenido de la leyenda.

Es singular que la tragedia de Sófocles no provoque en el lector la menor indignación y que, en cambio, las inofensivas teorías psicoanalíticas sean objeto de tan enérgicas repulsas. El *Edipo* es en el fondo una obra inmoral, pues suprime la responsabilidad del hombre, atribuye a las potencias divinas la iniciativa del crimen y demuestra que las tendencias morales del individuo carecen de poder para resistir a las tendencias criminales. Entre las manos de un poeta como Eurípides, enemigo de los dioses, la tragedia de Edipo hubiera sido un arma poderosa contra la divinidad y contra el destino, pero el creyente Sófocles evita esta posible interpretación de su obra por medio de una piadosa sutileza, proclamando que la suprema moral exige la obediencia a la voluntad de los dioses, aun cuando estos ordenen el crimen. A mi juicio es esta conclusión uno de los puntos más débiles de la tragedia, aunque no influya en el efecto total de la misma, pues el lector no reacciona a esta moral, sino al oculto sentido de la leyenda y reacciona como si encontrase en sí mismo, por autoanálisis, el complejo de Edipo, como si reconociese en la voluntad de los dioses y en el oráculo representaciones simbólicas de su propio inconsciente y como si recordase con horror haber experimentado alguna vez el deseo de alejar a su padre y desposar a su madre. La voz del poeta parece decirle: "En vano te resistes contra su responsabilidad y en vano invocas todo lo que has hecho para reprimir estas intenciones criminales. Tu falta no se borra con ello, pues tales impulsos perduran aún en tu inconsciente, sin que hayas podido destruirlos". Contienen estas palabras una indudable verdad psicológica. Aun cuando el individuo que ha conseguido reprimir estas tendencias en lo inconsciente cree poder decir que no es responsable de las mismas, no por ello deja de experimentar esta responsabilidad como un sentimiento de culpa, cuyos motivos ignora.

En este complejo de Edipo debemos ver también, desde luego, una de las principales fuentes del sentimiento de remordimiento que atormenta con tanta frecuencia a los neuróticos. Pero aún hay más: en un estudio sobre los comienzos de la religión y la moral humanas, publicado por mí en 1913, con el título de *Tótem y tabú*, formulé la hipótesis de que es el complejo de Edipo el que ha sugerido a la humanidad, en los albores de su historia, la conciencia de su culpabilidad, última fuente de la religión y de la moral. Podría deciros muchas cosas sobre esta cuestión, pero prefiero no tocarla por ahora, pues una vez iniciada resulta muy difícil de abandonar y nos apartaría con exceso del camino de nuestra exposición.

¿Qué es lo que del complejo de Edipo puede revelarnos la observación directa del niño en la época de la elección de objeto anterior al período de latencia? Vemos fácilmente que el pequeño ser quiere tener a la madre para sí solo, que la presencia del padre le contraría, que se enfurruña cuando el mismo da a la madre muestras de ternura y que no esconde su satisfacción cuando su progenitor se halla ausente o parte de viaje. A veces, llega incluso a expresar de viva voz sus sentimientos y promete a la madre casarse con ella. Me diréis quizá que todo esto resulta insignificante comparado con las hazañas de Edipo, pero, a mi juicio se trata de hechos totalmente equivalentes, aunque sólo en germen. Con frecuencia, nos desorienta la circunstancia de que el mismo niño da pruebas, en otras ocasiones, de una gran ternura para con el padre, pero estas actitudes sentimentales opuestas, o más bien, ambivalentes, que en el adulto entrarían fatalmente en conflicto, se concilian muy bien y durante largo tiempo en el niño, del mismo modo que en épocas posteriores continúan perdurando lado a lado en lo inconsciente. Diríase, quizá, que la actitud del niño se explica por motivos egoístas y no autoriza en ningún modo la hipótesis de un complejo erótico dado que siendo la madre quien vela y satisface todas las necesidades del niño ha de tener este un máximo interés en que ninguna otra persona se ocupe de él. Esto es ciertamente verdadero, pero advertimos enseguida que, en esta situación, como en muchas otras análogas, el interés egoísta no constituye sino un punto de apoyo de la actividad erótica. Cuando el niño manifiesta, con respecto a la madre, una curiosidad sexual nada disimulada, cuando insiste para dormir durante la noche a su lado, quiere asistir a su tocado e incluso pone en práctica medios de seducción que no escapan a la madre, la cual los comenta entre risas, la naturaleza erótica de la adherencia a la madre parece fuera de duda. No hay que olvidar que la madre rodea de iguales cuidados a sus hijas, sin provocar el mismo efecto, y que el padre rivaliza con frecuencia con ella en atenciones para con el niño sin lograr nunca adquirir a los ojos de este, igual importancia. En concreto, no hay argumento crítico con la ayuda del cual pueda eliminarse de la situación la preferencia sexual. Desde el punto de vista del interés egoísta no sería ni siquiera inteligente por parte del niño el no adherirse sino a una sola persona, esto es, a la madre, cuando podría tener fácilmente a su devoción, dos en vez de una sola, o sea, el padre y la madre.

Observaréis que no he expuesto aquí más que la actitud del niño con respecto al padre y a la madre. La de la niña es, excepción hecha de las modificaciones necesarias, por completo idéntica. La tierna afección por el padre, la necesidad de apartar a la madre, cuya presencia es considerada como molesta, y una coquetería que dispone ya de todas las sutilezas femeninas, forman en la niña un cuadro encantador que nos hace olvidar la gravedad y las peligrosas consecuencias posibles de esta situación infantil. Añadamos, desde luego, que los mismos padres ejercen con frecuencia un influjo decisivo sobre la adquisición, por sus hijos, del complejo de Edipo, cediendo, por su parte, a la atracción sexual, circunstancia a la que se debe que en las familias de varios hijos prefiera el padre manifiestamente a las hijas, mientras que la madre dedica toda su ternura a los varones. A pesar de su importancia, no constituye, sin embargo, este factor un argumento contra la naturaleza espontánea del complejo de Edipo en el niño. Cuando la familia crece por el nacimiento de otros niños, se convierte este complejo, ampliándose, en el complejo familiar. Los hijos mayores ven en el nacimiento de nuevos hermanos una amenaza a sus derechos adquiridos, y, por lo tanto, acogen a los nuevos hermanos o hermanas con escasa benevolencia y el formal deseo de verlos desaparecer, sentimientos de odio que llegan a ser expresados verbalmente por los niños con mucha mayor frecuencia que los inspirados por el complejo paternal. Cuando el mal deseo del niño se realiza, y la muerte hace desaparecer rápidamente a aquellos que habían sido considerados como intrusos, puede comprobarse, con ayuda de un análisis posterior, la importancia que este suceso tiene para el niño, a pesar de que a veces puede no conservar el más mínimo recuerdo de él. Relegado al segundo plano por el nacimiento de un hermano o una hermana, y casi abandonado en los primeros días, el niño olvida difícilmente este abandono que puede hacer surgir en él importantes modificaciones de carácter y constituir el punto de partida de una disminución de su cariño hacia su madre. Hemos dicho ya que las investigaciones sobre la sexualidad con todas sus consecuencias se enlazan precisamente a esta dolorosa aventura infantil. A medida que los hermanos y las hermanas van siendo mayores, cambia para con ellos la actitud del niño, el cual llega incluso a trasladar a la hermana el amor que antes experimentaba hacia la madre, cuya infidelidad le ha herido tan profundamente. Ya en la *nursery* puede verse nacer entre varios hermanos que rodean a una hermana más pequeña estas situaciones de hostil rivalidad que en la vida ulterior desempeñan un tan importante papel. La niña, en cambio, sustituye al padre, que ya no testimonia hacia ella la misma ternura que antes, por el hermano mayor, o reemplaza con su hermana pequeña el niño que había deseado tener de su padre.

Tales son los hechos que la observación directa de niños y la interpretación imparcial de sus recuerdos espontáneos nos han revelado con absoluta evidencia. Resulta, pues, que el lugar que cada hijo ocupa en una familia numerosa constituye un importantísimo factor para la conformación de su vida ulterior y una circunstancia que debe tenerse en cuenta en toda biografía. Pero —cosa mucho más importante— ante estas explicaciones que obtenemos sin esfuerzo ninguno no podréis por menos de recordar con risa todos los esfuerzos que la ciencia ha hecho para explicar la prohibición del incesto, llegando hasta decirnos que la vida en común durante la infancia anula la atracción sexual que sobre el niño pudieran ejercer los miembros de su familia de sexo distinto, y también que la tendencia biológica a evitar los cruces consanguíneos halla su complemento psíquico en el innato horror al incesto. Al decir esto, se olvida que si la tentación incestuosa hallase realmente en la naturaleza obstáculos infranqueables, no hubiera nunca habido necesidad de prohibirla, tanto por leyes implacables, como por las costumbres. La verdad es totalmente opuesta. El primer objeto sobre el que se concentra el deseo sexual del hombre es siempre de naturaleza incestuosa —la madre o la hermana— y solamente a fuerza de severísimas prohibiciones es como se consigue reprimir esta inclinación infantil. En los primitivos todavía existentes, esto es, en los pueblos salvajes, las prohibiciones del incesto son aún más severas que entre nosotros, y Th. Reik ha mostrado recientemente en un brillante estudio que los ritos de la pubertad que existen entre los salvajes y representan una resurrección, tienen por objeto romper el lazo incestuoso que liga al niño con su madre y efectuar su reconciliación con el padre.

La Mitología nos muestra que los hombres no vacilan en atribuir a los dioses el incesto, y la historia antigua nos enseña que el matrimonio incestuoso con la hermana era entre los antiguos faraones y entre los incas peruanos un mandamiento sagrado, siendo considerado como un privilegio prohibido al común de los mortales. Observamos también que los dos grandes crímenes de Edipo —el asesinato de su padre y el incesto materno— aparecen ya condenados por la primera institución religiosa y social de los hombres, o sea, el totemismo. Pasemos ahora de la observación directa del niño al examen analítico del adulto neurótico, y veamos cuáles son los datos que el análisis puede proporcionarnos para llegar a un más profundo conocimiento del complejo de Edipo. El análisis nos presenta este complejo tal y como la leyenda nos lo expone, mostrándonos que cada neurótico ha sido por sí mismo una especie de Edipo o, cosa que viene a ser igual, que se ha convertido, por reacción, en un Hamlet. La representación analítica del complejo de Edipo es, naturalmente, una ampliación del esquema infantil antes expuesto. El odio hacia el padre y el deseo de verle morir quedan abiertamente evidenciados y el cariño hacia la madre confiesa su fin de poseerla por esposa. ¿Tenemos acaso el derecho de atribuir a la tierna infancia estos crudos y extremos sentimientos o es el análisis mismo lo que nos induce en error? Esto último pudiera ser cierto, pues siempre que una persona habla del pasado, aunque se trate de un historiador, debemos tener en cuenta todo aquello que del presente o de un más próximo pretérito intercala involuntariamente en el período de que se ocupa, cuya descripción queda, de este modo, falseada. En los enfermos neuróticos no parece esta confusión entre el pasado y el presente ser por completo intencionada, y más adelante habremos de ver los motivos a que obedece e investigar el proceso de tal "fantasear retrospectivo". Descubrimos también, sin esfuerzo, que el odio hacia al padre queda intensificado por numerosos motivos correspondientes a épocas y circunstancias posteriores y que los deseos sexuales que tienen a la madre por objeto revisten formas que debían ser todavía desconocidas y ajenas al niño. Pero sería un vano esfuerzo querer explicar el complejo de Edipo, en su totalidad, por dicho "fantasear retrospectivo" y referirlo así a épocas posteriores, pues el análisis nos muestra siempre la existencia del nódulo infantil, tal y como los hallamos en la observación directa del niño y acompañado de un número más o menos considerable de elementos accesorios.

El hecho clínico que se nos revela detrás de la forma analíticamente establecida del complejo de Edipo presenta una gran importancia práctica. Averiguamos que, en la época de la pubertad, cuando el instinto sexual se afirma con toda su energía, reaparece la antigua elección incestuosa de objeto, revistiendo de nuevo un carácter libidinoso. La elección infantil de objeto no fue más que un tímido preludio de la que luego se realiza en la pubertad, pero, no obstante, marcó a esta última su orientación de un modo decisivo. Durante esta fase se desarrollan procesos afectivos de una gran intensidad, correspondientes al complejo de Edipo o a una reacción contra él, pero las premisas de estos procesos quedan sustraídas, en su mayor parte, a la conciencia, por su carácter inconfesable. Más tarde, a partir de esta época, el individuo humano se halla ante la gran labor de desligarse de sus padres y solamente después de haber llevado a cabo esta labor podrá cesar de ser un niño y convertirse en miembro de la comunidad social. La labor del hijo consiste en desligar de su madre sus deseos libidinosos haciéndolos recaer sobre un objeto real no incestuoso, reconciliarse con el padre, si ha conservado contra él alguna hostilidad, o emanciparse de su tiranía cuando por reacción contra su infantil rebelión se ha convertido en un sumiso esclavo del mismo. Es esta una labor que se impone a todos y cada uno de los hombres, pero que sólo en muy raros casos consigue alcanzar un término ideal, esto es, desarrollarse de un modo perfecto, tanto psicológica como socialmente. Los neuróticos fracasan por completo en ella, permanecen sometidos toda su vida a la autoridad paterna y son incapaces de trasladar su libido a un objeto sexual no incestuoso. En este sentido es como el complejo de Edipo puede ser considerado como el nódulo de las neurosis.

Adivináis, sin duda, que prescindo aquí de un gran número de importantes detalles, tanto prácticos como teóricos, relativos al complejo de Edipo. No insistiré más sobre sus variantes y su posible inversión. Sólo os diré, por lo que respecta a sus relaciones más lejanas, que ha constituido una abundante fuente de producción poética. Otto Rank ha mostrado, en un libro meritorio, que los dramaturgos de todos los tiempos han extraído sus materiales poéticos principalmente del complejo de Edipo y del complejo de incesto, en todas sus variantes, más o menos veladas. Por último, os advertiré que los dos deseos criminales que forman parte de este complejo han sido reconocidos, largo tiempo antes del psicoanálisis, como los deseos representativos de la vida instintiva sin freno. En el diálogo del célebre enciclopedista Diderot, titulado *El sobrino de Rameau*, hallaréis las interesantísimas frases siguientes: *Si le petit sauvage était abandonné à lui-même, qu'il conservât toute son imbécillité et qu'il réunît au peu de raison de l'enfant au berceau la violence des passions de l'homme de trente ans, il tordrait le cou à son père et coucherait avec sa mère.*

Existe aún algo que no debemos omitir. No en vano nos ha hecho pensar en los sueños la esposa-madre de Edipo. Recordaréis, sin duda, que nuestros análisis oníricos nos revelaron que los deseos de los que los sueños surgen eran con frecuencia de naturaleza perversa o incestuosa, o revelaban una insospechada hostilidad hacia personas muy próximas y amadas. Pero entonces no llegamos a explicarnos el origen de tales malignas tendencias, origen que ahora se nos muestra con absoluta evidencia. Trátase de productos de la libido y de revestimiento de objeto que, datando de la primera infancia y habiendo desaparecido ha largo tiempo de la conciencia, revelan todavía su existencia durante la noche y se muestran aún capaces de una determinada actuación. Ahora bien; dado que estos sueños perversos, incestuosos y crueles son comunes a todos los hombres y no constituyen, por lo tanto, un monopolio de los neuróticos, podremos concluir que el hombre normal ha pasado también, en su desarrollo, a través de las perversiones y revestimientos de objetos característicos del complejo de Edipo, constituyendo este el camino evolutivo normal y no presentando los neuróticos sino una ampliación de aquello que el análisis de los sueños nos revela igualmente en los hombres de completa salud. A esta razón se debe, en gran parte, el que hayamos hecho preceder en estas lecciones el estudio de los sueños al de las neurosis.

XXII
Puntos de vista del desarrollo
y de la regresión. —Etiología

Hemos visto ya que la función de la libido pasa por un largo desarrollo hasta llegar a la fase llamada normal, o sea, aquella en la que entra al servicio de la procreación. En la presente conferencia me propongo exponeros la significación que para la etiología de las neurosis posee esta circunstancia.

Creo hallarme de completo acuerdo con las enseñanzas de la patología general, admitiendo que dicho desarrollo comporta dos peligros: El del *estancamiento* y el de la *regresión*. Quiere esto decir que, dada la tendencia a variar, propia de los procesos biológicos, puede suceder que no todas las fases preparatorias transcurran con absoluta corrección y lleguen a su término definitivo, pues ciertas partes de la función pueden estancarse de una manera duradera en alguna de estas tempranas fases y obstaculizar así la marcha total del desarrollo.

Busquemos en otros dominios algún proceso análogo. Cuando todo un pueblo abandona los lugares en que habita para buscar nuevas tierras en que establecerse, hecho que se produjo frecuentemente en las épocas primitivas de la historia humana, no llega nunca en su totalidad al nuevo país. Aparte de otras causas de eliminación, debió de suceder, frecuentemente, que pequeños grupos o asociaciones de emigrantes se fueran fijando en diversos lugares del camino mientras que el grueso del pueblo continuaba su marcha. O para elegir una comparación más próxima: Las glándulas seminales de los mamíferos superiores, originariamente situadas en lo más profundo de la cavidad abdominal, sufren en un momento dado de la vida intrauterina un desplazamiento que las transporta al extremo inferior del tronco y casi a flor de piel. A consecuencia de esta emigración, existe un gran número de individuos en los que una de dichas glándulas ha permanecido en la cavidad abdominal o se ha localizado definitivamente en el canal inguinal que ambas deben franquear normalmente, pudiendo suceder así mismo, que este canal quede abierto en vez de cerrarse después del paso de las glándulas, como sucede en los casos normales. En el primer trabajo científico que, siendo aún un joven estudiante, realicé bajo la dirección de Von Brëcke, hube de ocuparme del origen de las raíces nerviosas posteriores de la médula en un pescado de forma aún muy arcaica, y hallé que las fibras nerviosas de dichas raíces emergían de grandes células situadas en la corteza posterior de la sustancia gris, circunstancia que no se observa ya en otros vertebrados. Pero no tardé en descubrir que tales células nerviosas aparecían también fuera de la sustancia gris y se extendían a lo largo de todo el trayecto que conduce hasta el ganglio llamado espinal de la raíz posterior, descubrimiento del que hube de deducir que las células de dichas masas ganglionares han emigrado de la médula espinal para situarse a lo largo del trayecto radicular de los nervios. Esta emigración ha sido confirmada por la historia de la evolución, pero en el pequeño pescado, objeto de mi estudio, aparecía de una manera evidente, pues el trayecto recorrido quedaba marcado por las células escalonadas en el camino. Un reflexivo examen de estas comparaciones os revelará los defectos de que adolecen, y, por lo tanto, creo que lo mejor será exponeros ya directamente el pensamiento psicoanalítico sobre esta cuestión.

En toda tendencia sexual puede, a nuestro juicio, darse el caso de que algunos de los elementos que la componen permanezcan estancados en fases evolutivas anteriores, cuando otros han alcanzado ya el fin propuesto. Claro es que concebimos cada una de estas tendencias como una corriente que avanza sin interrupción desde el comienzo de la vida, y que, al descomponerla, como lo hacemos, en varios impulsos sucesivos, usamos de un procedimiento hasta cierto punto artificial. La impresión que sin duda experimentáis de que todas estas representaciones precisan de más amplio esclarecimiento es perfectamente justa, pero tal labor habría de llevarnos demasiado lejos. Me limitaré, pues, a indicaros por el momento que tal estancamiento de una tendencia parcial en una temprana fase del desarrollo es lo que hemos convenido en denominar, técnicamente, como *fijación*.

El segundo peligro de tal desarrollo gradual es el de que aquellos elementos, que no han experimentado fijación alguna, emprendan, en cambio, una marcha retrógrada y vuelven, así, a fases anteriores, proceso al que damos el nombre de *regresión* y que se verifica cuando una tendencia llegada ya a un avanzado estadio de su desarrollo tropieza en el ejercicio de su función, esto es, en el logro de la satisfacción que constituye su fin, con graves obstáculos exteriores. Todo hace creer que *fijación* y *regresión* no son independientes una de otra. Cuanto más considerable haya sido la fijación durante el curso del desarrollo, más dispuesta se hallará la función a eludir las dificultades exteriores por medio de la regresión, retrocediendo hasta los elementos fijados, y menos capacidad de resistencia poseerá, al llegar a puntos avanzados de su desarrollo, para vencer los obstáculos exteriores que se opongan a la definitiva perfección del mismo. Un pueblo que al emigrar vaya dejando en su camino fuertes destacamentos, retrocederá en su búsqueda en cuanto sufra una derrota o tropiece con un enemigo superior, y al mismo tiempo, tendrá tantas más probabilidades de ser derrotado y tener que recurrir a tal retirada cuanto mayores sean las fuerzas que ha dejado atrás.

Para la acertada inteligencia de las neurosis importa mucho no perder de vista esta relación entre la fijación y la regresión, pues poseemos en ella un importantísimo punto de apoyo para el examen que de la etiología de dichas afecciones nos proponemos emprender.

Pero antes quiero deciros aún algunas palabras sobre la regresión. Dado nuestro conocimiento del desarrollo de la función de la libido no os sorprenderá oír que existen dos clases de regresión: Retorno a los primeros objetos que la libido hubo de revestir, objetos que como ya sabemos son de naturaleza incestuosa; y retroceso de toda la organización sexual a fases anteriores. Ambos géneros de regresión aparecen en las neurosis de transferencia y desempeñan, en su mecanismo, un importantísimo papel, observándose, sobre todo y con una monótona regularidad, el retorno a los primeros objetos de la libido. Aún podríamos ampliar considerablemente nuestras consideraciones sobre las regresiones de la libido si pudiéramos detenernos a examinar los procesos que de esta naturaleza se efectúan en otro grupo de neurosis —las llamadas narcisistas—, pero es esta una labor que no entra por ahora en el cuadro de nuestros propósitos. Sólo os diré que estas afecciones nos revelan nuevos procesos evolutivos de la función de la libido y nos muestran, por lo tanto, nuevas especies de regresión.

Creo importante poneros, sin más tardanza, en guardia, contra una posible confusión entre *regresión* y *represión* y ayudaros a obtener una precisa idea de las relaciones existentes entre ambos conceptos. Represión es —como sin duda recordáis— aquel proceso merced al cual un acto susceptible de devenir consciente, y que por lo tanto forma parte del sistema preconsciente, deviene inconsciente y es retrotraído así a este último sistema. Hay también represión cuando el acto psíquico inconsciente no es siquiera admitido en el vecino sistema preconsciente, sino, por el contrario, rechazado por la censura al llegar a los umbrales de la preconciencia. No existe, pues, entre el concepto de represión y el de sexualidad relación alguna, hecho que os ruego no dejéis nunca de tener en cuenta. La represión es un proceso puramente psicológico, que caracterizaremos aún mejor calificándolo de *tópico*. Con esto queremos decir que posee una relación con nuestra metáfora de los compartimientos psíquicos, o renunciando a esta grosera representación auxiliar, con la estructura del aparato psíquico, constituido por varios sistemas diferentes.

La comparación que de estos dos procesos hemos emprendido nos muestra que hasta ahora sólo hemos empleado la palabra *regresión* en un especialísimo sentido. Dando a este término su significación general, esto es, la de retorno desde una fase evolutiva superior a otra inferior, puede incluso quedar subordinada la *represión* a la *regresión*, pues el primero de estos procesos puede también ser descrito como un retorno a una fase anterior en el desarrollo de un acto psíquico. Pero en la represión no nos interesa especialmente esta dirección retrógrada, pues hallamos también represión, en el sentido dinámico, cuando un acto psíquico es retenido en la fase inferior constituida por lo inconsciente. La represión es un concepto puramente descriptivo. Hasta ahora, al hablar de regresión y establecer las relaciones de la misma con la fijación, nos referimos únicamente al retorno de la libido a fases anteriores de su desarrollo, esto es, a algo que difiere totalmente de la represión y es por completo independiente de ella. Tampoco podemos afirmar que la regresión de la libido sea un proceso puramente psicológico y no sabríamos asignarle una localización determinada en el aparato psíquico. Aunque ejerce sobre la vida psíquica una profundísima influencia, el factor que domina en ella es el orgánico.

Estas especulaciones os parecerán sin duda harto áridas. Pero su aplicación clínica puede hacérnoslas más comprensibles. La histeria y la neurosis obsesiva son —como ya sabéis— las dos afecciones principales del grupo de las neurosis de transferencia.

En la histeria existe siempre una regresión de la libido a los primeros objetos sexuales de naturaleza incestuosa; pero falta todo retorno a una fase primaria de la organización sexual, siendo en cambio la represión la que desempeña en el mecanismo de esta enfermedad el papel principal. Si me permitís completar con una construcción teórica el inatacable conocimiento que hemos logrado adquirir de la histeria, podré describiros la situación en la forma siguiente: La reunión de las tendencias parciales bajo la primacía de los órganos genitales queda conseguida, pero las consecuencias que de esta unión se derivan tropiezan con la resistencia del sistema preconsciente, enlazado a la conciencia. La organización genital resulta, pues, válida para lo inconsciente, mas no para lo preconsciente, y esta repulsa por parte del sistema preconsciente motiva la aparición de un cuadro que presenta ciertas analogías con el estado anterior a la primacía de los órganos genitales, pero que, en realidad, es algo muy distinto. De las dos represiones de la libido, aquella que se dirige hacia una fase anterior de la organización sexual es desde luego la más interesante. Pero como en la histeria falta esta última regresión, y como toda nuestra concepción de las neurosis se resiente aún de la influencia del estudio de la histeria, llevado a cabo con anterioridad, la importancia de la regresión de la libido no se nos ha mostrado sino muy posteriormente a la de la represión. Debemos, pues, esperar que nuestros puntos de vista encuentren nuevas ampliaciones y modificaciones cuando además de la histeria y de la neurosis obsesiva incluyamos en nuestra investigación las neurosis narcisistas.

Al contrario de lo que sucede en la histeria, el proceso que en la neurosis obsesiva presenta mayor importancia y regula la aparición de los síntomas es la regresión de la libido a la fase preliminar sádico-anal. El impulso amoroso tiene que presentarse en estos casos bajo una máscara sádica y la representación obsesiva "quisiera matarte", no significa otra cosa —una vez despojada de determinados agregados, no accidentales, sino indispensables— que "quisiera gozarte". Añadid a esto que simultáneamente se ha verificado una regresión con respecto al objeto, y que, por lo tanto, tales impulsos vienen a recaer sobre las personas más próximas y amadas, y tendréis una idea del horror que en el enfermo han de despertar tales representaciones obsesivas y de cuán ajenas ha de considerarlas a su percepción consciente. También la represión desempeña en estas neurosis un importantísimo papel, pero que resulta muy difícil de precisar y definir en una exposición tan sintética y rápida como la que aquí me veo obligado a haceros. La regresión de la libido no podría producir nunca por sí sola, y sin el acompañamiento de la represión, una neurosis, sino que conduciría únicamente a una perversión. Vemos, pues, que la represión es el proceso más propio de la neurosis y aquel que mejor la caracteriza. Más adelante tendré quizá ocasión de exponeros lo que sobre el mecanismo de las perversiones hemos averiguado y entonces veréis que se trata de algo mucho más complicado de lo que generalmente se supone.

Espero que me perdonaréis la amplitud con que he tratado de la fijación y la regresión de la libido, cuando sepáis que todo lo que sobre estas cuestiones os he expuesto constituye una preparación al estudio de la etiología de las neurosis. Sobre esta etiología no os he dado, hasta ahora, sino un único dato: El de que los hombres enferman de neurosis cuando ven negada la posibilidad de satisfacer su libido, o sea, —empleando el mismo término de que antes hube de servirme—, por "privación", siendo los síntomas un sustitutivo de la satisfacción denegada. Naturalmente, no quiere esto decir que toda privación de la satisfacción libidinosa convierta en neurótico al individuo sobre el que recae, sino tan sólo que el factor privación existe en todos los casos de neurosis analizados. Por lo tanto, vemos que nuestro principio no es reversible y supongo os habréis dado también cuenta de que no constituye por sí solo un total esclarecimiento del misterio de la etiología de las neurosis, sino solamente la expresión de una de sus condiciones esenciales.

Ignoramos todavía si para la discusión ulterior de este principio deberemos insistir principalmente sobre la naturaleza de la privación o sobre la idiosincrasia del sujeto que la sufre, pues la privación sólo raras veces resulta completa y absoluta, y para devenir patógena tiene que recaer sobre aquella forma de satisfacción que el sujeto exige y es la única de la que es capaz. Hay, en general, numerosos medios que permiten soportar sin peligro de neurosis la privación de satisfacción libidinosa, y conocemos individuos capaces de infligirse esta privación sin daño alguno. No son felices y añoran de continuo la satisfacción de lo que se ven privados, pero no caen enfermos. Debemos además tener en cuenta que las tendencias sexuales son —si me es permitido expresarme así— extraordinariamente *plásticas*. Pueden reemplazarse recíprocamente, y una sola puede asumir la intensidad de las demás, resultando, de este modo, que cuando la realidad rehúsa la satisfacción de una de ellas, existe una posible compensación en la satisfacción de otra. Podemos, pues, compararlas a una red de canales comunicantes, y esto a pesar de su subordinación a la primacía genital; dos características difíciles de conciliar. Además, tanto las tendencias parciales de la sexualidad como la corriente sexual resultante de su síntesis poseen una gran facilidad para variar de objeto cambiando uno de difícil acceso por otro más asequible, propiedad que constituye una fuente de resistencia a la acción patógena de una privación. Entre estos factores que oponen una acción que pudiéramos calificar de profiláctica a la nociva de las privaciones, existe uno que ha adquirido una particular importancia social, y consiste en que una vez que la tendencia sexual ha renunciado al placer parcial o al que procura el acto de la procreación, reemplaza tales fines por otro que presenta con ellos relaciones de origen, pero que ha cesado de ser sexual para hacerse social. Damos a este proceso el nombre de *sublimación*, y efectuándolo así, nos adherimos a la opinión general que concede un valor más grande a los fines sociales que a los sexuales, considerando a estos últimos, en el fondo, como egoístas. La sublimación no es, además, sino un caso especial del apoyo de tendencias sexuales en otras no sexuales. Más adelante trataré de esta cuestión con un mayor detalle.

Supondréis, quizá, que merced a todos estos medios que permiten soportar la privación pierde ésta toda su importancia. Pero, en realidad, no sucede así, y la privación conserva toda su fuerza patógena. Los medios que a ella oponemos son, generalmente, insuficientes y el grado de insatisfacción de la libido que el hombre puede soportar es limitado. La plasticidad y la movilidad de la libido no alcanzan en todos los hombres un igual nivel y la sublimación no puede nunca suprimir sino una parte de la libido, existiendo, además, muchos sujetos que no poseen la facultad de sublimar sino en grado muy restringido. La principal de estas restricciones es aquella que recae sobre la movilidad de la libido, pues limita extraordinariamente el número de fines y objetos que pueden proporcionar al individuo la necesaria satisfacción. Recordando que un desarrollo incompleto de la libido comporta numerosas fijaciones muy variadas de la misma a fases anteriores a la organización y a objetos primitivos, fases y objetos que la mayor parte de las veces no son ya capaces de procurar una satisfacción real, reconoceréis que la fijación de la libido constituye, después de la privación, un importantísimo factor etiológico de las neurosis, hecho que podemos esquematizar diciendo que la fijación de la libido constituye, en la etiología de las neurosis, el factor interno, o sea, la predisposición, y, en cambio, la privación, el factor accidental externo.

Se me presenta aquí una excelente ocasión, que no quiero desaprovechar, para aconsejaros os abstengáis de intervenir en una superflua discusión que sobre estas materias se ha desarrollado. El mundo científico acostumbra tomar una parte de la verdad y sustituirla a la verdad completa discutiendo luego todo el resto, no menos verdadero, en favor del fragmento desglosado. Por medio de este procedimiento han surgido diversas ramificaciones que aceptan únicamente las tendencias egoístas y niegan las sexuales, no reconocen la influencia de la vida pretérita del sujeto sino tan sólo la de los deberes reales, impuestos por la sociedad, etc. De un modo análogo se ha hecho también objeto de controversia la cuestión a que ahora nos referimos más especialmente, y se discute si las neurosis son enfermedades *exógenas* o *endógenas*, consecuencia necesaria de una determinada constitución o producto de ciertas acciones traumáticas nocivas, planteándose así mismo el problema de si son motivadas por la fijación de la libido y otras particularidades de la constitución sexual o por la influencia de la privación. Mas tales dilemas poseen tan escaso sentido como este otro que yo podría plantearos: ¿El niño nace por haber sido procreado por el padre o por haber sido concebido por la madre? Naturalmente, nos responderéis que ambas condiciones son igualmente indispensables. Pues bien, en la etiología de la neurosis sucede algo muy análogo si no es que idéntico. Desde el punto de vista etiológico, las enfermedades neuróticas pueden ordenarse en una serie en la que los dos factores, constitución sexual e influencias exteriores, o si se prefiere, fijación de la libido y privación, se hallan representados de tal manera que cuando uno de ellos crece, el otro disminuye. En uno de los extremos de esta serie se hallan los casos límites, de los cuales podemos afirmar con perfecta seguridad que, dado el anormal desarrollo de la libido del sujeto, habría este enfermado siempre, cualesquiera que fuesen los sucesos exteriores de su vida y aunque esta se hallase totalmente desprovista de accidentes. Al otro extremo hallamos los casos de los que, por el contrario, podemos decir que el sujeto hubiera escapado desde luego a la neurosis si no se hubiera encontrado en una determinada situación. En los casos intermedios nos hallamos en presencia de combinaciones tales que, a una mayor predisposición, dependiente de la constitución sexual, corresponde una parte menor de influencias nocivas sufridas durante el curso de la vida, e inversamente. En estos sujetos, la constitución sexual no habría producido la neurosis sin la intervención de influencias nocivas y estas influencias no habrían sido seguidas de un efecto traumático si las condiciones de la libido hubieran sido diferentes. Podría quizá conceder, en esta serie, un cierto predominio a la predisposición, pero una tal concesión por parte mía habría de depender siempre de los límites que convinierais en asignar a la nerviosidad.

Para facilitar nuestra labor de exposiciones daremos a estas series el nombre de *series complemento*. Más adelante tendremos ocasión de establecer otras análogas.

La tenacidad con que la libido se adhiere a determinados objetos y orientaciones, o sea, lo que pudiéramos llamar su *viscosidad*, se nos muestra como un factor independiente que varía en cada individuo y cuyas normas nos son totalmente desconocidas. No debemos despreciar, como desprovista de importancia, la intervención de este factor en la etiología de las neurosis, pero tampoco habremos de considerar demasiado íntima su relación con esta etiología. Tal viscosidad de la libido —dependiente de causas ignoradas— aparece también ocasionalmente en individuos normales y se nos muestra, asimismo, a título de factor determinante, en personas que forman una categoría opuesta a la de los nerviosos, esto es, en los perversos.

Ya antes del psicoanálisis (Binet) era conocida la posibilidad de descubrir en la anamnesis de los perversos la huella de una temprana impresión que trajo consigo una orientación anormal del instinto o una elección anormal del objeto, y desviaciones a las que la libido del perverso quedó después fijada durante toda la vida. Con gran frecuencia resulta imposible determinar qué es lo que capacita a tales impresiones para ejercer sobre la libido una atracción tan irresistible. Voy a relataros un caso observado por mí mismo. Un hombre al que los órganos genitales y todos los demás encantos de la mujer dejan hoy indiferente, pero que experimenta, en cambio, una excitación sexual irresistible a la vista de un pie calzado en determinada forma, recuerda una escena de su infancia que desempeñó un papel decisivo en la fijación de su libido. Teniendo seis años de edad se hallaba un día sentado sobre un taburete junto a su institutriz que se disponía a darle lección de inglés. La institutriz, una solterona seca y fea, con acuosos ojos azules y nariz respingona, se había herido en un pie y lo tenía apoyado sobre una silla y calzado con una zapatilla de terciopelo quedando la pierna cuidadosa y decentemente oculta entre las faldas.

Pues bien; los pies delgados y de salientes tendones como el de la fea institutriz es lo que llegó a ser para nuestro sujeto, después de un tímido ensayo de normal actividad sexual durante su pubertad, el único objeto sexual, objeto cuya atracción se hace irresistible cuando la persona correspondiente muestra algún otro parecido con la institutriz inglesa. Esta fijación de la libido ha hecho de nuestro sujeto no un neurótico, sino un perverso, o sea, lo que denominamos un fetichista del pie. Como veis, aunque la fijación excesiva y precoz de la libido constituye un factor etiológico indispensable de las neurosis, su acción se extiende más allá del cuadro de estas afecciones. Resulta, pues, que tampoco la fijación puede considerarse como el factor etiológico decisivo.

El problema de la determinación de la neurosis parece, de este modo, complicarse. La investigación psicoanalítica nos revela, en efecto, un nuevo factor que no figura en nuestra serie etiológica y que aparece con máxima evidencia en aquellas personas cuya salud se ve perturbada de repente por una dolencia neurótica. En estos sujetos descubrimos siempre indicios de una oposición de deseos, o siguiendo nuestra acostumbrada forma de expresión, de un *conflicto* psíquico. Una parte de la personalidad manifiesta determinados deseos y otra parte se opone y los rechaza. Sin un conflicto de este género no existe neurosis, circunstancia que no habrá ya de extrañaros, pues sabéis que nuestra vida psíquica se halla constantemente removida por conflictos cuya solución nos incumbe hallar. Mas para que semejante conflicto devenga patógeno han de concurrir ciertas condiciones particulares, y por lo tanto habremos de preguntarnos cuáles son estas condiciones, entre qué fuerzas psíquicas se desarrollan tales conflictos patógenos y cuáles son las relaciones que existen entre el conflicto y los demás factores determinantes.

Espero poder dar a estas interrogantes respuestas satisfactorias, aunque abreviadas y esquemáticas. El conflicto es provocado por la privación, la cual obliga a la libido, carente de satisfacción normal, a buscar otros objetos y caminos, siendo condición indispensable que tales nuevos caminos y objetos provoquen el desagrado de una cierta fracción de la personalidad, la cual impone su veto, en un principio, al nuevo modo de satisfacción. A partir de este punto se inicia el proceso de la formación de síntomas, proceso que más adelante investigaremos, y las tendencias libidinosas rechazadas consiguen manifestarse por caminos indirectos, aunque no sin ceder en cierto modo a las exigencias de los elementos hostiles, aceptando determinadas deformaciones y atenuaciones. Tales caminos indirectos son los de la formación de síntomas, viniendo estos últimos a constituir la satisfacción nueva o sustitutiva que la privación ha hecho necesaria.

La importancia del conflicto psíquico se manifiesta aun en el hecho de que para que una privación *exterior* se haga patógena es necesario que se añada a ella una privación *interior*. Claro es que cada una de estas privaciones —exterior e interior— se refiere a objetos diferentes y siguen caminos distintos. La privación exterior aleja determinada posibilidad distinta, estallando entonces el conflicto en derredor de esta última. Si doy aquí a mi exposición una forma particular, ello obedece al oculto sentido implícito de su contenido y que no es otra cosa que la posibilidad de que en las épocas primitivas del desarrollo humano hayan sido determinadas las abstenciones interiores, por reales obstáculos exteriores.

Pero ¿cuáles son las fuerzas de las que emanan la oposición a la tendencia libidinosa, esto es, cuál es la otra parte actuante en el conflicto patógeno? Tales fuerzas son —en sentido general— las tendencias no sexuales a las que designamos con el nombre genérico de *tendencias del yo*. El psicoanálisis de las neurosis de transferencia no nos ofrece medio alguno de aproximarnos a su comprensión y sólo nos es dado llegar a un cierto conocimiento de su naturaleza por las resistencias que se oponen al análisis. El conflicto patógeno surge, por lo tanto, entre las tendencias del *yo* y las tendencias sexuales. En determinados casos, experimentamos la impresión de que se trata de un conflicto entre diferentes tendencias puramente sexuales, apariencia que no contradice en nada nuestra afirmación, pues de las dos tendencias sexuales en conflicto una es siempre la que busca, por decirlo así, satisfacer al *yo*, mientras que la otra representa la repulsa del mismo. Volvemos, pues, al conflicto entre el *yo* y la sexualidad.

Siempre que el psicoanálisis ha considerado un suceso psíquico como un producto de tendencias sexuales, se le ha objetado con indignación que el hombre no se compone exclusivamente de sexualidad, que existen en la vida psíquica tendencias e intereses distintos de los sexuales y que no debemos derivarlo todo de la sexualidad, etc. Por una vez, nos satisface en extremo hallarnos de acuerdo con nuestros adversarios. En efecto, el psicoanálisis no ha olvidado jamás que existen tendencias no sexuales, se basa precisamente en la definida separación existente entre tendencias sexuales y tendencias del *yo*, y ha afirmado, contra todas las objeciones, que las neurosis no son producto exclusivo de la sexualidad, sino del conflicto entre esta y el *yo*. En su labor de analizar y definir la misión de los instintos sexuales, tanto en la vida normal como en circunstancias patológicas, no ha tropezado con nada que le incite a negar la existencia y significación de las tendencias del *yo*, y si se ha ocupado, en primer lugar, de las tendencias sexuales, ha sido por ser estas los que en las neurosis demuestran una más precisa significación.

Tampoco es exacto pretender que el psicoanálisis no se interesa por la parte no sexual de la personalidad. La separación entre el *yo* y la sexualidad es precisamente lo que por vez primera nos ha hecho ver, con toda evidencia, que las tendencias del *yo* sufren a su vez un significativo desarrollo que no es ni totalmente independiente de la libido ni se halla exento por completo de reacción contra ella.

En honor a la verdad hemos de confesar que el desarrollo del *yo* nos es mucho menos conocido que el de la libido, mas esperamos que el estudio de las neurosis narcisistas nos permita penetrar en la estructura del *yo*. Ferenczi ha llevado ya a cabo una interesante tentativa de establecer teóricamente las fases de dicho desarrollo y poseemos por lo menos dos sólidos puntos de apoyo para formular un juicio sobre el mismo. Sería inexacto decir que los intereses libidinosos de una persona son desde un principio y necesariamente contrarios a sus intereses de autoconservación, pues lo que sucede es que el *yo* tiende a adaptarse a su organización sexual en todas y cada una de las etapas de su desarrollo. La sucesión de las diferentes fases evolutivas de la libido se realiza probablemente conforme a un programa preestablecido, mas no puede negarse que puede ser influida por el *yo*, debiendo existir un cierto paralelismo y una cierta concordancia entre las fases del desarrollo del *yo* y las de la libido y pudiendo nacer un factor patógeno de la perturbación de esta concordancia. Mucho nos interesaría determinar cómo se comporta el *yo* en aquellos casos en los que la libido experimenta una fijación a una fase dada de su desarrollo. El *yo* puede adaptarse a esta fijación, haciéndose perverso, o sea, infantil, en proporción directa a la importancia de la misma, pero puede también rebelarse contra ella y sufre, entonces, una represión correlativa a la fijación de la libido.

Veamos, pues, que el tercer factor de la etiología de las neurosis, la *tendencia a los conflictos*, depende tanto del desarrollo del *yo* como del de la libido, descubrimiento que completa nuestra concepción de la determinación de las dolencias neuróticas, cuyas condiciones etiológicas serán, aparte de la privación como factor de orden general, la fijación de la libido, que marca la orientación de la enfermedad y la tendencia al conflicto, derivada del desarrollo del *yo*, que ha rechazado los sentimientos libidinosos. La situación no es, pues, tan complicada ni tan difícil de comprender como sin duda os pareció en un principio, aunque bueno será advertiros que todavía nos queda mucho que hablar sobre esta cuestión. A lo ya dicho habremos de añadir todavía importantísimas consideraciones, y, sobre todo, habremos de someter a un análisis más profundo muchos de los puntos ya examinados.

Para mostraros la influencia que el desarrollo del *yo* ejerce sobre la constitución del conflicto, y, por lo tanto, sobre la determinación de las neurosis, os expondré un ejemplo que, aunque imaginario, no es nada inverosímil, y que me ha sido inspirado por el título de una comedia de Nestroy: *En el bajo y en el principal*. En el bajo habita el portero y en el principal el propietario de la casa, persona rica y estimada. Ambos tienen hijos, y supondremos que la hija del propietario no encuentra dificultad alguna para jugar, sin que nadie la vigile, con la hija del portero. Puede, entonces, suceder, que los juegos de estas niñas lleguen a tomar un carácter indecente, esto es, sexual, mostrándose una a otra los órganos genitales y procurándose recíprocamente una excitación de los mismos. La hija del propietario que, a pesar de sus cinco o seis años, ha podido tener ocasión de realizar determinadas observaciones sobre la sexualidad de los adultos, puede muy bien desempeñar en nuestra historia el papel de corruptora. Aun cuando estos juegos no duran mucho tiempo, bastan para activar en las dos niñas ciertas tendencias sexuales, que una vez terminados dichos juegos, continúan manifestándose durante algunos años por la masturbación. Hasta aquí marchan paralelos los destinos de nuestras dos protagonistas, pero el desenlace es diferente para cada una. La hija del portero se entregará al onanismo hasta la aparición de los menstruos, renunciará después sin gran dificultad a este vicio, tomará un amante, tendrá quizá un hijo, emprenderá una carrera cualquiera y llegará acaso a ser una artista conocida, acabando, de este modo, en aristócrata. Es posible, también, que su destino sea menos brillante, pero de todos modos vivirá el resto de su vida sin resentirse del ejercicio precoz de su sexualidad ni contraer neurosis ninguna. Muy distinto será el destino de la hija del propietario. Aun antes de salir de la infancia, experimentará el sentimiento de haber hecho algo malo, renunciará en seguida, pero después de una terrible lucha, a la satisfacción masturbadora y guardará de ella un recuerdo y una impresión deprimentes. Más tarde, cuando llegada a la pubertad comiencen a revelársele las circunstancias del comercio sexual, rechazará con una intensa repugnancia —cuya causa no acertará a explicarse— todo nuevo conocimiento sobre esta cuestión y preferirá permanecer en la ignorancia. Probablemente, se sentirá de nuevo dominada por una irresistible tendencia a la masturbación. Más tarde, a la edad en que las mujeres comienzan a pensar en el matrimonio, contraerá una neurosis que cerrará su acceso a la vida normal y destruirá todas sus esperanzas de felicidad. El análisis de esta neurosis nos mostrará que la enferma, joven educada, inteligente e idealista, ha reprimido por completo sus tendencias sexuales, inconscientes en ella, pero íntimamente enlazadas a los insignificantes juegos de la infancia.

La diferencia que existe entre estos dos destinos, a pesar de la identidad de los sucesos iniciales, depende de que el *yo* de una de nuestras protagonistas ha experimentado un determinado desarrollo y, en cambio, el de la otra no. Para la hija del portero la actividad sexual ha sido en todo momento algo natural y lícito. En cambio, la hija del propietario ha sufrido la influencia de la educación que ha inspirado a su *yo* ideales de pureza y continencia incompatibles con la actividad sexual, quedando debilitado, merced a esta formación intelectual, su interés por la misión que se halla llamada a desempeñar como mujer. Un tal desarrollo moral e intelectual, superior al de su camarada de juegos infantiles, es lo que ha provocado el conflicto en que se halla con las exigencias de su sexualidad.

Quiero insistir aún sobre un segundo punto de la evolución del *yo*, tanto por determinadas perspectivas, muy vastas, que su conocimiento puede abrir ante nosotros, como porque las conclusiones que de este examen vamos a deducir justifican nuestra afirmación de que existe una definida separación entre las tendencias del *yo* y las sexuales, separación difícil de observar a primera vista. Para formular un juicio sobre estos dos desarrollos —el del *yo* y el de la libido— hemos de admitir una premisa que hasta ahora no hemos tenido suficientemente en cuenta. Ambos desarrollos no son, en el fondo, sino legados y repeticiones abreviadas de la trayectoria evolutiva que la humanidad entera ha recorrido a partir de sus orígenes y a través de un largo espacio del tiempo. Este origen *filogénico* del desarrollo de la libido resulta, a nuestro juicio, fácilmente reconocible. Recordad que en determinados animales se halla el aparato genital íntimamente relacionado con la boca, es inseparable del aparato de excreción o aparece enlazado a los órganos de movimiento, circunstancias todas de las que hallaréis una interesante exposición en el libro de W. Bölsche. Vemos, por lo tanto, que la organización sexual de los animales puede limitarse a cualquier fijación perversa. En el hombre resulta más difícil de comprobar este punto de vista filogénico, pues sucede que aquellas particularidades que en el fondo son heredadas resultaban también adquiridas de nuevo en el curso del desarrollo individual, a causa, probablemente, de que las condiciones que impusieron anteriormente la adquisición de una particularidad dada persisten todavía y continúan ejerciendo su acción sobre todos los individuos sucesivos. Podríamos decir que estas condiciones que primitivamente fueron creadoras se han convertido en provocadoras. Es, además, incontestable que la marcha del desarrollo predeterminado pueda quedar perturbada y modificada en cada individuo por influencias exteriores recientes. Lo que sí conocemos, desde luego, es la fuerza que ha impuesto a la humanidad este desarrollo, y cuya acción continúa ejerciéndose en la misma dirección. Esta fuerza es, nuevamente, la privación impuesta por la realidad, o para llamarla con su verdadero nombre, la *necesidad*, que es un carácter esencial de la vida. La Ἀνάγκη[5], severa educadora a la que el hombre debe mucho, es la que con su rigor ha motivado efectos nocivos en los neuróticos, pero es este un peligro inherente a toda educación. Proclamando que la necesidad vital constituye el motor del desarrollo, no disminuimos en

---

[5] Ananké.

absoluto la importancia de las "tendencias evolutivas internas" cuando la existencia de estas se deja comprobar.

Ahora bien; conviene observar que las tendencias sexuales y las de autoconservación no se conducen de igual manera con respecto a la necesidad real. Los instintos de conservación y todo lo que con ellos se relaciona son más fácilmente educables y aprenden tempranamente a plegarse a la necesidad y a conformar su desarrollo a las indicaciones de la realidad, cosa concebible, dado que no pueden procurarse de otro modo los objetos de que precisan y sin los que el individuo corre el peligro de perecer. Las tendencias sexuales, que no tienen al principio necesidad ninguna de objeto, e incluso ignoran esta necesidad, son más difíciles de educar. Viviendo una existencia que podríamos calificar de parasitaria, asociada a la de otros órganos del soma, y siendo susceptibles de hallar una satisfacción autoerótica sin salir del cuerpo mismo del individuo, escapan a la influencia educadora de la necesidad real y en la mayor parte de los hombres guardan, en determinadas circunstancias, durante toda la vida, este carácter arbitrario, caprichoso, refractario y enigmático. Añadid a esto que el individuo deja de ser accesible a la educación precisamente en el momento en que sus necesidades sexuales alcanzan su intensidad definitiva. Los educadores conocen ya esta circunstancia, y es quizá de esperar que los resultados del psicoanálisis les muevan a desplazar la más intensa presión educadora sobre la primera infancia. El sujeto infantil llega a su completa formación a la edad de cuatro o cinco años y en adelante se limita a manifestar lo adquirido hasta dicha edad.

Para hacer resaltar toda la significación de la diferencia que hemos establecido entre los dos grupos de instintos, habremos de introducir en nuestra exposición una de aquellas consideraciones a las que convinimos en calificar de *económicas*, abordando así uno de los dominios más importantes, pero desgraciadamente más obscuros del psicoanálisis. Nos planteamos, en efecto, el problema de averiguar si la labor de nuestro aparato psíquico tiende a la consecución de un propósito fundamental cualquiera, problema al que respondemos, en principio, afirmativamente, añadiendo que, según todas las apariencias, nuestra actividad psíquica tiene por objeto procurarnos placer y evitarnos displacer, hallándose automáticamente regida por el *principio del placer*. Mucho nos interesaría averiguar cuáles son las condiciones del placer, y del displacer, mas carecemos de elementos para llegar a este conocimiento. Lo único que podemos afirmar es que el placer se halla en relación con la disminución, atenuación o extinción de las magnitudes de excitación acumuladas en el aparato psíquico, mientras que el dolor va paralelo al aumento o exacerbación de dichas excitaciones. El examen del placer más intenso accesible al hombre, esto es, del placer experimentado en la realización del acto sexual, no nos permite duda alguna sobre este punto. Dado que en estos actos acompañados de placer se trata de los destinos de grandes magnitudes de excitación o de energía psíquica, damos a las consideraciones con ellos relacionadas el nombre de *económicas*. Observamos, asimismo, que la labor que incumbe al aparato psíquico y la función que el mismo ejerce pueden ser también descritas de una manera más general que insistiendo sobre la adquisición del placer. Puede decirse que el aparato psíquico sirve para dominar y suprimir las excitaciones e irritaciones de origen externo e interno. Por lo que respecta a las tendencias sexuales, es evidente que desde el principio al fin de su desarrollo constituyen un medio de adquisición de placer, función que cumplen sin la menor discontinuidad. Tal es, igualmente, al principio, el objetivo de las tendencias del *yo*, pero bajo la presión de la necesidad, gran educadora, acaban estas por reemplazar el principio del placer por una modificación. La misión de desviar el dolor se les impone con la misma urgencia que la de adquirir el placer y el *yo* averigua que es indispensable renunciar a la satisfacción inmediata, diferir la adquisición de placer, soportar determinados dolores y renunciar en general a ciertas fuentes de placer. Así educado, se hace razonable y no se deja ya dominar por el principio del placer, sino que se adapta al *principio de la realidad*, que en el fondo tiene igualmente por fin el placer, pero un placer que, si bien diferido y atenuado, presenta la ventaja de ofrecer la certidumbre que le procuran el contacto con la realidad y la adaptación a sus exigencias.

El paso del principio del placer al principio de la realidad constituye uno de los progresos más importantes del desarrollo del *yo*. Sabemos ya que los instintos sexuales no franquean sino tardíamente —y como forzadas y constreñidas— estas fases del desarrollo del *yo*, y más tarde veremos qué consecuencias pueden deducirse para el hombre de estas relaciones más laxas que existen entre su sexualidad y la realidad exterior. Si el *yo* del hombre experimenta un desarrollo y tiene, al igual de su libido, su historia evolutiva, no puede ya sorprendernos la existencia de regresiones del *yo* a fases anteriores de su desarrollo, regresiones cuya influencia en la etiología y curso de las enfermedades neuróticas habremos de examinar detenidamente.

XXIII
Modos de formación de síntomas

Para el profano son los síntomas lo que constituye la esencia de la enfermedad, y, por lo tanto, la considerará curada en el momento en que los mismos desaparecen. En cambio, el médico establece una precisa distinción entre ambos conceptos y pretende que la desaparición de los síntomas no significa, en modo alguno, la curación de la enfermedad. Mas como lo que de esta queda, después de dicha desaparición, es tan sólo la facultad de formar nuevos síntomas, podremos adoptar provisionalmente el punto de vista del profano y admitir que analizar los síntomas equivale a comprender la enfermedad.

Los síntomas —y naturalmente no hablamos aquí sino de los síntomas psíquicos (psicógenos) y de la enfermedad psíquica— son actos nocivos o por lo menos inútiles, que el sujeto realiza muchas veces contra toda su voluntad y experimentando sensaciones displacientes o dolorosas. Su daño principal se deriva del esfuerzo psíquico que primero exige su ejecución y luego la lucha contra ellos, esfuerzo que en una amplia formación de síntomas agota la energía psíquica del enfermo y le incapacita para toda otra actividad. Resulta, pues, esta incapacidad dependiente de las magnitudes de energía dadas en cada caso, y de este modo, reconocemos que el "estar enfermo" es un concepto esencialmente práctico. Mas si nos colocamos en un punto de vista teórico y hacemos abstracción de tales magnitudes, podremos decir que todos somos neuróticos, puesto que todos, hasta los más normales, llevamos en nosotros las condiciones de la formación de síntomas.

De los síntomas neuróticos sabemos ya que son efecto de un conflicto surgido en derredor de un nuevo modo de satisfacción de la libido. Las dos fuerzas opuestas se reúnen de nuevo en el síntoma, reconciliándose, por decirlo así, mediante la transacción constituida por la formación de síntomas, siendo esta doble sustentación de los mismos lo que nos explica su capacidad de resistencia. Sabemos también que una de las dos fuerzas en conflicto es la libido insatisfecha, alejada de la realidad y obligada a buscar nuevos modos de satisfacción. Cuando ni aun sacrificando su primer objeto y mostrándose dispuesta a sustituirlo por otro logra la libido vencer la oposición de la realidad, recurrirá, en último término, a la regresión y buscará su satisfacción en organizaciones anteriores y en objetos abandonados en el curso de su desarrollo. Lo que la atrae por el camino de la regresión son las fijaciones que fue dejando en sus diversos estadios evolutivos.

La ruta que conduce a la perversión se separa claramente de la que termina en la neurosis. Cuando las regresiones no despiertan ninguna oposición por parte del *yo*, no aparece la neurosis y la libido lograr una satisfacción real, aunque fuera de lo normal. Pero cuando el *yo*, que regula no solamente la conciencia, sino también los accesos a la inervación motriz y por consiguiente la posibilidad de realización de las tendencias psíquicas; cuando el *yo*, repetimos, no acepta estas regresiones, surge el conflicto. La libido encuentra cerrado el camino y se ve obligada a buscar, conforme a las exigencias del principio del placer, un distinto exutorio para su reserva de energía. Deberá, pues, separarse del *yo* y lo conseguirá apoyándose en las fijaciones que fue dejando a lo largo del camino de su desarrollo y contra las que el *yo* hubo de protegerse por medio de represiones. Ocupando en su marcha regresiva estas posiciones reprimidas, se hace la libido independiente del *yo* y renuncia a toda la educación que bajo su influencia hubo de recibir. Con la esperanza de hallar la buscada satisfacción, pudo dejarse guiar durante algún tiempo; pero bajo la doble presión de la privación interior y exterior se insubordina contra toda tutela y añora la felicidad de los tiempos pasados. Las representaciones a las que la libido aplica desde este momento su energía forman parte del sistema de lo inconsciente y se hallan sometidas a los procesos propios del mismo, o sea, en primer lugar, a la condensación y al desplazamiento. Nos hallamos aquí ante una situación idéntica a la de la formación de los sueños. Así como en esta última tropieza el sueño formado en lo inconsciente con un fragmento de actividad preconsciente que le impone su censura y le obliga a una transacción, cuyo resultado es el sueño manifiesto, así también la representación libidinosa inconsciente se ve obligada a someterse en cierto grado al poder del *yo* preconsciente. La oposición que contra ella ha surgido en el *yo* la fuerza entonces a aceptar una forma expresiva transaccional, surgiendo así el síntoma como un producto considerablemente deformado de una realización de deseos libidinosos inconscientes, producto equívoco que presenta dos sentidos totalmente contradictorios. Mas en este último punto se nos muestra una precisa diferencia entre la formación de los sueños y la de los síntomas, pues en la primera, la intención preconsciente no tiende sino a proteger el sueño y a impedir perturbarlo, pero no opone al deseo inconsciente una rotunda negativa. Esta tolerancia queda justificada por el menor peligro de la situación, dado que el estado de reposo basta por sí solo para impedir toda comunicación con la realidad.

Vemos, pues, que merced a la existencia de fijaciones puede la libido escapar a las circunstancias creadas por el conflicto. El revestimiento regresivo de tales fijaciones permite eludir la represión y conduce a una derivación —o satisfacción— de la libido dentro de las condiciones establecidas en la transacción. Por medio de este rodeo a través de lo inconsciente y de las antiguas fijaciones consigue llegar la libido a una satisfacción real, aunque extraordinariamente limitada y apenas reconocible. Permitidme haceros dos observaciones a propósito de este resultado. En primer lugar, quiero llamaros la atención sobre la íntima conexión existente entre la libido y lo inconsciente, por una parte, y entre el *yo*, la conciencia y la realidad, por otra; aunque al principio no se hallen esos factores ligados entre sí por ningún lazo. En segundo lugar, he de advertiros que todas estas consideraciones y las que a continuación voy a exponeros se refieren únicamente a la formación de los síntomas en la neurosis histérica.

Mas ¿dónde encuentra la libido las fijaciones de que precisa para abrirse paso a través de las represiones? Indudablemente en las actividades y los sucesos de la sexualidad infantil, en las tendencias parciales abandonadas y en los primitivos objetos infantiles. A todo esto es a lo que retorna la libido en su marcha regresiva. La época infantil nos muestra aquí una doble importancia. Durante ella manifiesta el niño, por vez primera, aquellos instintos y tendencias que aporta al mundo a título de disposiciones innatas, y experimenta, además, determinadas influencias exteriores que despiertan la actividad de otros de sus instintos, dualidad que creo perfectamente justificado establecer, dado que la manifestación de las disposiciones innatas es algo por completo evidente y que la hipótesis —fruto de la experiencia psicoanalítica— de que sucesos puramente accidentales, sobrevenidos durante la infancia, son susceptibles de motivar fijaciones de la libido, no tropieza tampoco con dificultad teórica ninguna. Las disposiciones constitucionales son, incontestablemente, efectos lejanos de sucesos vividos por nuestros ascendientes, esto es, caracteres adquiridos un día y transmitidos luego por herencia. Esta última no existiría si antes no hubiese habido adquisición y no podemos admitir que la facultad de adquirir nuevos caracteres susceptibles de ser transmitidos por herencia termine precisamente en la generación de que nos ocupamos.

A nuestro juicio, es equivocado minorar la importancia de los sucesos acaecidos durante la infancia del sujeto y acentuar, en cambio, la de los correspondientes a la vida de sus antepasados o a su propia madurez. Por el contrario, habremos de conceder a los sucesos infantiles una particularísima significación, pues por el hecho de producirse en una época en la que el desarrollo del sujeto se halla todavía inacabado, traen consigo más graves consecuencias y son susceptibles de una acción traumática. Los trabajos de Roux y otros hombres de ciencia sobre la mecánica del desarrollo nos han mostrado que la más mínima lesión —un simple pinchazo con una aguja— infligida al embrión durante la división celular puede producir gravísimas perturbaciones del desarrollo. La misma lesión, infligida a la larva o al animal perfecto, no produce ningún efecto perjudicial. La fijación de la libido del adulto, introducida por nosotros en la ecuación etiológica de la neurosis, a título de representante del factor constitucional, puede descomponerse ahora en dos nuevos factores: La disposición hereditaria y la disposición adquirida en la primera infancia. Como sé que los esquemas son siempre bien acogidos por todos aquellos que tratan de aprender algo, resumiré estas relaciones en la forma siguiente:

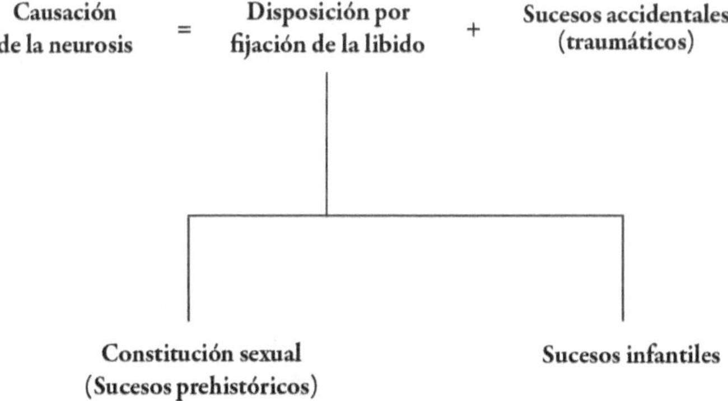

La constitución sexual hereditaria ofrece una gran variedad de disposiciones según la tendencia parcial que aisladamente o en unión de otras presenta máxima energía. En asociación con los sucesos de la vida infantil forma la constitución sexual una nueva "serie complementaria" totalmente análoga a aquella cuya existencia hemos comprobado como resultado de la asociación entre la disposición del adulto y los sucesos accidentales de su vida. En ambas series encontramos los mismos casos extremos y las mismas relaciones de sustitución, planteándosenos el problema de si la más singular de las regresiones de la libido, esto es, su regresión a una cualquiera de las tempranas fases de la organización sexual no se halla quizá condicionada, principalmente, por el factor constitucional hereditario. Pero creo conveniente diferir la respuesta a esta interrogante hasta el momento en que podamos referirnos a una más amplia serie de formas de la enfermedad neurótica.

La investigación psicoanalítica nos ha mostrado que la libido de los neuróticos se halla íntimamente enlazada a los sucesos de su vida sexual infantil, y de este modo parece prestar a tales sucesos una enorme importancia con respecto a la vida del hombre y a la adquisición, por el mismo, de enfermedades nerviosas. Esta importancia es, incontestablemente, muy grande mientras no tenemos en cuenta sino la labor terapéutica, pero haciendo abstracción de ella, advertiremos sin esfuerzo que corremos el peligro de ser víctimas de un error y formarnos de la vida una concepción unilateral fundada demasiado exclusivamente en la situación neurótica. La importancia de los sucesos infantiles resulta disminuida por el hecho de que la libido no retorna a ellos en su movimiento regresivo sino después de haber sido expulsada de sus posiciones más avanzadas. Ante esta circunstancia, la conclusión que parece imponerse es la de que los sucesos infantiles no han tenido, en la época en que se produjeron, significación alguna y sólo regresivamente han llegado a adquirirla. Recordaréis que en la discusión del complejo de Edipo nos encontramos ya ante una análoga alternativa.

Pero tampoco esta vez nos ha de resultar difícil llegar a una definitiva conclusión. La observación según la cual el revestimiento libidinoso, y, por lo tanto, la importancia patógena de los sucesos de la vida infantil queda considerablemente intensificado por la regresión de la libido, es desde luego justa, pero podría inducirnos en error si la aceptásemos por sí sola y sin tener en cuenta otros factores de los que no se puede prescindir. Hallamos, en primer lugar y de una manera indiscutible, que los sucesos de la vida infantil poseen su importancia propia y la manifiestan ya en la infancia. Existen neurosis infantiles en las que la regresión en el tiempo no desempeña sino un insignificante papel o no se produce en absoluto, apareciendo la enfermedad inmediatamente después de un suceso traumático. Análogamente a como el estudio de los sueños infantiles nos condujo a la inteligencia del fenómeno onírico en los adultos, puede también la investigación de las neurosis de la infancia ahorrarnos más de un error en la comprensión de las neurosis que atacan al sujeto en épocas más avanzadas de su vida. Tales neurosis infantiles son mucho más frecuentes de lo que se cree, pero suelen pasar inadvertidas, siendo consideradas como signos de perversidad o mala educación que los guardadores del niño se esfuerzan en reprimir. De todos modos, no resulta difícil descubrirlas *a posteriori* por medio de un examen retrospectivo, y su forma más corriente es la *histeria de angustia*, afección de la que ya trataremos en lecciones posteriores. Cuando en una de las fases más avanzadas de la vida surge la neurosis, nos revela siempre el análisis que se trata de la consecuencia directa de una dolencia infantil del mismo género, dolencia que no se manifestó por entonces sino velada y esquemáticamente. Pero, como ya hemos dicho, existen casos en que esta nerviosidad infantil perdura, sin solución alguna de continuidad, a través de toda la vida del sujeto. Directamente —esto es, en los propios sujetos infantiles— hemos podido realizar algunos análisis de este género de neurosis, pero la mayor parte de las veces hemos tenido que conformarnos con deducir su existencia del examen de una neurosis adulta.

No podemos por menos de reconocer que sería inexplicable un tan regular retorno de la libido a la época infantil si en este período no existiese algo que ejerciera atracción sobre ella. La fijación a ciertos puntos de la trayectoria evolutiva carecería de todo contenido si no la concibiésemos como cristalización de una determinada cantidad de energía libidinosa. Debo, por último, advertiros que entre la intensidad y el efecto patógeno de los sucesos de la vida infantil e iguales caracteres de los correspondientes a la vida adulta existe una relación de complemento recíproco idéntica a la que comprobamos en las series precedentemente estudiadas. Hay casos en los que el principal factor etiológico se halla constituido por los sucesos sexuales de la infancia, cuyo efecto traumático no precisa, para manifestarse, de condición especial ninguna, aparte de los inherentes a la constitución sexual media y a la falta de madurez infantil. Pero, en cambio, existen otros en los que la etiología de la neurosis debe ser buscada únicamente en los conflictos posteriores, reduciéndose a un efecto de la regresión la importancia que en el análisis parecen presentar los sucesos infantiles. Son estos los dos puntos extremos de la "inhibición del desarrollo" y de la "regresión", pudiendo existir entre ellos los grados de la combinación de ambos factores.

Estos hechos presentan considerable interés para la pedagogía, una de cuyas misiones es la de prevenir las neurosis, interviniendo desde muy temprano en el desarrollo sexual del niño. Concentrando toda nuestra atención sobre los sucesos sexuales de la infancia pudiéramos creer cumplida la misión de prevenir las enfermedades nerviosas con sólo retardar el desarrollo sexual y evitar al niño impresiones de este orden. Pero sabemos ya que las condiciones determinantes de la neurosis son mucho más complicadas y no dependen de un único factor. Una rigurosa vigilancia ejercida sobre el niño no resulta, ni mucho menos, suficiente para alcanzar el fin profiláctico deseado, pues, aparte de carecer de toda influencia sobre el factor constitucional, tropieza con más dificultades de las que los educadores suponen y comporta dos graves peligros. Sobrepasa el fin propuesto, favoreciendo una exagerada represión sexual que puede ser de muy perjudiciales consecuencias y lanza al niño a la vida sin medio alguno de defensa contra el embate de las tendencias sexuales que la pubertad habrá de traer consigo. Las ventajas de la profilaxis sexual de la infancia son, por lo tanto, más que dudosas, y de este modo, habremos de buscar en otra diferente actuación inmediata un curso más seguro de prevenir las neurosis.

Pero volvamos ahora a los síntomas, que, como hemos visto, crean una sustitución de la satisfacción denegada, por medio del retroceso de la libido a fases anteriores, circunstancia que trae consigo el retorno a los objetos u organizaciones característicos de dichas fases. Sabemos ya que el neurótico se halla ligado a un determinado período de su vida pretérita durante el cual no se hallaba su libido privada de satisfacción y se sentía, por lo tanto, feliz. Retrocederá, pues, en su pasado, hasta la época en que aún se hallaba en la lactancia, época que se representará conforme a sus recuerdos o a la idea que posteriormente se haya formado de ella, y el síntoma reproducirá entonces, en una forma cualquiera, la infantil satisfacción libidinosa, aunque deformada por la censura producto del conflicto, acompañada generalmente por sensaciones de dolor y asociada a factores correspondientes a la ocasión que ha provocado la enfermedad. Esta satisfacción que el síntoma procura es de una singularísima naturaleza. Desde luego, el sujeto no la siente como tal, sino, por el contrario, como algo doloroso y lamentable, transformación que no es sino un efecto natural del conflicto psíquico bajo la presión del cual hubo de formarse el síntoma. Aquello que en épocas anteriores fue para el individuo una satisfacción, despierta hoy su repugnancia. Conocemos un ejemplo muy instructivo de esta transformación de sensaciones. El mismo niño que antes lactaba con avidez del seno materno, manifiesta algunos años más tarde una considerable aversión por la leche, aversión que llega a constituirse en invencible repugnancia cuando la leche o la bebida mezclada con leche aparecen cubiertas por una ligera membrana, no siendo quizá muy atrevido su poner que esta membrana despierta en el niño el recuerdo del seno materno, antes tan ardientemente deseado. De todos modos, habremos de tener en cuenta que con anterioridad a esta transformación ha tenido efecto el destete, suceso que ejerce sobre el niño una intensa acción traumática.

Existen todavía otras razones por las que los síntomas nos resultan incomprensibles como medios de alcanzar la satisfacción libidinosa. No recuerdan en nada aquello de lo que normalmente solemos esperar una satisfacción, y haciendo abstracción del objeto, renuncian a toda relación con la realidad exterior. Estas particularidades las interpretamos como una consecuencia de renunciamiento al principio de la realidad y del retorno al principio del placer; pero hay aquí también el retorno a aquel amplio autoerotismo que procuró al instinto sexual sus primeras satisfacciones. Los síntomas sustituyen una modificación del mundo exterior por una modificación somática, o sea, una acción exterior por una acción interior, un acto por una adaptación, circunstancia que desde el punto de vista filogénico corresponde también a una importantísima regresión. No comprenderemos bien todo esto sino después de llegar al conocimiento de un nuevo dato que más adelante deduciremos de nuestras investigaciones analíticas sobre la formación de los síntomas. Habremos de recordar, además, que a esta formación cooperan los mismos procesos inconscientes que a la de los sueños, esto es, la condensación y el desplazamiento. Como el sueño, presenta el síntoma algo en estado de realización, procurando una satisfacción al modo infantil; pero mediante una condensación llevada al último extremo, puede esta satisfacción quedar limitada a una sola sensación o inervación, y mediante un desplazamiento igualmente extremado puede asimismo quedar restringida a un pequeñísimo fragmento de todo el complejo libidinoso. No es, por lo tanto, de extrañar que hallemos ciertas dificultades para reconocer en el síntoma la satisfacción libidinosa que suponemos constituye.

Os he anunciado un nuevo dato sobre esta cuestión. Trátase, en efecto, de algo no solamente nuevo, sino sorprendente y maravilloso. Sabéis ya que, partiendo del análisis de los síntomas, llegamos al conocimiento de sucesos de la vida infantil, a los cuales se halla fijada la libido y que constituyen el nódulo de las manifestaciones sintomáticas. Pero lo asombroso es que estas escenas infantiles no son siempre verdaderas. Podemos afirmar, en efecto, que en su mayor parte son falsas, y en algunos casos incluso directamente contrarias a la verdad histórica. Más que otro cualquier argumento, resulta apropiado este dato para hacer desconfiar de la labor analítica que ha llegado a un resultado semejante o de la buena fe del enfermo, sobre cuyas manifestaciones reposa todo el edificio del análisis y toda la comprensión de la neurosis. Trátase, además, de algo susceptible de sumirnos en la mayor confusión. Si los sucesos infantiles averiguados por medio del análisis fueran siempre reales, experimentaríamos la sensación de movernos sobre un terreno sólido. Si fueran siempre falsos y se revelaran en todo caso como invenciones o fantasías de los enfermos no nos quedaría otro remedio que abandonar este terreno movedizo y buscar otro más consistente. Pero no nos hallamos en ninguna de estas dos circunstancias. Los sucesos infantiles evocados o reconstituidos por el análisis son tan pronto incontestablemente falsos como no menos incontestablemente reales, y en la mayoría de los análisis se presentan como una mezcla de verdad y mentira. Los síntomas pueden, por lo tanto, corresponder, ora a sucesos que han acaecido realmente y a los cuales debemos reconocer una influencia sobre la fijación de la libido, ora a fantasías de los enfermos, carentes de toda actuación etiológica. Resulta en extremo difícil orientarse en esta complicada situación. El único punto de referencia lo hallamos quizá en un análogo estado de cosas que descubrimos en una fase anterior de nuestra investigación psicoanalítica. Vimos, en efecto, que determinados recuerdos infantiles, que los hombres conservan siempre en su conciencia sin que para atraerlos a ella haya habido precisión de análisis ninguno, podían también demostrarse como inexactos, o por lo menos, como una mezcla de mentira y realidad. De este modo, nos cabe el consuelo de que la desagradable sorpresa a la que nuestras investigaciones sobre los síntomas nos han conducido no es imputable a defectos del análisis, sino a peculiaridades del enfermo.

Baste reflexionar un poco para comprender que lo que en esta situación nos desorienta es el desprecio de la realidad y el hecho de no tener para nada en cuenta la diferencia que existe entre realidad e imaginación. Nos sentimos inclinados a reprochar al enfermo el habernos hecho prestar oído a sus invenciones y apreciamos la realidad como algo muy alejado de la imaginación y de muy distinto valor. Este último punto de vista es también el del pensamiento normal del enfermo. Al oírle comunicarnos los materiales disimulados tras de sus síntomas y que han de conducirnos a situaciones optativas modeladas sobre los sucesos de la vida infantil, comenzamos siempre por preguntarnos si se trata de hechos reales o imaginarios. Pero más adelante hallamos indicios que nos permiten resolver esta cuestión en uno u otro sentido, planteándosenos entonces la labor de poner al enfermo al corriente de la solución hallada, labor que no deja de traer consigo ciertas dificultades. Si desde un principio le decimos que se ha dedicado a relatarnos aquellos sucesos imaginarios con los que se encubre a sí propio la historia de su infancia, obrando así, como todos y cada uno de los pueblos, los cuales constituyen con leyendas la historia de su olvidado pretérito, comprobaremos que su interés en proseguir hablando sobre el tema de que se trate disminuye súbitamente, resultado que contraría nuestros deseos. Querrá también volver a la realidad y manifestará su desprecio por las cosas imaginarias. Mas si para lograr nuestras intenciones terapéuticas mantenemos al sujeto en la convicción de que sus relatos reproducen exactamente los sucesos reales de su infancia, nos exponemos a que nos reproche más tarde nuestro error y se burle de nuestra presunta credulidad. Por otro lado, le costará mucho trabajo comprender nuestra proposición de colocar en un mismo plano la realidad y la fantasía y prescindir de toda preocupación sobre si aquellos sucesos de su vida infantil que nos ha relatado y tratamos de elucidar pertenecen a la primera o la segunda de estas categorías. Y, sin embargo, es esta la única actitud recomendable con respecto a las producciones psíquicas, pues tales producciones son, a su vez, reales, en un determinado sentido. Siempre quedará, en efecto, el hecho real de que el enfermo ha creado dichos sucesos imaginarios, y desde el punto de vista de la neurosis, posee este hecho la misma importancia que si el contenido de tales fantasías fuera totalmente real. Estas fantasías poseen pues, una realidad *psíquica* en contraste con la realidad *material*, y poco a poco vamos llegando a comprender que *en el mundo de las neurosis la realidad que desempeña el papel predominante es la realidad psíquica.*

Entre los sucesos que figuran en todas o casi todas las historias infantiles de los neuróticos hay algunos cuya particularísima importancia los hace dignos de especial mención. Estos hechos son el haber sorprendido a los padres realizando el coito, la seducción por una persona adulta y la amenaza de castración. Sería un error suponer que no se trata aquí sino de cosas imaginarias sin ninguna base real, pues por lo contrario resulta posible, en un gran número de casos, comprobar la efectividad de estos hechos, interrogando a los parientes más ancianos del enfermo. Así, es muy frecuente averiguar que, siendo niño, comenzó a jugar, sin ocultarse, con su órgano genital, y fue amenazado por sus padres o guardadores con la amputación del pene o de la mano pecadora. La realidad de esta amenaza es muchas veces confirmada por los mismos que la profirieron, pues creen haber obrado acertadamente, intimidando así al niño. Algunos enfermos conservan de ella un recuerdo consciente y correcto, sobre todo aquellos que al ser amenazados tenían ya alguna edad. Cuando la persona que la profiere es del sexo femenino, designa siempre, como ejecutor, al padre o al médico. En el célebre *Struwwelpeter* del pedíatra Hoffmann, obra cuyo encanto está en la profunda comprensión de los complejos de la infancia, tanto sexuales como de otro género, la castración se halla reemplazada por la amputación del pulgar, operación con la que se amenaza al niño para quitarle la costumbre del "chupeteo". No obstante, es inverosímil que la amenaza de castración sea tan frecuente como del análisis de los neuróticos pudiera deducirse, y, por lo tanto, habremos de suponer que el niño la imagina basándose primero en determinadas alusiones, sabiendo, en segundo lugar, que la satisfacción autoerótica se halla prohibida, y, por último, bajo la impresión que le ha dejado el descubrimiento del órgano genital femenino. Tampoco es nada inverosímil que aun en las familias no proletarias haya podido el niño, al que se cree incapaz de comprender y recordar determinados actos, ser testigo del comercio sexual entre sus padres u otras personas adultas, y que habiendo comprendido más tarde lo que hubo de ver, haya entonces reaccionado a la impresión recibida. Pero cuando al descubrir las relaciones sexuales de las que ha podido ser testigo da detalles demasiado minuciosos para proceder de la observación real, o las describe, cosa que sucede con gran frecuencia, como relaciones *more ferarum*, no podemos dudar de que se trata de una fantasía basada en la observación de la cópula entre animales (los perros) y motivada por la insatisfacción de la tendencia visual del niño, exacerbada durante los años de la pubertad. El caso más extremo de este género es aquella fantasía en la que el sujeto pretende haber observado el coito de sus padres, hallándose todavía en el seno materno. La fantasía relativa a la seducción presenta un interés particular, pues muchas veces no se trata de un hecho imaginario, sino del recuerdo de un suceso real, aunque por fortuna no tan frecuente como por los resultados del análisis pudiera creerse. La seducción por niños de igual o mayor edad que el seducido es mucho más frecuente que la efectuada por personas adultas, y cuando una niña acusa en el análisis como seductor a su propio padre, cosa nada rara, no cabe duda alguna sobre el carácter imaginario de tal acusación, ni tampoco sobre los motivos que la determinan. Inventando una falsa seducción, trata el niño de encubrir el período autoerótico de su actividad sexual, y al crear un imaginativo objeto de su deseo sexual durante este lejano período de su infancia se ahorra la vergüenza de confesar haberse entregado a la masturbación. No creáis, sin embargo, que el abuso sexual cometido con niños por sus padres o parientes más próximos sea un hecho perteneciente por completo al dominio de la fantasía. La mayoría de los psicoanalistas han tenido, entre sus enfermos, casos en los que este abuso ha existido realmente y pudo ser confirmado de una manera indiscutible. Pero, en general, se comprobó también que fue realizado en una época mucho más tardía de la que el sujeto fijaba.

Experimentamos la impresión de que todos estos sucesos de la vida infantil constituyen un elemento necesario e indispensable de la neurosis, pues cuando no corresponden a la realidad, son creados imaginativamente. De todas maneras, el resultado es el mismo, y no hemos podido observar todavía diferencia alguna entre los efectos de los sucesos reales de este género y los producidos por las creaciones imaginativas homólogas. Hallamos aquí nuevamente una relación de complemento, y por cierto la más singular de todas las que hasta ahora conocemos. La primera interrogante que se nos plantea es la referente al origen de la necesidad de estas invenciones y a la procedencia de los materiales que las constituyen. No podemos dudar de los móviles a que obedecen, pero sí habremos de intentar explicarnos por qué hallamos siempre invenciones de idéntico contenido. Sé muy bien que la respuesta que puedo daros a esta interrogante os parecerá harto atrevida. A mi juicio, tales fantasías, a las que en unión de otras varias creo poder calificar de "primitivas", constituyen un patrimonio filogénico. Por medio de ellas vuelve el individuo a la vida primitiva, cuando la suya propia ha llegado a ser excesivamente rudimentaria.

Es, además, posible que todo lo que el sujeto nos relata como fantasías durante el análisis, o sea, la seducción infantil, la excitación sexual a la vista del comercio carnal de los padres y la amenaza de la castración, o más bien, la castración; es posible, repito, que todas estas invenciones fueran en épocas lejanas —en las fases primitivas de la familia humana— realidades concretas, y que dando libre curso a su imaginación no haga el niño sino llenar, con ayuda de la verdad prehistórica, lagunas de la verdad individual. Se experimenta, pues, la impresión de que la psicología de las neurosis es susceptible de proporcionarnos, sobre las fases primitivas de la evolución humana, datos más numerosos y exactos que ninguna de las restantes fuentes de que disponemos.

Las cuestiones examinadas en los párrafos que anteceden nos obligan a detener nuestra atención en el problema del origen y carácter de aquella actividad espiritual que denominamos "fantasía", actividad que como sabéis, goza de alta estimación, aunque no hayamos podido todavía localizarla exactamente en la vida psíquica. He aquí lo que sobre ella puedo deciros. Bajo la influencia de la necesidad exterior, llega el hombre a adquirir, poco a poco, una exacta noción de lo real y adaptar su conducta a aquello que hemos convenido en denominar "principio de la realidad", adaptación que le fuerza a renunciar, provisional o permanentemente, a diversos objetos y fines de sus tendencias hedonistas, incluyendo entre ellas la tendencia sexual. Pero todo renunciamiento al placer ha sido siempre doloroso para el hombre, el cual no lo lleva a cabo sin asegurarse cierta compensación. Con este fin, se ha reservado una actividad psíquica merced a la cual todas las fuentes de placer y todos los medios de adquirir placer, a los cuales ha renunciado, continúan existiendo bajo la forma que los pone al abrigo de las exigencias de la realidad y de aquello que denominamos "prueba de la realidad". Toda tendencia reviste en seguida la forma que la representa como satisfecha y no cabe duda de que, complaciéndonos en las satisfacciones imaginarias de nuestros deseos, experimentamos un placer, aunque no lleguemos a perder la conciencia de su irrealidad. En la actividad de su fantasía continúa gozando el individuo de una libertad a la que la coerción exterior le ha hecho renunciar, en realidad, hace ya mucho tiempo. No bastándole la escasa satisfacción que puede arrancar a la vida real se entrega a un proceso merced al cual puede comportarse alternativamente como un animal, sólo obediente a sus instintos, y como un ser razonable. "Es imposible prescindir de construcciones auxiliares", dice

Th. Fontane en una de sus obras. La creación del reino psíquico de la fantasía halla su completa analogía en la institución de "parques naturales", allí donde las exigencias de la agricultura, de las comunicaciones o de la industria amenazan con destruir un bello paisaje. En estos parques se perpetúan intactas las bellezas naturales que en el resto del territorio se ha visto el hombre obligado a sacrificar —muchas veces con disgusto— a fines utilitarios, y en ellos debe todo, tanto lo útil como lo perjudicial, crecer y expandirse sin coerción de ningún género. El reino psíquico de la fantasía constituye uno de estos parques naturales sustraído al principio de la realidad.

Los productos más conocidos de la fantasía son los "sueños diurnos", de los que ya hemos hablado: satisfacciones imaginarias de deseos ambiciosos o eróticos y tanto más completas y espléndidas cuanto más necesaria es en la realidad la modestia y la resignación. En estos sueños diurnos se nos muestra claramente la esencia misma de la felicidad imaginaria, que consiste en hacer independiente la adquisición del placer del sentimiento de la realidad. Sabemos, además, que tales fantasías constituyen el nódulo y el prototipo de los sueños nocturnos, los cuales no son en el fondo otra cosa que un sueño diurno dotado de una mayor maleabilidad por la libertad nocturna de las tendencias y deformado por el aspecto nocturno de la actividad psíquica. Por último, he de recordaros que el sueño diurno no es necesariamente consciente, existiendo sueños diurnos inconscientes susceptibles de originar tantos sueños nocturnos como síntomas neuróticos.

Las consideraciones que siguen nos ayudarán a comprender el papel que la fantasía desempeña en la formación de síntomas. Dijimos antes que en los casos de privación vuelve la libido a ocupar, por regresión, posiciones pretéritas que abandonó en su marcha progresiva, aunque dejando en ellas determinadas adherencias. Sin retirar nada de esta afirmación ni rectificarla en ningún modo, la completaremos ahora con un nuevo elemento. Si la libido halla sin dificultad el camino que ha de conducir a tales puntos de fijación es porque no ha llegado a abandonar totalmente aquellos objetos y orientaciones que en su marcha progresiva fue dejando atrás. Estos objetos y orientaciones o sus derivados persisten todavía, con cierta intensidad, en las representaciones de la fantasía, y de este modo, bastará con que la libido entre de nuevo en contacto con tales representaciones para que, desde luego, halle el camino que ha de conducirla a todas las fijaciones reprimidas. Las fantasías a que nos referimos han gozado siempre de cierta tolerancia y por muy opuestas que hayan sido a las tendencias del *yo* no han llegado a entrar en el conflicto con él mientras ha ido cumpliéndose una determinada condición de naturaleza *cuantitativa*. Pero esa condición queda ahora perturbada por el reflujo de la libido a dichas fantasías, cuyo acervo de energía queda así aumentado hasta tal punto que comienza a manifestar una tendencia a la realización, surgiendo entonces, inevitablemente, el conflicto con el *yo*. Cualquiera que sea el sistema psíquico —preconsciente o consciente— al que pertenezcan, sucumben ahora a la represión por parte del *yo* y quedan sometidas a la atracción de lo inconsciente. Estas fantasías devenidas inconscientes son el punto de apoyo que utiliza la libido para remontarse hasta sus orígenes en lo inconsciente, esto es, hasta sus propios puntos de fijación.

La regresión de la libido a la fantasía constituye una etapa intermedia en el camino que conduce a la formación de síntomas, etapa que merece una especial denominación. Jung propuso, a este efecto, la de *introversión*, acertadísima a nuestro juicio, pero incurrió luego en error dándole una segunda significación inapropiada. Por nuestra parte, designamos, exclusivamente, con el nombre de *introversión* al alejamiento de la libido de las posibilidades de satisfacción real y su desplazamiento sobre fantasías consideradas hasta el momento como inofensivas. Un introvertido no es todavía un neurótico, pero se encuentra ya en una situación de equilibrio inestable y manifestará síntomas neuróticos con ocasión del primer desplazamiento de energías que en él se verifique, a menos que su libido reprimida halle un diferente exutorio. El carácter irreal de la satisfacción neurótica y la desaparición de la diferencia entre fantasía y realidad quedan, en cambio, determinados por la permanencia en la fase de la introversión.

Habréis observado, sin duda, que en mis últimas explicaciones he introducido en el encadenamiento etiológico un nuevo factor: la cantidad, o sea, la magnitud de las energías, factor cuya actuación habremos de examinar desde muy diversos puntos de vista. El análisis puramente cualitativo en las condiciones etiológicas no llega a agotar la materia, cosa que equivale a afirmar que la concepción puramente *dinámica* de los procesos psíquicos que nos ocupan resulta insuficiente, siendo preciso considerarlos también desde el punto de vista *económico*. Debemos, pues, decirnos que el conflicto entre dos tendencias no surge sino a partir del momento en que los revestimientos alcanzan una cierta intensidad, aunque desde largo tiempo atrás existan las necesarias condiciones de contenido. La importancia patógena de los factores constitucionales depende, asimismo, del predominio cuantitativo de una determinada tendencia parcial en la disposición constitucional y puede incluso afirmarse que todas las predisposiciones humanas son cualitativamente idénticas y no difieren entre sí más que por sus proporciones cuantitativas. No menos decisivo es este factor cuantitativo en lo que respecta a la capacidad de resistencia del sujeto contra la neurosis. Todo depende, en efecto, de la *cantidad* de libido no empleada que el sujeto pueda mantener en estado de suspensión y de la parte más o menos considerable de esta libido que el mismo sea capaz de desviar de la sexualidad y orientar hacia la sublimación. El último fin de la actividad psíquica, que desde el punto de vista cualitativo puede ser descrito como una tendencia a conseguir el placer y evitar el dolor, se nos muestra, considerado desde el punto de vista económico, como un esfuerzo encaminado a dominar las magnitudes de excitación actuantes sobre el aparato psíquico e impedir el dolor que pudiera resultar de su estancamiento.

Es todo esto lo que me proponía deciros sobre la formación de síntomas en las neurosis, pero quiero insistir una vez más y en forma más explícita sobre la circunstancia de que todo lo dicho no se refiere sino a la formación de síntomas en la histeria. Ya en la neurosis obsesiva nos hallamos ante un diferente estado de cosas, aunque los hechos fundamentales continúan siendo los mismos. Las resistencias a los impulsos derivados de las tendencias, resistencias de las cuales hemos hablado a propósito de la histeria, pasan en la neurosis obsesiva a ocupar el primer plano y a dominar el cuadro clínico por medio de las llamadas "formaciones reaccionales". Análogas diferencias y otras más profundas aparecen en las demás neurosis, en las que aún no hemos llevado a término nuestras investigaciones sobre sus correspondientes mecanismos de formación de síntomas.

Antes de terminar esta conferencia quisiera llamaros todavía la atención sobre una de las facetas más interesantes de la vida imaginativa. Se trata de la existencia de un camino de retorno desde la fantasía a la realidad. Este camino no es otro que el del arte. El artista es, al mismo tiempo, un introvertido próximo a la neurosis. Animado de impulsos y tendencias extraordinariamente enérgicas, quisiera conquistar honores, poder, riqueza, gloria y amor. Pero le faltan los medios para procurarse esta satisfacción, y, por lo tanto, vuelve la espalda a la realidad, como todo hombre insatisfecho, y concentra todo su interés y también su libido en los deseos creados por su vida imaginativa, actitud que fácilmente puede conducirle a la neurosis. Son, en efecto, necesarias muchas circunstancias favorables para que su desarrollo no alcance ese resultado y ya sabemos cuán numerosos son los artistas que sufren inhibiciones parciales de su actividad creadora a consecuencia de afecciones neuróticas. Su constitución individual entraña seguramente una gran actitud de sublimación y una cierta debilidad de conflicto. Pero el artista vuelve a encontrar el camino de la realidad en la siguiente forma: Desde luego no es el único que vive una vida imaginativa. El dominio intermedio de la fantasía goza del favor general de la humanidad, y todos aquellos que sufren de una cualquier privación acuden a buscar en ella una compensación y un consuelo. La diferencia está en que los profanos no extraen de las fuentes de la fantasía sino un limitadísimo placer, pues el carácter implacable de sus represiones los obliga a contentarse con escasos sueños diurnos que, además, no son siempre conscientes. En cambio, el verdadero artista consigue algo más. Sabe dar a sus sueños diurnos una forma que los despoja de aquel carácter personal que pudiera desagradar a los extraños y los hace susceptibles de constituir una fuente de goce para los demás. Sabe embellecerlos hasta encubrir su equívoco origen y posee el misterioso poder de modelar los materiales dados hasta formar con ellos una fidelísima imagen de la representación existente en su imaginación, enlazando de este modo a su fantasía inconsciente una suma de placer suficiente para disfrazar o suprimir, por lo menos de un modo interino, las represiones. Cuando el artista consigue realizar todo esto, procura a los demás el medio de extraer nuevo consuelo y nuevas compensaciones de las fuentes de goce inconscientes, devenidas inaccesibles para ellos. De este modo, logra atraerse el reconocimiento y la admiración de sus contemporáneos y acaba por conquistar, merced a su fantasía, aquello que antes no tenía sino una realidad imaginativa: honores, poder y amor.

XXIV
La nerviosidad común

Después del considerable avance que con las últimas conferencias hemos dado a nuestra labor expositiva, quiero abandonar por un momento la materia para dirigirme directamente a vosotros. Sé, desde luego, que os halláis descontentos. Os habéis formado una idea distinta de lo que debía ser una *Introducción al Psicoanálisis* y no esperabais oír la exposición de una teoría, sino la de una serie de ejemplos extraídos de la vida real. Me diréis, asimismo, que, en una ocasión, cuando os expuse el paralelo anecdótico, titulado "En el bajo y en el principal", llegasteis a comprender, sin esfuerzo, algo de la etiología de las neurosis, pero que lamentáis que se tratase de una anécdota imaginativa y no de una observación real. Igualmente, cuando al principio de esta serie de conferencias os di a conocer dos interesantes casos clínicos, revelándoos, en cada uno de ellos, la relación de los síntomas con la vida del enfermo y haciéndoos asistir, después, a la desaparición de dichos síntomas, pudisteis ver con toda claridad el "sentido" de los mismos. Esperabais, pues, verme perseverar en este camino, pero, por el contrario, me he dedicado a desarrollar ante vosotros extensas y complicada teorías, nunca completas, manejando conceptos en cuyo conocimiento no os había aún hecho penetrar, pasando de la concepción *descriptiva* a la concepción *dinámica* y de esta a la *económica* y dejándoos en la duda de si cada uno de los términos técnicos por mí empleados correspondía a una noción distinta o si existían algunos que, poseyendo idéntico significado, no eran aplicados alternativamente sino por razones eufónicas. Por último, os he presentado puntos de vista tan vastos como los del principio del placer, el principio de la realidad y el patrimonio hereditario filogénico, y en lugar de mostraros el acceso a una disciplina, he hecho desfilar ante vosotros algo que a medida que yo lo iba evocando se alejaba de vuestra inteligencia.

¿Por qué no he iniciado la introducción a la teoría de las neurosis por la exposición de aquello que sobre ellas os es ya conocido y ha suscitado desde hace largo tiempo vuestro interés? ¿Por qué no he comenzado por hablaros de la naturaleza particular de los neuróticos, de sus incomprensibles reacciones a la vida de relación social y a las influencias exteriores, de su irritabilidad y de su falta de previsión y adaptación? ¿Por qué no os he conducido poco a poco desde la inteligencia de las formas simples que pueden observarse todos los días, a la de los problemas relacionados con las manifestaciones más extremas y enigmáticas de la neurosis?

Reconozco lo acertado de estas vuestras observaciones y no tengo la pretensión de presentaros los defectos de mi arte expositiva como méritos particulares de la misma. Llegaré incluso a concederos que una distinta forma de exposición hubiera sido quizá más provechosa para vosotros y en realidad mi intención era la de seguir un diferente sistema en estas lecciones; pero no siempre resulta fácil realizar nuestros propósitos, por razonables que sean, pues la materia misma que de desarrollar se trata impone un determinado curso y nos desvía de nuestras primeras intenciones. Incluso una labor tan sencilla, aparentemente, como la de ordenar un material que conocemos a fondo, no depende siempre de nuestra exclusiva voluntad, sino que va realizándose por sí misma, dejándonos reducidos a investigar, *a posteriori*, por qué en nuestra exposición han ido ordenándose los materiales en una forma dada, con preferencia a otra cualquiera. En nuestro caso, una de las razones a que quizá obedece el curso seguido es la de que el título de *Introducción al Psicoanálisis* no resulta ya apropiado para la parte de nuestra exposición referente a las neurosis. La introducción al psicoanálisis se contrae más bien al estudio de los actos fallidos y los sueños, pues la teoría de las neurosis constituye ya el psicoanálisis mismo. De todos modos, no creo que me hubiera sido posible daros a conocer en tan poco tiempo el contenido de la teoría de las neurosis empleando una forma menos sintética y condensada. Se trataba de daros una idea de conjunto del sentido y de la importancia de los síntomas y del mecanismo y condiciones interiores y exteriores de su formación, y esto es lo que he intentado conseguir en mis explicaciones, pues ello constituye por el momento el nódulo de lo que el psicoanálisis puede enseñaros, aunque todavía nos queda mucho que decir sobre la libido y su desarrollo, y también sobre el desarrollo del *yo*. Las premisas de nuestra técnica y las nociones de lo inconsciente y de la represión (de la resistencia) nos son ya conocidas por lo que sobre ellas os expuse en mi primera serie de conferencias. Más adelante, en una de las próximas lecciones, os señalaré la dirección en que la labor psicoanalítica continúa su progreso orgánico. Por lo pronto, no os he ocultado que todas nuestras deducciones no han sido extraídas sino de un solo grupo de afecciones nerviosas, esto es, de las llamadas neurosis de transferencia y que incluso al analizar el mecanismo de la formación de síntomas me he atenido exclusivamente a la neurosis histérica. Resulta, pues, que aun suponiendo que no haya logrado con mi exposición haceros adquirir un sólido y detallado conocimiento de estas materias, siempre os habré dado una exacta idea de los medios con los que el psicoanálisis labora, de los problemas que se plantea y de los resultados que ha obtenido.

He supuesto que hubierais deseado verme comenzar la exposición de las neurosis por la descripción de la actitud de los nerviosos ante la vida, de los sufrimientos que su enfermedad les causa y de la forma en que se defienden contra ella o a ella se adaptan. Es esta, desde luego, una materia interesante, instructiva y nada difícil de exponer, pero hubiera sido peligroso comenzar por ella. De hacerlo así, habríamos corrido el peligro de no llegar a descubrir lo inconsciente, dejar pasar inadvertida la gran importancia de la libido y apreciar los hechos de un modo idéntico a como lo hace el *yo* del enfermo, al cual no podemos considerar como juez imparcial, pues siendo el *yo* el poder que niega lo inconsciente y lo reprime, no está capacitado para formular un juicio equitativo. Entre los objetos reprimidos figuran, en primera línea, las exigencias sexuales rechazadas, y, por tanto, no podremos nunca formarnos una idea de su magnitud e importancia ateniéndonos al concepto de que de ellos posee el *yo*. Desde el momento en que descubrimos el proceso de la represión, vemos la imposibilidad de aceptar como juez del litigio a ninguna de las dos partes litigantes, y mucho menos a la que aparece como victoriosa. Sabemos ya, en efecto, que todo lo que el *yo* podría decirnos habría de inducirnos en error. Si hemos de creer sus manifestaciones, fue siempre y en toda ocasión, activo, habiendo creado por propia voluntad sus síntomas. Pero nos consta que muchas veces hubo de mantenerse en absoluta pasividad, actitud que trata de ocultar a nuestros ojos, aunque algunas veces —así, en las neurosis obsesivas— no consiga ni siquiera iniciar tal intento y se vea obligado a confesar la existencia de fuerzas extrañas que se le imponen y contra las que le cuesta enorme esfuerzo defenderse.

Aquellos que sin desalentarse ante estas advertencias acepten como verdaderas las falsas indicaciones del *yo*, eludirán con gran facilidad todos los obstáculos que se oponen a la interpretación psicoanalítica de lo inconsciente, de la sexualidad y de la pasividad del *yo*, y podrán afirmar, como lo hace A. Adler, que el "carácter nervioso" es la causa de la neurosis y no su efecto, pero no podrán explicar el menor detalle de la formación de síntomas ni interpretar el sueño más insignificante.

Vais a preguntarme si no sería posible reconocer la parte que corresponde al *yo* en los estados nerviosos y en la formación de síntomas sin dejar de lado, de una manera demasiado flagrante, los factores descubiertos por el psicoanálisis, interrogante a la que os responderé que ello debe ser ciertamente posible y llegará un día en que se realice, pero que dada la orientación seguida por nuestra disciplina no debe ser esta su labor inicial. Lo que sí podemos es predicar el momento en que el psicoanálisis habrá de dedicarse a ella. Existen neurosis en las que el *yo* participa con mucha mayor intensidad que en aquellas que hemos estudiado hasta el momento. Son estas las neurosis que denominamos *narcisistas*, cuyo examen analítico nos permitirá determinar con toda certidumbre e imparcialidad la participación del *yo* en las afecciones neuróticas.

Existe, sin embargo, una determinada relación del *yo* con su neurosis que por su evidencia podemos ya desde un principio tomar en consideración. No parece faltar en ningún caso, pero donde con mayor precisión se nos muestra es en una enfermedad a cuya inteligencia no hemos llegado aún: *la neurosis traumática*. Habéis de saber que en la determinación y el mecanismo de todas las formas posibles de neurosis hallamos siempre la intervención de los mismos factores, variando únicamente la importancia de cada uno de ellos con respecto a la formación de síntomas. Sucede con estos elementos lo que con los actores de una compañía teatral, los cuales tienen marcado cada uno su empleo especial —galán, joven, graciosa, barba, etc.—, pero, llegado el día de su beneficio, escogen siempre un papel de naturaleza distinta. De este modo, resulta que en la histeria se nos muestran con mayor evidencia que en ninguna otra neurosis, que las fantasías que se convierten en síntomas; en las neurosis obsesivas son las resistencias y las formaciones reaccionales lo que predomina en el cuadro sintomático; en la paranoia ocupa el primer lugar, a título de delirio, aquello que al estudiar los sueños calificamos de *elaboración secundaria*, y así sucesivamente.

Desde este punto de vista, descubrimos en las neurosis traumáticas, y sobre todo en las provocadas por los horrores de la guerra, un móvil personal egoísta, utilitario y defensivo, que es incapaz de crear por sí solo la enfermedad, pero que contribuye a la aparición de la misma y la mantiene una vez surgida. Este motivo intenta proteger el *yo* contra los peligros cuya amenaza ha constituido la causa ocasional de la enfermedad y hará imposible la curación mientras que el enfermo no se halle garantizado contra el retorno de dichos peligros o no haya recibido una compensación por haberse expuesto a ellos.

Un tal interés del *yo* en el nacimiento y la persistencia de la neurosis no es privativo de los trastornos traumáticos, sino común a todas las dolencias neuróticas. Ya hube de indicaros que el *yo* coadyuva a la persistencia del síntoma, pues halla en este algo que ofrece satisfacción a sus tendencias represoras. Además, la solución del conflicto por medio de la formación de síntomas es la más cómoda y mejor adaptada al principio del placer, pues ahorra al *yo* una penosa y considerable labor interna. Hay casos en los que incluso el mismo médico se ve obligado a convenir en que la neurosis constituye la solución más inofensiva, y desde el punto social, más ventajosa, de un conflicto, pronunciándose, por lo tanto, en favor de aquella misma enfermedad que ha sido llamada a combatir. No es esto cosa que deba asombrarnos sobre manera, pues el médico sabe que hay en el mundo otras miserias distintas de la enfermedad neurótica y otros sufrimientos quizá más reales y todavía más rebeldes, y sabe también que la necesidad puede obligar a un hombre a sacrificar su salud cuando este sacrificio individual puede evitar una inmensa desgracia de la que sufrirían muchos otros. Si de este modo se ha podido decir que el neurótico *se refugia en la enfermedad para escapar a un conflicto*, hay que convenir en que en determinados casos se halla justificada esta fuga, y el médico, si se da cuenta de la situación, debería retirarse en silencio y con todos los respetos.

Pero hagamos abstracción de estos casos excepcionales. En los ordinarios, el hecho de refugiarse en la neurosis procura al *yo* una determinada ventaja de orden interno y naturaleza patológica, ventaja a la que en determinadas ocasiones se añade otra de orden exterior, cuyo valor real es muy variable. Tomemos el ejemplo más frecuente de este género. Una mujer a la que su marido maltrate y explote sin consideración alguna, se refugiará en la neurosis cuando a ello coadyuve su constitución, cuando sea demasiado cobarde o demasiado honrada para mantener un secreto comercio con otro hombre, cuando no sea bastante fuerte para desafiar los prejuicios sociales y separarse de su marido, cuando no experimente el deseo de rehacer su vida o buscar un marido mejor y cuando, además, le impulse, a pesar de todo, su instinto sexual hacia su verdugo. La neurosis constituirá para esta mujer un arma defensiva y hasta un instrumento de venganza. De su matrimonio no le estaba permitido lamentarse y, en cambio, de su enfermedad puede hacerlo. Hallando en el médico un poderoso auxiliar, obliga a su marido, que en circunstancias normales no tenía para ella consideración ninguna, a respetarla, a hacer gastos considerables y a permitirse ausentarse de su casa y escapar por algunas horas a la tiranía conyugal. En los casos en que la ventaja exterior o accidental que la enfermedad procura de este modo al *yo* es considerable y no puede ser reemplazada por ninguna otra más real, el tratamiento de la neurosis corre el peligro de no tener eficacia alguna.

Vais a objetarme que estas ventajas procuradas por la enfermedad constituyen un argumento favorable a la concepción que antes rechazamos y según la cual es el *yo* el que crea y quiere la neurosis. Nada de eso; los hechos que acabo de relataros no son, en todo caso, más que una prueba de que el *yo* se complace en la neurosis, y no habiendo podido evitarla, la utiliza del mejor modo posible. En la medida en que la neurosis presenta ventajas, el *yo* se acomoda a ella sin esfuerzo, pero al lado de tales ventajas existen también graves daños. Resulta así, generalmente, que el *yo* realiza un mal negocio dejándose sumir en la neurosis, pues paga demasiado cara la atenuación del conflicto y no consigue sino cambiar los sufrimientos que el mismo le infligía por las sensaciones de dolor inherentes a los síntomas, sensaciones que traen consigo una mayor magnitud de displacer. En esta situación, intentará el *yo* desembarazarse de lo que los síntomas tienen de doloroso sin renunciar a las ventajas que saca de la enfermedad, pero todos sus esfuerzos serán baldíos, circunstancia demostrativa de que su actividad no es tan completa como él mismo suponía.

En el tratamiento de los neuróticos puede comprobarse sin dificultad que aquellos enfermos que más se lamentan de su padecimiento no son luego los que menores resistencias oponen a nuestra labor terapéutica. Más bien al contrario. Pero comprenderéis fácilmente que todo aquello que contribuye a aumentar las ventajas del estado patológico tiene que intensificar la resistencia de la represión y agravar las dificultades terapéuticas. A la ventaja que procura el estado patológico y que nace, por decirlo así, con el síntoma, debemos añadir otra nueva que se manifiesta más tarde. Cuando una organización psíquica, tal como la enfermedad, se ha mantenido durante un cierto tiempo, acaba por comportarse como una entidad independiente, manifestando una especie de instinto de conservación y estableciendo un *modus vivendi* con los demás sectores de la vida psíquica, incluso con aquellos que en el fondo le son hostiles. De este modo encuentra siempre ocasión de mostrarse de nuevo útil y aprovechable, llegando a desempeñar una *función secundaria* muy apropiada para consolidar y proteger su existencia. A título de aclaración, os expondré un ejemplo extraído de la vida cotidiana: Un honrado obrero, que gana su vida con su trabajo, queda inválido a consecuencia de un accidente profesional. Imposibilitado ya para trabajar ve asegurada en parte su existencia por la pequeña renta que le pasa el patrono a cuyo servicio se hallaba cuando le ocurrió el accidente, y aprende, además, a utilizar su desgracia para dedicarse a la mendicidad. Resulta, pues, que su actual vida miserable reposa sobre el mismo hecho que puso término a su honrado pasar anterior. Poniendo término a su invalidación, le quitaríais sus medios de subsistencia, y por lo tanto habréis primero de comprobar su capacidad para retornar a su antiguo trabajo. Aquello que en la neurosis corresponde a este aprovechamiento secundario de la enfermedad puede ser considerado como una ventaja *secundaria* que viene a añadirse a la primaria.

Sin embargo, he de advertiros de un modo general que no debéis estimar muy por bajo la importancia práctica de la ventaja procurada por el estado patológico, pero tampoco dejar que influya con exceso en la concepción teórica. Abstracción hecha de las excepciones antes reconocidas, nos recuerda esta ventaja los ejemplos de inteligencia de los animales que Oberländer ilustró en el *Fliegende Blätter*:

Un árabe, montado en su camello, pasa por un estrecho sendero tallado en una abrupta montaña. En una revuelta del camino se halla de repente ante un león dispuesto a saltar sobre él. La montaña a un lado y al otro un abismo, cierran toda salida. No hay tampoco tiempo de volver grupas y huir del peligro. El árabe se ve perdido. Pero el camello, más inteligente, encuentra el medio de burlar al león, arrojándose con su jinete al abismo, donde ambos quedan destrozados. De este mismo género es la ayuda que al enfermo presta la neurosis. Es muy posible que la solución del conflicto por la formación de síntomas no constituya sino un proceso automático, estimulado por la inferioridad del individuo ante las exigencias de la vida y en el que el hombre renuncia a utilizar sus mejores y más elevadas energías. Pero si hubiera posibilidad de escoger debería preferirse la derrota heroica, esto es, la consecutiva a un noble cuerpo a cuerpo con el destino.

Debo exponeros todavía las demás razones por las que no he comenzado mi exposición de la teoría de las neurosis con la relativa a la nerviosidad común. Creéis, quizá, que si he procedido así ha sido porque de otro modo hubiera encontrado más dificultades para establecer la etiología sexual de las neurosis. Nada de eso. En las neurosis de transferencia es necesario comenzar por la interpretación de los síntomas para poder llegar a tal etiología, y en cambio, en las formas ordinarias de las neurosis llamadas *actuales*, la importancia etiológica de la vida sexual aparece con particular evidencia. Hace ya más de veinte años que hube de llegar a esta conclusión al preguntarme por qué los médicos nos obstinamos en dejar a un lado, al examinar a nuestros enfermos nerviosos, su actividad sexual. Por aquel entonces, sacrifiqué a estas investigaciones la simpatía de que gozaba cerca de los enfermos, pero no fue muy fácil comprobar que una vida sexual normal excluye toda posibilidad de contraer neurosis alguna de las llamadas *actuales*. Cierto es que esta afirmación borra las diferencias individuales y adolece de la vaguedad inherente al concepto de "lo normal", pero, de todos modos, posee todavía un valor de orientación. En la época a que me estoy refiriendo llegué incluso a establecer relaciones específicas entre determinadas formas de nerviosidad y ciertas perturbaciones sexuales particulares, y estoy convencido de que hoy en día volvería a realizar idénticas observaciones si dispusiese de un análogo conjunto de enfermos que someter a observación. Con gran frecuencia llegué a comprobar que individuos limitados a una satisfacción sexual incompleta, por ejemplo, el onanismo manual, habían contraído una forma determinada de neurosis actual, y que esta forma era reemplazada por otra distinta cuando el sujeto adoptaba un régimen sexual diferente, aunque legalmente poco recomendable. De este modo, me fue posible adivinar las transformaciones de la vida sexual del enfermo por los cambios y reflejos de su estado patológico y adquirí así mismo la costumbre de mantener mis hipótesis y perseverar hasta vencer la insinceridad del enfermo y arrancarle una completa confesión, aunque el resultado fuera que mis clientes me abandonasen para dirigirse a otros médicos que ponían menor insistencia en informarse sobre su vida sexual.

No pudo tampoco pasarme inadvertido que la etiología del estado patológico no se refería siempre, obligadamente, a la vida sexual. Unos sujetos enferman, en efecto, a consecuencia de una perturbación sexual, pero en cambio otros se ven atacados de una dolencia neurótica después de pérdidas pecuniarias importantes o de una grave enfermedad orgánica. La explicación de esta variedad no se nos ha mostrado sino más tarde cuando comenzamos a entrever las relaciones recíprocas, hasta entonces solamente sospechadas, entre el *yo* y la libido, pero ha ido completándose y haciéndose cada vez más satisfactoria a medida que nuestro conocimiento de dichas relaciones ha ganado en profundidad. Para que una persona enferme de neurosis es necesario que su *yo* haya perdido la facultad de reprimir la libido en una forma cualquiera.

Cuando más fuerte es el *yo*, más fácil le será llevar a cabo tales represiones. Toda debilitación de sus energías, cualquiera que sea la causa a que obedezca, traerá consigo efectos idénticos a los provocados por el exagerado crecimiento de las exigencias de la libido, y hará, por lo tanto, posible el nacimiento de una neurosis. Entre el *yo* y la libido existen todavía otras relaciones más íntimas cuyo examen dejaremos para más adelante, pues carecen de conexión con el punto concreto de que nos ocupamos. Lo que por el momento resulta más importante e instructivo para nosotros es que en todos los casos, y cualquiera que sea el motivo ocasional de la enfermedad, son los síntomas proporcionados por la libido, circunstancia que testimonia de un aprovechamiento anormal de la misma.

Debo atraer ahora vuestra atención sobre la diferencia fundamental que existe entre los síntomas de las neurosis actuales y los correspondientes a las psiconeurosis, grupo este último, al que pertenecen las neurosis de transferencia, cuyo estudio venimos realizando. En muchos casos, se derivan los síntomas de la libido, constituyendo aprovechamientos anormales de la misma, a título de satisfacciones sustitutivas, pero los síntomas de las neurosis actuales, pesadez de cabeza, sensación de dolor, irritación de un órgano, debilitación o inhibición de una función, carecen de "sentido", esto es, de significación psíquica. No sólo limitan al cuerpo su campo de exteriorización —conducta idéntica a la de los síntomas histéricos—, sino que constituyen procesos exclusivamente somáticos en cuya génesis faltan todos aquellos complicados mecanismos psíquicos que antes examinamos. Corresponde, pues, en realidad, al concepto que durante mucho tiempo se ha tenido de los síntomas psicoanalíticos. Pero, entonces, ¿cómo es posible que constituyan aprovechamientos de la libido, la cual es, como ya hemos visto, una fuerza psíquica? Muy sencillo. Permitidme evocar una de las primeras objeciones que se opusieron a nuestra disciplina. Decíase que el psicoanálisis perdía el tiempo queriendo establecer una teoría puramente psicológica de los fenómenos neuróticos, labor estéril por completo dado que las teorías psicológicas no podrían jamás proporcionarnos la explicación de una enfermedad. Pero al esgrimir este argumento se olvidaba que la función sexual no es ni puramente psíquica ni puramente somática, sino que ejerce a la vez su influencia sobre la vida anímica y sobre la vida corporal. Si hemos reconocido en los síntomas de las psiconeurosis manifestaciones psíquicas de perturbaciones sexuales, no podemos ya asombrarnos de hallar en las neurosis actuales los efectos somáticos directos de dichas perturbaciones.

Para la concepción de estas últimas neurosis, nos proporciona la clínica médica una preciosa indicación que ha sido ya tomada en cuenta por diversos autores. Las neurosis actuales manifiestan en todos los detalles de su sintomatología, así como en su peculiar cualidad de influir sobre todos los sistemas orgánicos, y sobre todas las funciones, una incontestable analogía en los estados patológicos ocasionados por la acción crónica de sustancias tóxicas exteriores o por la supresión brusca de las mismas, esto es, con las intoxicaciones y los estados de abstinencia. El parentesco entre estos dos grupos de afecciones resulta todavía más íntimo cuando se trata de estados patológicos que, como la enfermedad de Basedow, atribuimos a la acción de sustancias tóxicas no procedentes del exterior y ajenas al organismo, sino producto de los procesos químicos del soma. A mi juicio, nos impone estas analogías la conclusión de que las neurosis actuales son consecuencia de perturbaciones del metabolismo de las sustancias sexuales, sea que la producción de toxinas resulte superior a la que el individuo puede soportar, sea que determinadas condiciones internas, o incluso psíquicas perturben el adecuado aprovechamiento de dichas sustancias. La sabiduría popular ha profesado siempre estas ideas sobre la naturaleza de la necesidad sexual, diciendo que el amor es una "embriaguez" que puede ser provocada por determinadas bebidas o "filtros", hipótesis con la que cambia el origen del agente de endógeno a exógeno. Con este motivo podríamos recordar aquí la existencia de zonas erógenas y la afirmación de que la excitación sexual puede nacer en los más diversos órganos. Fuera de esto, el término "metabolismo sexual" o "quimismo de la sexualidad" es para nosotros una forma sin contenido. No sabemos nada sobre tal materia ni podemos siquiera decidir si existen dos sustancias diferentes a las que respectivamente calificaríamos de "masculina" y "femenina", o si se trata de una sola toxina sexual, causa de todas las excitaciones de la libido. El edificio teórico del psicoanálisis creado por nosotros no es, en realidad, sino una superestructura que habremos de asentar algún día sobre una firme base orgánica. Mas, por el momento, no tenemos posibilidad de hacerlo.

Lo que caracteriza al psicoanálisis como ciencia no es la materia de que trata, sino la técnica que emplea. Sin violentar su naturaleza, puede ser aplicada tanto a la historia de la civilización, a la ciencia de las religiones y a la mitología, como a la teoría de las neurosis. Su único fin y su única función consisten en descubrir lo inconsciente en la vida psíquica. Los problemas que se enlazan a las neurosis actuales, cuyos síntomas son, probablemente, consecuencia de lesiones tóxicas directas, no se prestan al estudio psicoanalítico, el cual no puede proporcionar ningún esclarecimiento sobre ellos y debe por lo tanto resignar esta labor en manos de la investigación médico-biológica. Si os hubiese prometido una *Introducción a la teoría de la neurosis*, habría tenido que comenzar por las formas más simples de las neurosis actuales para llegar a las afecciones psíquicas más complicadas consecutivas a las perturbaciones de la libido. Este hubiera sido indudablemente el orden más natural. A propósito de las primeras, hubiera debido presentaros todo aquello que nuestra labor de investigación nos ha descubierto, y una vez llegado a la psiconeurosis os hubiera hablado del psicoanálisis como del medio técnico auxiliar más importante de todos aquellos de que disponemos para esclarecer estos estados. Pero mi intención era exponeros una *Introducción al Psicoanálisis*, y siendo este el título de mis conferencias, me interesaba mucho más daros una idea del psicoanálisis que haceros adquirir determinados conocimientos sobre la neurosis. Este propósito me dispensaba de colocar en primer término las neurosis actuales,

184

materia perfectamente estéril desde el punto de vista del psicoanálisis. Creo haber seguido, de este modo, el camino más ventajoso para vosotros, pues el psicoanálisis merece, por sus profundas premisas y sus múltiples relaciones, el interés de toda persona culta, y en cambio la teoría de las neurosis no es sino un capítulo de la Medicina, semejante a muchos otros.

Sin embargo, tenéis derecho a esperar que dediquemos también cierto interés a las neurosis actuales y realmente nos hallamos obligados a hacerlo así, aunque no sea más que por las estrechas relaciones clínicas que con la psiconeurosis presentan. Por lo tanto, os diré que distinguimos tres formas puras de neurosis actuales. La *neurastenia*, la *neurosis de angustia* y la *hipocondría*. Esta división ha provocado, desde luego, numerosas objeciones. Los nombres que la constituyen son de uso corriente, pero las cosas que designan son indeterminadas e inciertas. Hay incluso médicos que se oponen a toda clasificación del mundo caótico de los fenómenos neuróticos y a todo establecimiento de unidades clínicas y de individualidades patológicas, llegando hasta rechazar la división en neurosis actuales y psiconeurosis. A mi juicio, van estos médicos demasiado lejos y no siguen el camino que conduce al progreso. Cierto es que estas formas de neurosis sólo raras veces se presentan aisladas, apareciendo casi siempre combinadas entre sí o con una afección psiconeurótica, pero esta circunstancia no nos autoriza a renunciar a su división. Pensad tan sólo en la diferencia que la mineralogía establece entre la oritognosia y la geognosia. Los minerales son descritos como individuos, sin duda por la circunstancia de presentarse con frecuencia como cristales precisamente circunscritos y separados de lo que les rodea. Las rocas, en cambio, se componen de conjuntos de minerales, cuya asociación, lejos de ser accidental, se halla determinada por las condiciones de su formación. Nuestra teoría de las neurosis no posee aún un suficiente conocimiento del punto de partida del desarrollo para construir algo análogo a la geognosia. Pero obramos seguramente con acierto comenzando por aislar de la totalidad las entidades clínicas que conocemos y que por su parte pueden ser comparadas a los minerales.

Entre los síntomas de las neurosis actuales y los de la psiconeurosis existe una relación interesantísima que nos proporciona una importante contribución al conocimiento de la formación de los síntomas psiconeuróticos. Sucede, en efecto, que el síntoma de la neurosis actual constituye con frecuencia el nódulo y la fase preliminar del síntoma psiconeurótico. Esta relación se nos muestra con particular evidencia entre la neurastenia y aquella neurosis de transferencia a la que damos el nombre de histeria de conversión, entre la neurosis de angustia y la histeria de angustia y entre la hipocondría y aquellas formas de que más adelante hablaremos designándolas bajo el nombre de parafrenias (demencia precoz y paranoia). Tomemos como ejemplo el dolor de cabeza o los dolores lumbares histéricos. El análisis nos demuestra que por la condensación y el desplazamiento han llegado a ser estos dolores una satisfacción sustitutiva de toda una serie de fantasías o recuerdos libidinosos. Pero hubo un tiempo en que eran reales, siendo un síntoma directo de una intoxicación sexual, o sea, la expresión somática de una excitación libidinosa. No pretendemos que todos los síntomas histéricos contengan un nódulo de este género, pero, de todos modos, es este un caso particularmente frecuente y la histeria utiliza con gran preferencia, para la formación de sus síntomas, todas las influencias normales y patológicas que la excitación libidinosa ejerce sobre el soma. Desempeñan estas entonces el papel de los granos de arena que las ostras perlíferas van recubriendo con su nacarada secreción. Los pasajeros signos de excitación sexual que acompañan al acto sexual son igualmente utilizados por la psiconeurosis como un apropiadísimo material para la formación de síntomas.

Existe aún otro análogo proceso que presenta un interés particular desde el punto de vista del diagnóstico y del tratamiento. En aquellas personas que, aunque predispuestas a la neurosis, no la han contraído aún, puede a veces una alteración corporal patológica —por inflamación o lesión— despertar la elaboración de síntomas, convirtiéndose el síntoma proporcionado por la realidad en representante de todas las fantasías inconscientes que espiaban la primera ocasión de manifestarse. En los casos de este género, puede el médico seguir los diferentes tratamientos: Intentará suprimir la base orgánica sin cuidarse de las manifestaciones neuróticas que en ella se sustentan o, por el contrario, combatir la neurosis ocasionalmente surgida sin atender a la causa orgánica que le ha servido de pretexto. De la eficacia de cada uno de estos procedimientos podremos juzgar por los efectos que se obtengan, pero es muy difícil establecer reglas generales para estos casos mixtos.

XXV
La angustia

La exposición que sobre la nerviosidad común desarrollé en mi última conferencia debió de pareceros tan incompleta como insuficiente. Me doy perfecta cuenta de ello y pienso que lo que más ha debido de asombraros es no encontrar en ella nada referente a la "angustia", síntoma del que se queja la mayoría de los nerviosos como de su más terrible sufrimiento. Esta angustia puede, en efecto, revestir extraordinaria intensidad e impulsar al enfermo a cometer las mayores insensateces. Merece, pues, ser objeto de un detenido examen en capítulo aparte.

No creo tener necesidad de definir la angustia. Todos vosotros habéis experimentado, aunque sólo sea una vez en la vida, esta sensación, o dicho con mayor exactitud, este estado afectivo. Y, sin embargo, nadie se ha preocupado hasta el día de hoy de investigar por qué son precisamente los nerviosos los que con más frecuencia y mayor intensidad sufren de este estado de angustia. Quizá se haya encontrado natural esta circunstancia, como lo muestra la general costumbre de emplear indiferentemente, como sinónimos, los términos "nervioso" y "angustiado". Pero al hacerlo así, se comete un grave error, pues hay individuos "angustiados" que no padecen neurosis ninguna, y, en cambio, neuróticos que no presentan entre sus síntomas el de la propensión a la angustia.

De todos modos, lo cierto es que el problema de la angustia constituye un punto en el que convergen los más diversos e importantes problemas y un enigma cuya solución habrá de proyectar intensa luz sobre toda nuestra vida psíquica. No afirmaré poder daros una tal solución completa, pero ya supondréis que el psicoanálisis ha dedicado toda atención a este problema y trata de resolverlo, como ha resuelto tantos otros, por medios diferentes de los empleados por la medicina académica. Esta concentra todo su interés en la investigación del determinismo anatómico de la angustia, y declarando que se trata de una irritación de la *medulla oblongata*, diagnostica una neurosis del *nervus vagus*. El bulbo o médula alargada es, desde luego, algo muy serio. Por mi parte he dedicado a su estudio mucho tiempo de intensa labor. Pero hoy en día debo confesar que desde el punto de vista de la comprensión psicológica de la angustia nada me es más indiferente que el conocimiento del trayecto nervioso seguido por las excitaciones que de él emanan.

Ante todo, debo indicaros que se puede tratar extensamente de la angustia sin relacionarla para nada con los estados neuróticos. Existe, en efecto, una *angustia real*, independiente por completo de la *angustia neurótica* y que se nos muestra como algo muy racional y comprensible, pudiendo ser definida como una reacción a la percepción de un peligro exterior, esto es, de un daño esperado y previsto. Esta reacción aparece enlazada al reflejo de fuga y podemos considerarla como una manifestación del instinto de conservación. Mas ¿ante qué objetos y en qué situaciones se produce la angustia? Ello depende, naturalmente, de los conocimientos del individuo y de su sentimiento de potencia ante el mundo exterior. El miedo que al salvaje inspira la vista de un cañón y la angustia que experimenta ante un eclipse solar nos parecen naturales. En cambio, el europeo, que sabe manejar las armas de fuego y predecir el eclipse, no experimenta en ninguno de los dos casos la menor angustia. A veces, lo que produce esta sensación es, por el contrario, el saber demasiado, pues entonces prevemos el peligro mucho antes de su llegada. De este modo, el salvaje experimentará miedo al advertir en el bosque la huella de un peligroso animal, huella que para el europeo carecerá de toda significación, y el marino observará con terror una pequeña nube, anuncio de ciclón, mientras que el pasajero no verá en ella amenaza ninguna.

Reflexionando más detenidamente, nos vemos obligados a reconocer que nuestro juicio sobre la racionalidad y la adaptación a un fin de la angustia real debe ser sometido a una revisión. La única actitud racional ante la amenaza de un peligro consistiría en comparar nuestras propias fuerzas con la gravedad de dicha amenaza y decidir después si el miedo más eficaz de escapar al peligro es la fuga, la defensa o incluso el ataque. En esta actitud no hay lugar alguno para la angustia, la cual no puede influir en el desarrollo de los hechos, constituyendo, en cambio, un nuevo peligro para el sujeto, pues cuando alcanza una cierta intensidad, llega a paralizar toda acción de defensa, impidiendo incluso la fuga. Generalmente, la reacción a un peligro es un compuesto de sentimiento de angustia y acción defensiva. El animal asustado experimenta angustia y huye, pero únicamente la fuga responde a un fin, mientras que la angustia carece de él en absoluto. Estas consideraciones nos inclinan a ver en la angustia algo incongruente y desprovisto de todo fin. Pero analizando la situación a que da origen, lograremos quizá formarnos una más exacta idea de su naturaleza. Lo primero que en tal situación observamos es que el sujeto se halla preparado a la aparición del peligro, circunstancia que se manifiesta en el incremento de la atención sensorial y de la tensión motriz. Este estado de espera y de preparación es incontestablemente favorable, y su falta traería consigo graves consecuencias para el sujeto. De él se deriva, por una parte, la acción motora que va desde la fuga a la defensa activa, y por otra, aquello que experimentamos como un estado de angustia. Cuanto más restringido es el desarrollo de la angustia, más rápida y racionalmente se lleva a cabo la transformación del estado de preparación ansiosa en acción. Resulta, pues, que el estado de preparación ansiosa es útil y ventajoso, mientras que el desarrollo de angustia se nos muestra siempre como perjudicial y contrario al fin.

No me parece necesario entrar aquí en la discusión de si el lenguaje corriente designa o no con las palabras angustia, miedo y susto la misma cosa. A mi juicio, la angustia se refiere tan sólo al estado, haciendo abstracción de todo objeto, mientras que en el miedo se halla precisamente concentrada la atención sobre una determinada causa objetiva. La palabra "susto" me parece, en cambio, poseer una significación especialísima, y designar, sobre todo, el efecto de un peligro al que no nos hallábamos preparados por un previo estado de angustia. Puede decirse, por lo tanto, que el hombre se defiende contra el susto por medio de la angustia.

Resulta, de todos modos, que el uso corriente da a la palabra "angustia" una vaga e indeterminada significación susceptible de múltiples interpretaciones. La mayor parte de las veces se entiende por angustia el estado subjetivo provocado por la percepción del desarrollo de angustia, estado que se considera como de carácter afectivo. Ahora bien, ¿qué es lo que desde el punto de vista dinámico consideramos como un estado afectivo? Algo muy complicado. Un estado afectivo comprende, ante todo, determinadas inervaciones o descargas, y, además, ciertas sensaciones. Estas últimas son de dos clases: percepciones de acciones motoras realizadas, y sensaciones directas de placer y displacer que imprimen al estado afectivo lo que pudiéramos llamar su tono fundamental. No creo, sin embargo, que con estas consideraciones hayamos agotado todo lo que sobre la naturaleza de los estados afectivos puede decirse. En algunos de ellos creemos poder remontarnos más allá de estos elementos y reconocer que el nódulo en derredor del cual ha cristalizado la totalidad se halla constituido por la repetición de cierto suceso importante y significativo vivido por el sujeto. Este suceso puede no ser sino una impresión muy pretérita, de un carácter muy general, y perteneciente a la prehistoria de la especie y no a la del individuo. Para que me comprendáis mejor, os diré que el estado afectivo presenta la misma estructura que la crisis de histeria y es, como ella, el residuo de una reminiscencia. Podemos comparar, por lo tanto, la crisis de histeria a un estado afectivo individual de nueva formación, y considerar el estado afectivo normal como la expresión de una histeria genérica que ha llegado a ser hereditaria.

No creáis que este conocimiento de los estados afectivos es patrimonio reconocido de la psicología normal. Trátase, por el contrario, del resultado exclusivo de las investigaciones psicoanalíticas. Lo que la psicología nos dice sobre dichos estados, por ejemplo, la teoría de James Lange, resulta para nosotros, los psicoanalistas, tan incomprensible que ni siquiera podemos entrar a discutirlo. Sin embargo, he de hacer constar que tampoco nosotros nos hallamos plenamente seguros de la exactitud de nuestros conocimientos sobre esta materia. La labor de investigación que a ella hemos dedicado no constituye todavía sino un primer intento de orientarnos en tan obscuro dominio. Hecha esta advertencia, continuaré mi exposición. Creemos saber qué temprana impresión es la que reproduce el estado afectivo caracterizado por la angustia, y nos decimos que el *acto de nacer* es el único en el que se da aquel conjunto de afectos de displacer, tendencias de descarga y sensaciones físicas que constituye el prototipo de la acción que un grave peligro ejerce sobre nosotros repitiéndose en nuestra vida como estado de angustia. La causa de la angustia que acompañó al nacimiento fue el enorme incremento de la excitación, incremento consecutivo a la interrupción de la renovación de la sangre (de la respiración interna). Resulta, pues, que la primera angustia fue de naturaleza tóxica. La palabra angustia (del latín *angustiae*, estrechez; en alemán, *Angst*) hace resaltar precisamente la opresión o dificultad para respirar que en el nacimiento existió como consecuencia de la situación real y se reproduce luego casi regularmente en el estado afectivo homólogo. Es también muy significativo el hecho de que este primer estado de angustia corresponda al momento en que el nuevo ser es separado del cuerpo de su madre. Naturalmente, poseemos el convencimiento de que la predisposición a la repetición de este primer estado de angustia ha quedado incorporada, a través de un número incalculable de generaciones, al organismo humano, de manera que ningún individuo puede ya escapar a dicho estado afectivo, aunque como el legendario Macduff haya sido "arrancado de las entrañas de su madre", esto es, aunque haya venido al mundo de un modo distinto del nacimiento natural. En cambio, ignoramos cuál ha podido ser el prototipo del estado de angustia en animales distintos de los mamíferos y cuál es el conjunto de sensaciones que en estos seres corresponde a nuestra angustia.

Tendréis quizá curiosidad por saber cómo hemos podido llegar a la idea de que es el acto del nacimiento el que constituye la fuente y el prototipo del estado afectivo caracterizado por la angustia. La especulación no ha contribuido casi en absoluto a tal hallazgo, pues en cierto modo fue el ingenuo pensamiento popular lo que orientó al mío en una tal dirección. Un día —hace ya muchos años— nos hallábamos reunidos, en un restaurant, varios jóvenes médicos de hospital. El interno de la sala de obstetricia nos relató una divertida anécdota de la que había sido testigo en los últimos exámenes de comadronas. Una de las aspirantes a este título, preguntada por lo que significaba la presencia de meconio en las aguas durante el parto, respondió sin vacilar que ello probaba que el niño experimentaba angustia. Esta respuesta hizo reír a los examinadores, y la alumna fue suspendida, mas, por lo que a mí respecta, tomé en silencio su partido y comencé a sospechar que la pobre mujer había tenido la justa intuición de una importantísima relación.

Pasemos ahora a la angustia neurótica. ¿Cuáles son las nuevas manifestaciones y relaciones que la angustia nos muestra en estos enfermos? Sobre este tema hay mucho que decir. En primer lugar, hallamos en los neuróticos un estado general de angustia, esto es, una angustia que podríamos calificar de flotante, dispuesta a adherirse al contenido de la primera representación adecuada. Esta angustia influye sobre los juicios del sujeto, elige las esperas y espía atentamente toda ocasión que pueda justificarla, mereciendo de este modo el calificativo de angustia de espera, o espera ansiosa, que hemos convenido en asignarle. Las personas atormentadas por esta angustia prevén siempre las eventualidades más terribles, ven en cada suceso accidental el presagio de una desdicha y se inclinan siempre a lo peor cuando se trata de un hecho o suceso inseguro. La tendencia a esta espera de la desdicha es un rasgo de carácter propio de gran número de individuos que fuera de esto no presentan ninguna enfermedad, siendo considerados como gente de humor sombrío o pesimista. Pero cuando esta angustia de espera alcanza ya cierta intensidad, corresponde casi siempre a una afección nerviosa a la que he dado el nombre de *neurosis de angustia*, y situado entre las neurosis actuales.

Una segunda forma de la angustia presenta, inversamente a aquella que acabo de describir, conexiones más bien psíquicas y aparece asociada a determinados objetos y situaciones. Es esta la angustia que caracteriza a las diversas "fobias", tan numerosas como singulares. El eminente psicólogo americano Stanley Hall se ha tomado recientemente el trabajo de presentarnos toda la serie de estas fobias bajo nuevos nombres griegos, relación que semeja la de las plagas de Egipto, con la diferencia de que el número de las fobias excede considerablemente de diez. Oíd todo lo que puede llegar a objeto o contenido de una fobia: La obscuridad, el aire libre, los espacios descubiertos, los gatos, las arañas, las orugas, las serpientes, los ratones, las tormentas, las puntas agudas, la sangre, los espacios cerrados, las multitudes humanas, la soledad, el paso por puentes, las travesías por mar, los viajes en ferrocarril, etc., etc. Al intentar orientarnos en este caso, vemos la posibilidad de distinguir tres grupos. Algunos de estos objetos o situaciones tienen algo de siniestro incluso para nosotros los normales, pues nos recuerdan un peligro, razón por la cual no nos parecen incomprensibles las fobias correspondientes, aunque sí exagerada su intensidad. Así, experimentamos casi todos un sentimiento de repulsión a la vista de las serpientes, hasta el punto de que puede decirse que esta fobia es generalmente humana. Charles Darwin ha descrito de una manera impresionante la angustia, que aun hallándose protegido por un grueso cristal, experimentó a la vista de uno de estos reptiles que se dirigía hacia él. En un segundo grupo ordenamos los casos en los que existe todavía un peligro, pero tan lejano, que no acostumbramos normalmente a tenerlo en cuenta. Sabemos, en efecto, que un viaje en ferrocarril puede exponernos a accidentes que evitaríamos permaneciendo en casa, y sabemos que el barco en que vamos puede naufragar, pero no por ello dejamos de viajar sin experimentar angustia ni pensar siquiera en tales peligros. Es igualmente cierto que caeríamos al agua si el puente que cruzamos se hundiese en aquel momento, pero esto ocurre tan raras veces que semejante idea no tiene por qué preocuparnos. También la soledad trae consigo determinados peligros, y está justificado que procuremos evitarla en ciertas circunstancias, pero ello no quiere decir que no podamos, bajo ningún pretexto y en ninguna ocasión, soportarla un momento. Todo esto se aplica igualmente a las multitudes, a los espacios cerrados, a las tormentas, etc. Lo que en estas fobias de los neuróticos nos parece extraño no es tanto su contenido, sino su intensidad. La angustia que causan es absolutamente incoercible. A veces llegamos a sospechar que, aunque los neuróticos declaran provocada su angustia por objeto y situaciones que en determinadas circunstancias pueden motivar igualmente la del hombre normal, no son, en el fondo, tales objetos y situaciones a los que su angustia es imputable.

Queda todavía un tercer grupo de fobias que escapan por completo a nuestra comprensión. Cuando vemos a un hombre maduro y robusto experimentar angustia al tener que atravesar una calle o una plaza de su ciudad natal, cuyos más ocultos rincones le son familiares, o vemos a una mujer de apariencia normal dar muestras de un insensato terror porque un gato ha rozado la fimbria de su falda o ha visto cruzar un ratón ante su paso, ¿cómo podemos establecer una relación entre la angustia del sujeto y un peligro que sin embargo existe evidentemente para él? Por lo que respecta a las fobias que tienen por objeto determinados animales es indudable que no puede tratarse de una exageración de antipatías generalmente humanas, pues tenemos la prueba contraria en el hecho de que numerosas personas no pueden pasar al lado de un gato sin llamarle ni acariciarle. El ratón, tan temido por las mujeres, ha prestado su nombre a una expresión cariñosa muy corriente, y se da el caso de que una muchacha a la que encanta oírse llamar "mi querido ratoncito" por su novio, grita horrorizada en cuanto ve a uno de los graciosos animalitos de este nombre. Por lo que respecta a los individuos que experimentan la angustia de las calles y plazas, no hallamos otro medio de explicar su estado sino diciendo que se conducen como niños. La educación trata de hacer comprender al niño que tales situaciones constituyen un peligro para él por lo que no debe afrontarlas yendo sólo. De igual manera se conducen los agorafóbicos, que incapaces de atravesar sin compañía una calle, no experimentan la menor angustia cuando alguien cruza con ellos.

Las dos formas de angustia que acabamos de describir, esto es, la angustia de espera, libre de toda conexión, y la angustia asociada a las fobias, son independientes una de otra. No puede decirse que una de ellas represente una fase muy avanzada de la otra y sólo de un modo excepcional y como accidental aparecen alguna vez conjuntamente. El más intenso estado de angustia general no se manifiesta fatalmente por medio de fobias, y en cambio, personas cuya vida se halla envenenada por la agorafobia permanecen totalmente exentas de la angustia de espera, fuente de pesimismo. Se ha demostrado que determinadas fobias, tales como la del espacio, la del ferrocarril, etc., no se adquieren más que en la edad madura, constituyendo una grave enfermedad, mientras que otras, tales como la de la obscuridad, la de los animales y la de la tormenta, pueden existir desde los primeros años de la vida y pasan como singularidades o extravagancias del sujeto. Cuando un individuo presenta una fobia de este último grupo podemos sospechar justificadamente que posee todavía otras más del mismo género. Debo añadir que situamos todas estas fobias en el cuadro de la histeria de angustia, esto es, que las consideramos como enfermedades muy afines a la histeria de conversión.

La tercera forma de la angustia neurótica nos plantea un enigma presentando una absoluta carencia de relación entre la angustia y un peligro cuya amenaza la justifique. En la histeria, por ejemplo, acompaña esta angustia a los demás síntomas histéricos o surge en una excitación cualquiera que nos hacía esperar una manifestación afectiva, pero no la de la angustia. Por último, puede también producirse sin causa ninguna aparente y en una forma incomprensible tanto para nosotros como para el enfermo, constituyendo un acceso espontáneo y libre sin que exista peligro alguno o pretexto de peligro cuya exageración pudiera haberlo provocado. En el curso de estos accesos espontáneos comprobamos que el conjunto al que damos el nombre de estado de angustia es susceptible de disociación. El acceso puede ser reemplazado en su totalidad por un único, pero muy intenso síntoma —temblores, vértigos, palpitaciones u opresión—, faltando o apareciendo apenas marcado aquel sentimiento general característico de la angustia. Y, sin embargo, estos estados, a los que damos el nombre de "equivalentes de la angustia", deben ser asimilados a ella desde todos los puntos de vista tanto clínicos como etiológicos.

Surgen aquí dos interrogantes: ¿Existe un enlace cualquiera entre la angustia neurótica, en la que el peligro no desempeña papel ninguno o sólo mínimo, y la angustia real que es siempre y esencialmente una reacción a un peligro? Y ¿cómo hemos de comprender esta angustia neurótica? Quisiéramos ante todo salvar el principio de que cada vez que esta angustia se presenta debe de existir algo que la provoca.

La observación clínica nos proporciona un cierto número de elementos susceptibles de ayudarnos a comprender la angustia neurótica, elementos cuya significación quiero analizar ante vosotros.

a) No es difícil establecer que la angustia de espera o estado de angustia general depende íntimamente de ciertos procesos de la vida sexual, o más exactamente, de ciertas aplicaciones de la libido. El caso más sencillo e instructivo de este género es el de las personas que se exponen a una excitación frustrada, es decir, aquellas en las que violentas excitaciones sexuales no hallan una derivación suficiente, ni llegan a un término satisfactorio. Tal es, por ejemplo, el caso de los hombres durante los noviazgos y de las mujeres cuyos maridos no poseen una potencia sexual normal o abrevian o hacen abortar, por precaución, el acto sexual. En estas circunstancias, desaparece la excitación libidinosa para dejar paso a la angustia, tanto en la forma de angustia de espera, como en las de accesos o sus equivalentes. La interrupción del acto sexual, como medida preventiva del embarazo de la mujer, constituye, cuando se convierte en régimen sexual normal, una frecuentísima causa de neurosis de angustia, sobre todo en las mujeres, hasta el punto de que siempre que nos hallamos ante un caso de este género habremos de pensar, ante todo, en la posibilidad de una tal etiología. Procediendo así, tendremos numerosas ocasiones de comprobar que la neurosis de angustia desaparece en cuanto el sujeto renuncia a la restricción sexual.

La relación existente entre esta restricción y los estados de angustia ha sido reconocida incluso por médicos ajenos al psicoanálisis, pero también se ha intentado subvertirla alegando que las personas que la practican son precisamente aquellas que poseen una previa disposición a la angustia. Esta hipótesis queda, sin embargo, desmentida en forma categórica por la actitud de la mujer, cuya actuación sexual es de naturaleza esencialmente pasiva, siendo el hombre quien la determina y dirige. Cuanto más ardiente sea el temperamento de una mujer y sea esta, en consecuencia, más inclinada a las relaciones sexuales y más capaz de hallar en ellas una amplia satisfacción, más enérgicamente reaccionará al *coitus interruptus* por manifestaciones de angustia, reacción que no tendrá, en cambio, efecto en las mujeres atacadas de anestesia sexual o poco libidinosas.

La abstinencia sexual, tan calurosamente preconizada en nuestros días por los médicos, no favorece, naturalmente, la producción de estados de angustia más que en aquellos casos en los que la libido privada de derivación satisfactoria alcance un cierto grado de intensidad y no queda descargada en su mayor parte por la sublimación. El curso del estado patológico depende siempre de factores cuantitativos. Pero aun en aquellos casos en los que no se trata de una enfermedad, sino tan sólo del carácter personal del sujeto, observamos sin esfuerzo que la restricción sexual es propia de individuos de carácter indeciso y asustadizo, resultando incompatible, en cambio, con la intrepidez y la osadía. Por diversas que sean las restricciones y complicaciones que las numerosas influencias de la vida civilizada pueden imponer a estas relaciones entre el carácter y la vida sexual nunca deja de comprobarse que la angustia y la restricción sexual son directamente proporcionales.

No os he comunicado aún la totalidad de las observaciones que confirman esta relación entre la libido y la angustia. Entre ellas está la referente al influjo ejercido en la producción de las enfermedades caracterizadas por la angustia por aquellas fases de la vida que, como la pubertad y la menopausia, favorecen la exaltación de la libido. En ciertos estados de excitación puede también observarse directamente la combinación de angustia y de libido y la sustitución final de esta por aquella. De tales hechos sacamos una doble impresión: Ante todo, nos parece observar que se trata de una acumulación de libido cuyo curso normal es obstaculizado, y, en segundo lugar, que los procesos a los que asistimos son únicamente de naturaleza somática. En un principio no vemos cómo la angustia nace de la libido y sólo comprobamos que esta ha desaparecido y que su lugar ha sido ocupado por la angustia.

b) El análisis de las psiconeurosis, y más esencialmente el de la histeria, nos proporciona otra indicación importantísima. Sabemos ya que en esta enfermedad aparece con frecuencia la angustia acompañando a los síntomas, pero observamos también una angustia independiente de los mismos y que se manifiesta como un estado permanente o en forma de accesos. Los enfermos no saben decir por qué experimentan angustia, y a consecuencia de una elaboración secundaria fácil de observar, enlazan su estado a las fobias más corrientes, tales como las de la muerte, de la locura o de un ataque de apoplejía. Cuando analizamos la situación que ha engendrado la angustia o los síntomas a que acompaña, llegamos casi siempre a descubrir la corriente psíquica normal que no ha alcanzado su fin y ha sido reemplazada por el fenómeno de angustia. O para expresarnos de otra manera: Volvemos a construir el proceso inconsciente como si no hubiera sufrido una represión y hubiese proseguido sin obstáculo su desarrollo hasta llegar a la conciencia. Este proceso hubiera sido acompañado por un cierto estado afectivo y nos sorprende comprobar que este estado afectivo, concomitante a la evolución normal, es siempre sustituido, después de la represión, por angustia, cualquiera que sea su calidad propia. Así, pues, cuando nos hallamos en presencia de un estado de angustia histérica, tenemos derecho a suponer que su complemento inconsciente se halla constituido por un sentimiento de la misma naturaleza —angustia, vergüenza, confusión—, por una excitación positivamente libidinosa o por un sentimiento hostil y agresivo como el furor o la cólera. La angustia constituye, pues, la moneda corriente por la que se cambian o pueden cambiarse todas las excitaciones afectivas cuando su contenido de representaciones ha sucumbido a la represión.

c) Un tercer dato nos es proporcionado por el examen de aquellos enfermos que ejecutan actos obsesivos, enfermos a los que la angustia respeta en absoluto mientras obedecen a su obsesión. Pero cuando intentamos impedirle la realización de dichos actos —abluciones, ceremoniales, etc.—, o cuando por sí mismos se atreven a renunciar a ellos, experimentan una terrible angustia que los obliga a ceder de nuevo en su enfermedad. Comprendemos entonces que la angustia se hallaba disimulada detrás del acto obsesivo y que este no era llevado a cabo sino como un medio de sustraerse a ella. Así, pues, si la angustia no se manifiesta al exterior en la neurosis obsesiva es por haber sido reemplazada por los síntomas. En la histeria hallamos también una idéntica relación como resultado de la represión, apareciendo la angustia, aisladamente o acompañando a los síntomas, o produciéndose un conjunto de síntomas más completo y carente de angustia. Podemos, pues, decir de una manera abstracta que los síntomas no se forman sino para impedir el desarrollo de la angustia, que sin ellos sobrevendría inevitablemente. Esta concepción sitúa la angustia en el centro mismo del interés que nos inspiran los problemas relativos a las neurosis.

Nuestras observaciones sobre las neurosis de angustia nos llevaron a la conclusión de que la desviación de la libido de su aplicación normal, desviación que engendra la angustia, constituye el resultado final de procesos puramente somáticos. El análisis de la histeria y de las neurosis obsesivas nos ha permitido completar esta conclusión, mostrándonos que desviación y angustia pueden resultar igualmente de una negativa a intervenir de los factores psíquicos. A esto se reducen todos nuestros conocimientos sobre la génesis de la angustia neurótica, sin que veamos tampoco, por ahora, medio posible de ampliarlos.

Otro de los problemas que nos habíamos propuesto esclarecer, esto es, el de fijar las conexiones existentes entre la angustia neurótica resultante de una aplicación anormal de la libido y la angustia real que corresponde a una reacción a un peligro, parece aún más intrincado. Experimentamos la impresión de que se trata de cosas completamente heterogéneas, pero no poseemos medio alguno que nos permita distinguir en nuestra sensación estas dos angustias una de otra.

Sin embargo, tomando como punto de partida nuestra afirmación —tantas veces repetida— de la existencia de una oposición entre el *yo* y la libido, acabamos por descubrir la conexión buscada. Sabiendo que el desarrollo de angustia es la reacción del *yo* ante el peligro y constituye la señal para la fuga, nada puede impedirnos admitir, por analogía, que también en la angustia neurótica busca el *yo* escapar a las exigencias de la libido y se comporta con respecto a este peligro interior del mismo modo que si de un peligro exterior se tratase. Este punto de vista justificaría la conclusión de que siempre que existe angustia hay algo que la ha motivado, pero aún podemos llevar más allá el paralelo iniciado. Del mismo modo que la tendencia a huir ante un peligro exterior queda anulada por la decisión de hacerle frente y la adaptación de las necesarias medidas de defensa, así también es interrumpido el desarrollo de angustia por la formación de síntomas.

Pero el deseado esclarecimiento de las relaciones existentes entre la angustia y los síntomas tropieza ahora con una nueva dificultad. La angustia, que significa una huida del *yo* ante su libido, es, no obstante, engendrada por esta última. Este hecho, que dista mucho de ser evidente, es, sin embargo, real, y nos recuerda la necesidad de no olvidar que la libido de una persona es algo inherente a la misma y no puede oponerse a ella como un factor externo. Lo que aún permanece obscuro para nosotros es la dinámica tópica del desarrollo de la angustia, o sea, la cuestión de saber cuáles son las energías psíquicas gastadas en estas ocasiones y cuáles los sistemas psíquicos de que provienen. No me es posible prometeros una solución definitiva de estas interrogantes, pero llamando en auxilio de nuestra labor especulativa a la observación directa y a la investigación psicoanalítica, procederemos al examen de dos interesantes cuestiones susceptibles de proporcionarnos algún esclarecimiento: la génesis de la angustia en los niños y la procedencia de la angustia neurótica asociada a las fobias.

La angustia infantil es algo muy frecuente, resultando harto difícil diagnosticar si se trata de angustia neurótica o real y quedando incluso anulado el valor de esta diferenciación por la actitud del niño. No nos asombra, en efecto, que el niño experimente angustia al hallarse ante personas, situaciones y objetos que le son desconocidos y nos explicamos esta reacción por su debilidad y su ignorancia. Le atribuimos, pues, una intensa tendencia a la angustia real, tendencia que no tendríamos inconveniente en considerar como innata, a título de predisposición hereditaria. Siendo así, no haría el niño sino reproducir la actitud del hombre primitivo que, por su ignorancia y falta de medios de defensa, hubo de experimentar angustias ante todo aquello que resultaba nuevo para él. Aún hoy en día hallamos esta actitud en los salvajes, a los cuales inspiran el más profundo terror cosas familiares ya para el hombre civilizado e incapaces de provocar en él la menor angustia. No nos extrañaría, por lo tanto, descubrir que por lo menos una parte de las fobias infantiles son idénticas a las que podemos suponer que padecía el hombre primitivo.

Por otro lado, no podemos menos de advertir que no todos los niños se hallan sujetos a la angustia en la misma medida y que aquellos que manifiestan una angustia particular ante toda clase de objetos y de situaciones son precisamente los futuros neuróticos. La disposición neurótica se traduce, pues, también, en una tendencia acentuada a la angustia real, mostrándose la angustia como el estado primario e imponiéndose la conclusión de que si el niño, y más tarde el adulto, experimentan angustia ante la intensidad de su libido es por hallarse predispuesto a angustiarse por todo. Esta conclusión nos llevaría a negar que la angustia pueda ser un producto de la libido, y tomándola como punto de partida de una investigación de las condiciones de la angustia real, llegaríamos a la teoría de que la causa primera de la neurosis no es otra que la conciencia de la propia debilidad e impotencia —o el sentimiento de minusvalía, según término de A. Adler— cuando esta conciencia persiste en el sujeto más allá de la época infantil.

Todo el razonamiento que antecede parece tan sencillo como atractivo, mas su único resultado sería el de desplazar el enigma de la nerviosidad. La persistencia del sentimiento de minusvalía, y por consiguiente de la condición de la angustia y de la formación de síntomas, nos parece algo tan seguro e inevitable que, si aceptásemos la teoría antes expuesta, lo enigmático y necesitado de explicación no sería la nerviosidad, sino lo que consideramos como estado de salud normal. Pero la observación directa de la angustia infantil nos revela que, al principio, sólo la presencia de personas extrañas es susceptible de provocar este estado en el niño, el cual no experimenta, en cambio, sensación angustiosa ninguna en situaciones en las que tales personas no intervienen. Por lo que respecta a los objetos, únicamente más tarde comienzan a ser susceptibles de provocar dicha sensación en el infantil sujeto. Pero si el niño experimenta angustia a la vista de personas extrañas, no es porque les atribuya malas intenciones ni porque, comparando su propia debilidad a la potencia de las mismas, vea en ellas un peligro para su existencia, su seguridad y su euforia. Este tipo del niño desconfiado, que vive con el constante temor de una agresión, y al que todo parece hostil, no pasa de ser una equivocada construcción teórica. Es mucho más exacto afirmar que si el niño se asusta a la vista de rostros extraños es porque espera siempre ver el de su madre, persona familiar y amada, y la tristeza y decepción que experimenta se transforman en angustia. Trátase, pues, de una libido que se hace inutilizable, y que no pudiendo ser mantenida en suspensión halla su derivación en la angustia. No constituye, ciertamente, una casualidad el que en esta situación característica de la angustia infantil se encuentre reproducida la condición del primer estado, o sea, a la separación de la madre.

Las primeras fobias de situaciones que observamos en el niño son las que se refieren a la obscuridad y la soledad. La primera persiste a veces durante toda la vida, y la ausencia de la persona amada que cuida al niño, de la madre, es común a ambas. Un niño, angustiado por hallarse en la obscuridad, se dirige a su tía, que se encuentra en una habitación vecina, y le dice: "Tía, háblame, tengo miedo". "¿Y de qué te sirve que te hable si de todas maneras no me ves?" "Hay más luz cuando alguien habla", responde el niño. La tristeza que se experimenta en la obscuridad se transforma de este modo en angustia ante la esta misma. Por lo tanto, resulta inexacto afirmar que la angustia neurótica es un fenómeno secundario y un caso especial de la angustia real, pues la observación directa del niño nos muestra algo que, conduciéndose como angustia real, tiene con la angustia neurótica un esencialísimo rasgo común: la procedencia de una libido no empleada. El niño no parece hallarse sujeto a la verdadera angustia real sino en un mínimo grado. En todas las situaciones que pueden convertirse más tarde en condiciones de fobias, tales como la altura, el viaje en ferrocarril o en barco, etc., no manifiesta el niño angustia ninguna, hallándose tanto más protegido contra ella, cuanto mayor es su ignorancia. Hubiera sido deseable que hubiese recibido en herencia un mayor número de instintos de preservación de la vida, pues ello facilitaría extraordinariamente la labor de las personas encargadas de vigilarle e impedirle exponerse a peligros sucesivos. Pero en realidad el niño comienza por tener de sus fuerzas una idea exagerada, y se conduce sin experimentar angustia, porque ignora el peligro. Corre al borde del agua, sube a las balaustradas de las ventanas, juega con objetos cortantes y con fuego, esto es, hace todo aquello que puede perjudicarle y preocupar a los que lo rodean. Sólo a fuerza de educación acaban los adultos por despertar en el niño la angustia real, pues naturalmente no puede permitirse que se instruya por experiencia personal.

Si hay niños que han experimentado la influencia de esta educación por la angustia en una medida tal que acaban por encontrar, por sí mismos, peligros de los que no se les ha hablado y contra los que no se les había puesto en guardia, ello depende de que su constitución trae consigo una necesidad libidinosa más pronunciada o de que desde muy temprano han contraído malas costumbres en lo que concierne a la satisfacción libidinosa. Nada de extraño tiene que estos niños lleguen a ser más tarde neuróticos, pues como ya sabemos, lo que más facilita el nacimiento de una neurosis es la incapacidad de soportar, durante un período de tiempo más o menos largo, una considerable represión de la libido. Observaréis que en estas consideraciones reconoceremos toda la importancia del factor constitucional, importancia que, por otra parte, jamás hemos discutido. A lo que sí nos oponemos es a que se prescinda de los restantes factores, atendiendo únicamente al constitucional, o a que se sitúe a este en primer término en aquellos casos en los que tanto la observación directa como el análisis demuestran que carecen de toda intervención o no desempeña sino un secundario papel.

Así, pues, la observación directa del estado de angustia en los niños nos ha llevado a las siguientes conclusiones: La angustia infantil no tiene casi ningún punto de contacto con la angustia real y se aproxima, por el contrario, considerablemente a la angustia neurótica de los adultos. Como ésta, debe su origen a la libido no empleada y sustituye el objeto erótico de que carece por un objeto o una situación exteriores.

El análisis de las fobias no nos descubre ya grandes novedades, pues su desarrollo es idéntico al de la angustia infantil. La libido no empleada sufre en ellas una incesante transformación en angustia real aparente y el más mínimo peligro queda así capacitado para constituirse en sustitutivo de las exigencias libidinosas. Esta concordancia entre las fobias y la angustia infantil no puede ya sorprendernos, pues las fobias infantiles no son únicamente el prototipo de aquellas otras más tardías que incluimos en el cuadro de la histeria de angustia, sino también su condición directa previa y su estado preliminar. Toda fobia histérica se remonta a una angustia infantil y la continua aun cuando posea distinto contenido y deba, por lo tanto, recibir una diferente denominación. Las dos enfermedades no difieren entre sí más que desde el punto de vista del mecanismo. En el adulto no basta, para que la angustia se transforme en libido, el que esta permanezca momentáneamente no empleada, pues el adulto ha aprendido hace ya mucho tiempo a mantener su libido en suspensión o a darle distinto empleo. Pero cuando la libido forma parte de un proceso psíquico que ha sucumbido a la represión reaparecen las circunstancias dadas anteriormente en el niño, el cual no sabía aún establecer diferencia alguna entre lo consciente y lo inconsciente, y esta regresión hacia la fobia infantil proporciona a la libido un medio cómodo de transformarse en angustia. Recordáis, sin duda, cuán ampliamente hemos tratado en estas conferencias sobre la represión; pero nuestra labor sobre esta materia se ha dirigido siempre a perseguir los destinos de las representaciones que a dicho proceso sucumbían, por ser este punto el más fácil de dilucidar y exponer. En cambio, hemos dejado siempre a un lado lo referente a la suerte corrida por el estado afectivo asociado a la representación reprimida y solamente ahora averiguamos que el primer destino de este estado afectivo consiste en sufrir la transformación en angustia, cualquiera que hubiese podido ser su cualidad en condiciones normales. Esta transformación del estado efectivo constituye la parte más importante del proceso de represión, pero también la más difícil de elucidar, dado que no podemos afirmar la existencia de estados afectivos inconscientes del mismo modo que afirmamos la de representaciones de este orden. Las representaciones permanecen idénticas a sí mismas sean o no conscientes y podemos muy bien indicar lo que corresponde a una representación inconsciente. Pero un estado afectivo es un proceso de descarga y debe ser juzgado de muy distinta manera que una representación. Sin haber analizado y elucidado a fondo nuestras premisas relativas a los procesos psíquicos no nos es posible indicar qué es lo que en lo inconsciente corresponde al estado afectivo. Es esa, además, una labor que no podemos emprender aquí, pero, por lo pronto, mantendremos nuestra hipótesis de que el desarrollo de la angustia se halla íntimamente enlazado al sistema de lo inconsciente.

Os indiqué antes que la transformación de angustia, o más exactamente, la descarga bajo la forma de angustia, constituye el primero de los destinos reservados de la libido reprimida, y debo ahora añadir que no es este ni su único destino, ni su destino definitivo. En el curso de las neurosis, aparecen procesos que tienden a obstaculizar este desarrollo de la angustia y lo logran de diferentes modos. En las fobias, por ejemplo, se distinguen claramente dos fases del proceso neurótico. La primera es la de la represión de la libido y su transformación en angustia, fase que queda ligada a un peligro exterior. Durante la segunda se van constituyendo todos los medios de defensa destinados a impedir un contacto con este peligro, que queda tratado como un hecho exterior. La represión corresponde a una tendencia de fuga del *yo* ante la libido, considerada como un peligro a la fuga. Por su parte, la fobia viene a constituir una especie de defensa contra el peligro exterior que reemplaza ahora a la temida libido. La falta de resistencia del sistema de defensa empleado en las fobias depende de que la fortaleza, inexpugnable desde el exterior, no lo es, en cambio, desde el interior. La proyección al exterior del peligro representado por la libido no puede jamás conseguirse de una manera perfecta, y por esta razón existen en las demás neurosis otros sistemas de defensa contra el posible desarrollo de la angustia. Es este un capítulo muy interesante de la psicología de la neurosis, pero desgraciadamente no podemos abordarlo en estas lecciones, pues además de que nos llevaría muy lejos se trata de materias cuya comprensión exige conocimientos especiales muy profundos. Por lo tanto, me limitaré a añadir a lo ya expuesto una única observación. Os he hablado de una contracarga a la que el *yo* recurre en los casos de represión, contracarga que se halla obligada a mantener sin solución de continuidad para que la represión perdure. Pues bien; esta misma defensa es la que tiene a su cargo la creación de los diversos medios de protección contra el desarrollo de angustia subsiguiente al proceso represor.

Pero volvamos a las fobias. Creo haberos demostrado que, interesándonos tan sólo por su contenido y limitándonos a investigar por qué un objeto o una situación llegan a convertirse en objeto de una fobia, no nos es posible llegar más que a un deficientísimo conocimiento de estos singulares fenómenos. El contenido de una fobia es a la misma, aproximadamente, lo que al sueño su fachada manifiesta. Bajo determinadas reservas, podemos admitir que entre tales contenidos existen algunos que, como lo ha demostrado Stanley Hall, se hallan capacitados desde luego, por herencia filogénica, para convertirse en objeto de angustia, hipótesis confirmada por el hecho de que muchos de estos objetos no presentan con el peligro sino relaciones puramente simbólicas.

Las consideraciones que anteceden nos han revelado la esencial importancia que en la psicología de la neurosis presenta el problema de la angustia y nos han mostrado la estrecha relación existente entre el desarrollo de angustia, la libido y el sistema de lo inconsciente. Sólo una laguna observamos aún en nuestra teoría: la relativa al hecho —difícilmente contestable— de tener que admitir la angustia real como una manifestación de los instintos de conservación del *yo*.

XXVI
La teoría de la libido y el narcisismo

Varias veces, la última en ocasión muy reciente, hemos tenido que ocuparnos de la diferenciación entre las tendencias del *yo* y las tendencias sexuales. Ya en un principio nos demostró la represión que tales dos clases de tendencias podían entrar en conflicto y que a consecuencia del mismo quedaban derrotadas las sexuales y obligadas a emprender rodeos regresivos para alcanzar una satisfacción compensadora de su derrota. Hemos visto después que ambos grupos de tendencias se comportan distintamente ante la necesidad, gran educadora, y siguen, por lo tanto, distintos caminos en su desarrollo, mostrando, asimismo, muy distintas relaciones con el principio de la realidad. Por último, creemos observar que las tendencia sexuales poseen una más íntima conexión que las del *yo* con el estado afectivo de angustia, observación que aparece robustecida por la interesantísima circunstancia de que la no satisfacción del hambre y de la sed, los dos más elementales instintos de conservación, no trae jamás consigo la transformación de dichos instintos en angustia, mientras que, como ya sabemos, la transformación en angustia de la libido insatisfecha es uno de los fenómenos más conocidos y frecuentemente observados.

Nuestro derecho a establecer una distinción entre las tendencias del *yo* y las tendencias sexuales es en absoluto incontestable, pues nace de la existencia misma del instinto sexual como actividad particular del individuo. La única interrogante que podría planteársenos sería la referente a la importancia que a dicha diferenciación atribuimos, pero a esta interrogante no podemos responder hasta después de haber establecido las diferencias que en sus manifestaciones somáticas y psíquicas muestran las tendencias sexuales con respecto a los demás instintos que a ellos oponemos y haber fijado la importancia de los efectos que de dichas diferencias se derivan. Naturalmente, no poseemos base alguna para afirmar que entre ambos grupos de tendencias exista una diferencia de naturaleza. Tanto uno como otro designan fuentes de energía del individuo, y la cuestión es saber si estos dos grupos no forman en el fondo más que uno —y en este caso cuándo ha tenido efecto la separación que ahora advertimos—, o son por el contrario de esencia en absoluto diferente; esta cuestión, repetimos, no puede basarse en nociones abstractas, sino en hechos biológicos. Pero sobre este punto concreto poseemos conocimientos aún muy insuficientes, y aunque lográramos ampliarlos, ello no habría de fomentar en gran medida nuestra labor analítica.

Tampoco ganaríamos nada acentuando —como lo hace Jung— la primitiva unidad de todos los instintos y dando el nombre de "libido" a la energía que se manifiesta en cada uno de ellos, pues dada la imposibilidad de eliminar de la vida psíquica la función sexual, nos veríamos obligados a hablar de una libido sexual y de una libido asexual, desnaturalizando así el término "libido", que, como lo hemos hecho hasta ahora, debe ser reservado a las tendencias sexuales.

Opino, pues, que la cuestión de saber hasta qué punto conviene llevar la separación entre tendencias sexuales y tendencias derivadas del instinto de conservación no presenta significación ninguna para el psicoanálisis, el cual carece además de competencia para resolverla. En cambio, la biología nos proporciona ciertos datos que permiten atribuir a dicha dualidad una profunda importancia. La sexualidad es, en efecto, la única de las funciones del organismo animado que, traspasando los límites individuales, asegura el enlace del individuo con la especie. Es indudable que el ejercicio de esta función no resulta siempre, como el de las restantes, útil y provechoso para el sujeto, sino que, por el contrario, le expone, a cambio del extraordinario placer que puede procurarle, a graves peligros, fatales a veces para su existencia. Además, creemos muy probable que para la transmisión de una parte de la vida individual a individuos posteriores, a título de disposición, sean necesarios especialísimos procesos metabólicos. Por último, el ser individual, para el que lo primero y más importante es su propia persona, y que no ve en su sexualidad sino un medio de satisfacción, como tantos otros, no es desde el punto de vista biológico sino un episodio aislado dentro de una serie de generaciones, una efímera excrecencia de un protoplasma virtualmente inmortal y el usufructuario de un fideicomiso destinado a sobrevivirle.

Para la explicación psicoanalítica de las neurosis no tienen, sin embargo, utilidad ninguna estas consideraciones de tan gran alcance. El examen separado de las tendencias sexuales y de las tendencias del *yo* nos ha permitido llegar a la comprensión de las neurosis de transferencia, afecciones que hemos podido reducir al conflicto entre las tendencias sexuales y los derivados del instinto de conservación, o para expresarnos en términos biológicos, aunque menos precisos, al conflicto entre el *yo* como ser individual e independiente, y el *yo* considerado como miembro de una serie de generaciones. Es de creer que este desdoblamiento no existe sino en el hombre, siendo este, por lo tanto, el único ser que ofrece un terreno abonado a la neurosis. El desarrollo excesivo de su libido y la riqueza y variedad que a consecuencia del mismo presenta su vida psíquica parecen haber creado las condiciones del conflicto a que nos referimos, condiciones que evidentemente son también las que han permitido al hombre elevarse sobre el nivel animal. Resulta, por lo tanto, que nuestra predisposición a la neurosis no es sino el reverso de nuestros dones puramente humanos.

Pero dejemos aquí estas especulaciones que no pueden sino alejarnos de lo que constituye nuestra labor inmediata.

La posibilidad de distinguir por sus manifestaciones las tendencias del *yo* y las sexuales constituyó el punto de partida de nuestra labor investigadora. En las neurosis de transferencia pudimos llevar a cabo esta diferenciación sin dificultad alguna. Dimos el nombre de *libido* a los revestimientos de energía que el *yo* destaca hacia a los objetos de sus tendencias sexuales y el de *interés* a todos los demás que emanan de los instintos de conservación. Persiguiendo todos los revestimientos libidinosos a través de sus transformaciones, hasta su destino final, pudimos adquirir una primera noción del funcionamiento de las fuerzas psíquicas. Las neurosis de transferencia nos ofrecieron un excelente material de estudio. Pero el mismo *yo*, con su naturaleza compuesta de diferentes organizaciones, su estructura y su funcionamiento, permaneció oculto a nuestros ojos, quedándonos únicamente la esperanza de que el análisis de otras perturbaciones neuróticas pudiese proporcionarnos algunos datos sobre estas cuestiones.

Hace ya largo tiempo que comenzamos a extender nuestras teorías psicoanalíticas a tales afecciones neuróticas, distintas de la neurosis de transferencia. Así, formuló K. Abraham en 1908, después de un intercambio de ideas conmigo, el principio de que el carácter esencial de la demencia precoz (situada entre las psicosis) consiste en la *ausencia de revestimiento libidinoso de los objetos.* "Las diferencias psicosexuales entre la histeria y la demencia precoz". Suscitada después la cuestión de cuáles podían ser los destinos de la libido de los dementes, desviada de todo objeto, la resolvió Abraham afirmando que dicha libido se retraía al *yo*, siendo este retorno reflejo la fuente de la manía de grandezas de la demencia precoz, manía de grandezas que puede compararse a la supervaloración que la vida erótica recae sobre el objeto. Resulta, pues, que la comparación con la vida erótica normal fue lo que por vez primera nos condujo a la inteligencia de un rasgo de una psicosis.

Estas primeras concepciones de Abraham se han mantenido intactas en el psicoanálisis y han pasado a constituir la base de nuestra actitud con respecto a la psicosis. Poco a poco nos hemos ido familiarizando con la idea de que la libido que hallamos adherida a los objetos, y que es la expresión de una tendencia a obtener una satisfacción por medio de los mismos, puede también abandonarlos y reemplazarlos por el *yo*. La palabra *narcisismo*, que empleamos para designar este desplazamiento de la libido, la hemos tomado de Paul Näcke, autor que da este nombre a una perversión en la que el individuo muestra para su propio cuerpo la ternura que normalmente reservamos para un objeto exterior.

Continuando el desarrollo de esta concepción, nos dijimos que una tal capacidad de la libido para fijarse al propio cuerpo y a la propia persona del sujeto en lugar de ligarse a un objeto exterior no puede constituir un suceso excepcional e insignificante, siendo, más bien, probable que el narcisismo sea el estado general y primitivo del que ulteriormente, y sin que ello implique su desaparición, surge el amor a objetos exteriores. Además, por nuestro conocimiento del desarrollo de la libido objetiva sabemos que muchas tendencias sexuales reciben al principio una satisfacción que denominamos autoerótica, esto es, una satisfacción cuya fuente es el cuerpo mismo del sujeto, siendo precisamente esta aptitud para el autoerotismo lo que explica el retraso con que la sexualidad se adapta al principio de la realidad inculcado por la educación. Resulta, pues, que el autoerotismo es la actividad sexual de la fase narcisista de la fijación de la libido.

De este modo, llegamos a formarnos de las relaciones entre la libido del *yo* y la libido objetiva una idea que puedo haceros fácilmente comprensible por medio de una comparación con la Zoología. Como sabéis, existen seres vivos elementales que no son sino una esferilla de sustancia protoplásmica apenas diferenciada. Estos seres emiten prolongaciones llamadas seudópodos en los que irrigan su sustancia vital, pero pueden también retirar estas prolongaciones y enrollarse de nuevo en una bola. Ahora bien, nosotros asimilamos la emisión de prolongaciones a la afluencia de la libido a los objetos, mientras que su masa principal permanece en el *yo*, y admitimos que en circunstancias normales la libido del *yo* se transforma con facilidad en libido objetiva e inversamente.

Con ayuda de estas representaciones nos es posible explicar, o por lo menos describir en el lenguaje de la teoría de la libido, un gran número de estados psíquicos que deben ser considerados como una parte de la vida normal, estados tales como la conducta psíquica durante el enamoramiento, las enfermedades orgánicas y el reposo nocturno. Con respecto a este último, admitimos que se basaba en un aislamiento con relación al mundo exterior y en la subordinación al deseo de dormir y descubrimos que todas las actividades psíquicas nocturnas que se manifiestan en el fenómeno onírico se hallan al servicio de dicho deseo y son determinadas y dominadas por móviles egoístas. Situándonos ahora en el punto de vista de la teoría de la libido, deducimos que el dormir es un estado en el que todas las energías libidinosas y egoístas ligadas a los objetos se retiran de ellos y vuelven al *yo*, hipótesis que arroja clara luz sobre el bienestar procurado por el sueño y sobre la naturaleza de la fatiga. El cuadro del feliz aislamiento de la vida intrauterina, cuadro que el durmiente evoca ante nuestros ojos cada noche, se encuentra así completado desde el punto de vista psíquico. En el durmiente aparece reproducido el primitivo estado de distribución de la libido, esto es, el narcisismo absoluto, estado en el que la libido y el interés del *yo*, unidos e indiferenciables, existen en el mismo *yo*, que se basta a sí mismo.

Surgen en este punto dos nuevas observaciones. En primer lugar: ¿Cómo diferenciar los conceptos *narcisismo* y *egoísmo*? A mi juicio, el primero es el complemento libidinoso del segundo. Al hablar de egoísmo no pensamos sino en lo que es útil para el individuo. En cambio, cuando nos referimos al narcisismo incluimos la satisfacción libidinosa. Prácticamente, esta distinción entre el narcisismo y egoísmo puede llevarse muy lejos. Se puede ser absolutamente egoísta sin dejar por ello de ligar grandes cantidades de energía libidinosa a determinados objetos, en tanto en cuanto la satisfacción libidinosa procurada por los mismos constituye una de las necesidades del *yo*. El egoísmo cuidará entonces de que la persecución de estos objetos no perjudique al *yo*. Así mismo, podemos ser egoístas y presentar simultáneamente un grado muy pronunciado de narcisismo, esto es, una mínima necesidad de objetos, sea desde el punto de vista de la satisfacción sexual directa, sea en lo que concierne a aquellas tendencias derivadas de la necesidad sexual que acostumbramos oponer, en calidad de amor, a la sensualidad pura. En todas estas circunstancias, el egoísmo se nos muestra como el elemento indiscutible y constante, y, en cambio, el narcisismo como el elemento variable. Lo contrario del egoísmo, o sea, el *altruismo*, lejos de coincidir con la subordinación de los objetos a la libido, se distingue por la ausencia total de la persecución de satisfacciones sexuales. Solamente en el amor absoluto coincide el altruismo con la concentración de la libido sobre el objeto sexual. Este atrae generalmente así una parte del narcisismo, circunstancia en la que se manifiesta aquello que podemos denominar "supervaloración sexual" del objeto. Si a esto se añade aún la transfusión altruista del egoísmo al objeto sexual, se hace este omnipotente y podemos decir que ha absorbido al *yo*. La segunda de las observaciones a que antes hube de referirme constituye un complemento de la teoría del sueño. No podremos explicarnos la génesis del mismo si no admitimos que lo inconsciente reprimido se ha hecho hasta cierto punto independiente del *yo*, no sometiéndose ya al deseo de dormir y manteniendo sus revestimientos propios aun en aquellos casos en que todos los demás revestimientos de objeto dependientes del *yo* quedan acaparados en provecho del reposo en la medida misma en la que se hallan ligados a los objetos. Sólo así nos es posible comprender que este inconsciente pueda aprovechar la supresión o la disminución nocturna de la censura y apoderarse de los restos diurnos para constituir, con los materiales que los mismos le proporcionan, un prohibido deseo onírico. Por otro lado, puede ser que los restos diurnos deban, por lo menos en parte, su poder de resistencia contra la libido acaparada por el reposo a la circunstancia de hallarse ya previamente en relación con lo inconsciente reprimido. Es este un importante carácter dinámico que habremos de introducir *a posteriori* en nuestra concepción de la formación de los sueños.

Una afección orgánica, una irritación dolorosa o una inflamación de un órgano crea un estado a consecuencia del cual queda la libido desligada de sus objetos y retorna al *yo*, manifestándose como un revestimiento reforzado del órgano enfermo. Podemos incluso arriesgar la afirmación de que, en estas condiciones, el desligamiento de la libido de sus objetos es aún más evidente que el del interés egoísta con respecto al mundo exterior. Esta circunstancia nos aproxima a la inteligencia de la hipocondría, afección en la que un órgano preocupa igualmente al *yo* sin que advirtamos en él enfermedad ninguna. Pero quiero resistir a la tentación de adentrarme más por este camino y analizar otras distintas situaciones que las hipótesis del retorno de la libido objetiva al *yo* podrían hacernos inteligibles, pues me parece más urgente rebatir dos objeciones que sin duda han surgido en vuestra imaginación. Deseáis saber, en primer término, por qué al hablar de sueño, de la enfermedad y de otras situaciones análogas, establezco siempre una distinción entre libido e interés, o sea, entre las tendencias sexuales y las del *yo*, cuando para interpretar las observaciones realizadas basta admitir la existencia de una sola y única energía que pudiendo desplazarse libremente se enlaza tan pronto al objeto como al *yo* y entra al servicio de toda clase de tendencias. En segundo lugar, extrañáis oírme considerar como fuente de un estado patológico el desligamiento de la libido del objeto, siendo así que estas transformaciones de la libido objetiva en libido del *yo*, o más generalmente en energía del *yo*, forman parte de los procesos normales de la dinámica psíquica, procesos que se reproducen cotidiana y nocturnamente.

Vuestra primera objeción posee una apariencia de verdad. El examen de los estados de reposo, de enfermedad y de enamoramiento no nos hubiera conducido nunca, por sí solos, a la distinción entre una libido del *yo* y una libido objetiva, o entre la libido y el interés. Pero olvidáis las investigaciones que nos sirvieron de punto de partida y a cuya luz consideramos ahora las situaciones psíquicas de que se trata. El examen del conflicto del que nacen las neurosis de transferencia es lo que nos ha enseñado a distinguir entre libido e interés y, por consiguiente, entre las tendencias sexuales y las tendencias de conservación, siéndonos ya imposible renunciar a tal diferenciación. La hipótesis de que la libido objetiva puede transformarse en libido del *yo*, y, por lo tanto, la necesidad de contar con una libido del *yo*, nos ha parecido la única explicación verosímil del enigma de las neurosis llamadas narcisistas —por ejemplo, la demencia precoz— y de las semejanzas y diferencias que existen entre estas neurosis, la histeria y la obsesión. Nuestra labor actual se limita a aplicar a la enfermedad, al dormir y al enamoramiento aquello que en otras investigaciones hemos confirmado de un modo irrefutable. Vamos, pues, a proseguir estas aplicaciones con el fin de ver hasta dónde puede llevarnos. La única proposición que no se deriva directamente de nuestra experiencia analítica es la de que la libido permanece siempre idéntica a sí misma, se aplique a los objetos o al propio *yo* del sujeto, no pudiendo jamás transformarse en interés egoísta. Lo mismo puede decirse de este último, pero esta afirmación equivale a la distinción, sometida ya por nosotros a un riguroso examen crítico, entre las tendencias sexuales y las tendencias del *yo*, distinción que por razones de heurística nos hemos decidido a mantener hasta que podamos refutarla.

Vuestra segunda objeción es igualmente justa, pero se halla erróneamente orientada. Sin duda, el retorno hacia el *yo* de la libido desligada de los objetos no es directamente patógeno, pues vemos producirse este fenómeno siempre antes del sueño y seguir una marcha inversa después de despertar. El animálculo protoplásmico esconde sus prolongaciones para sacarlas de nuevo en la primera ocasión, pero cuando un determinado proceso, muy enérgico, obliga a la libido a abandonar los objetos, nos hallamos ante un caso muy distinto. La libido, devenida narcisista, no puede ya encontrar de nuevo el camino que conduce a los objetos y esta disminución de su movilidad es lo que resulta patógeno. Diríase que la acumulación de la libido narcisista no puede ser soportada por el sujeto sino hasta un determinado nivel y podemos además suponer que si la libido acude a revestir objetos es porque el *yo* ve en ello un medio de evitar los efectos patológicos que produciría un estancamiento de la misma. Si en nuestras intenciones entrase la de ocuparnos más en detalle de la demencia precoz, os mostraría que el proceso, a consecuencia del cual la libido, desligada de los objetos, halla obstruido el camino cuando quiere volver a ellos, se aproxima al de represión y puede ser considerado como paralelo al mismo, siendo casi idénticas sus condiciones. En ambos procesos parece existir el mismo conflicto entre las mismas fuerzas y si el resultado es distinto al que, por ejemplo, observamos en la histeria, ello no puede depender sino de una diferencia en la disposición del sujeto. En los enfermos de los que aquí nos ocupamos, el punto débil del desarrollo de la libido corresponde a otra fase y la fijación decisiva, que, como os indiqué en lecciones anteriores, es condición de la formación de síntomas, queda también desplazada, situándose probablemente en la fase del narcisismo primitivo, al que la demencia precoz retorna en su estadio final.

Resulta harto singular que nos veamos obligados a admitir, para la libido de todas las neurosis narcisistas, puntos de fijación correspondientes a fases evolutivas mucho más precoces que en la histeria o en la neurosis obsesiva. Pero ya os expuse que las nociones que hemos adquirido en nuestro estudio de las neurosis de transferencia nos permiten orientarnos también en las neurosis narcisistas, mucho más graves desde el punto de vista práctico. Ambas afecciones poseen numerosos rasgos comunes, hasta el punto de que podemos afirmar que, en el fondo, se trata de una sola fenomenología. Así, pues, os daréis fácilmente cuenta de las dificultades con que tienen que tropezar aquellos que emprenden la explicación de estas enfermedades, ajenas ya a los dominios de la psiquiatría, sin llevar a este trabajo un conocimiento analítico de las neurosis de transferencia.

El cuadro sintomático —muy variable— de la demencia precoz no se compone únicamente de los síntomas derivados del desligamiento de la libido de sus objetos y de su acumulación en el *yo* como libido narcisista. Una gran parte de él se halla constituida por otros fenómenos relativos a los esfuerzos de la libido por retornar a los objetos y correspondientes por lo tanto a una tentativa de restablecimiento o curación. Estos últimos síntomas son incluso los más evidentes e inoportunos. En ocasiones, presentan una incontestable semejanza con los de la histeria y más rara con los de la neurosis obsesiva, pero su naturaleza es diferente a la de unos y otros. En la demencia precoz parece como si en sus esfuerzos por retornar a los objetos, esto es, a las imágenes de los objetos, consiguiese la libido volver a adherirse a ellos, pero en realidad lo único que de ellos logra aprehender es una vana sombra, es decir, las representaciones verbales que les corresponden. No puedo extenderme más sobre esta materia, pero estimo que esta conducta de la libido en sus aspiraciones de retorno al objeto es lo que nos permite darnos cuenta de la verdadera diferencia que existe entre una representación consciente y una representación inconsciente.

Con las consideraciones que preceden os he introducido en el dominio en el que la labor analítica está llamada a realizar sus próximos progresos. Desde que nos hemos familiarizado con el manejo de la noción de *libido del yo*, se nos han hecho accesibles las neurosis narcisistas y se nos ha planteado la labor de hallar una explicación dinámica de estas enfermedades, completando al mismo tiempo nuestro conocimiento de la vida psíquica por una más profunda comprensión del *yo*. La psicología del *yo* que intentamos edificar no debe basarse sobre los datos de nuestra introspección, sino, como la teoría de la libido, sobre el análisis de las perturbaciones y disociaciones del *yo*. De todos modos, es posible que cuando hayamos terminado esta labor, quede disminuido a nuestros ojos el valor de los conocimientos que sobre los destinos de la libido nos ha proporcionado el estudio de las neurosis de transferencia. A las neurosis narcisistas no podemos aplicar la técnica que tan excelentes resultados nos dio en las de transferencia y voy a deciros el por qué inmediatamente. Siempre que intentamos adentrarnos en el estudio de tales neurosis vemos alzarse ante nosotros un muro que nos cierra el paso. En las neurosis de transferencia recordaréis que tropezamos también con resistencias, pero pudimos ir dominándolas poco a poco. En cambio, en las neurosis narcisistas la resistencia resulta invencible y lo más que podemos hacer es echar una mirada por encima del muro que nos detiene, y espiar lo que al otro lado del mismo sucede. Nuestros métodos técnicos usuales deben, pues, ser reemplazados por otros, pero ignoramos todavía si nos será posible operar esta sustitución. Cierto es que en lo que a estos enfermos respecta no carecemos de materiales que someter a investigación, pues manifiestan su estado de muy variadas maneras, aunque no sea siempre bajo la forma de respuestas a nuestros interrogatorios, en cuyo caso nos vemos reducidos a interpretar tales manifestaciones con ayuda de los conocimientos que el estudio de los síntomas de las neurosis de transferencia nos ha proporcionado. La analogía entre ambas enfermedades es suficiente para garantizarnos, al principio, un resultado positivo.

Nuestra labor de investigación tropieza aún con otras dificultades. Las afecciones narcisistas y las psicosis con ellas ligadas no manifestarán su secreto sino a observadores formados en la escuela del estudio analítico de las neurosis de transferencia, pero nuestros psiquíatras ignoran el psicoanálisis, y nosotros psicoanalistas no examinamos sino muy pocos casos psiquiátricos. Tenemos necesidad de una generación de psiquíatras que haya estudiado el psicoanálisis a título de ciencia preparatoria. Actualmente vemos surgir en América un movimiento de este género, pues eminentes psiquíatras americanos inician a sus alumnos en las teorías psicoanalíticas, y los directores de sanatorios y manicomios, tanto privados como públicos, se esfuerzan en observar a sus enfermos a la luz de estas teorías. De todos modos, también nosotros hemos conseguido echar una mirada por encima de la muralla narcisista y hemos visto algo que voy a exponeros seguidamente.

La forma patológica de la paranoia, esto es, la locura sistemática crónica, ocupa en los intentos de clasificación de la psiquiatría moderna un lugar incierto. Sin embargo, resulta indudable su parentesco con la demencia precoz, hasta el punto de que en una ocasión he creído poder reunir la paranoia y la demencia precoz bajo la denominación común de parafrenia. Atendiendo a sus diversas formas se ha dividido la paranoia en manía de grandezas, manía persecutoria, erotomanía, manía celosa, etc., pero la Psiquiatría no nos proporciona el menor esclarecimiento sobre ninguna de ellas. Por mi parte, quiero exponeros una tentativa, aunque insuficiente, de lograr un tal esclarecimiento, deduciendo un síntoma de otro por un proceso intelectual. El enfermo que en virtud de una disposición primaria se cree perseguido, deduce de esta persecución la conclusión de que es un personaje importante, deducción que da origen a su manía de grandezas. Para nuestra concepción analítica, la manía de grandezas es la consecución inmediata de la ampliación del *yo* por toda la cantidad de energía libidinosa retirada de los objetos y constituye un narcisismo secundario sobrevenido como consecuencia del despertar del narcisismo primitivo, que es el de la primera infancia. Pero una observación que hube de realizar en los casos de manía persecutoria me orientó en un nuevo rumbo. Pude comprobar, en efecto, que en la gran mayoría de los casos el supuesto perseguidor pertenecía al mismo sexo que el perseguido y era precisamente la persona a la que el enfermo mostraba antes mayor afecto, siendo también posible la sustitución de esta persona por otra que con ella presentase determinadas afinidades conocidas. Así, el padre podía ser sustituido por el maestro o por un superior cualquiera. De estas observaciones, cuyo número fue aumentando, deduje la conclusión de que la *paranoia persecutoria* es una forma patológica en la que el individuo se defiende contra una tendencia homosexual que se ha hecho excesivamente enérgica. La transformación de la ternura en odio, transformación que como sabemos puede constituir una grave amenaza contra la vida del objeto a la vez amado y odiado, corresponde en estos casos a la transformación de la tendencia libidinosa en angustia, que constituye una consecución regular del proceso de represión. Voy a exponeros uno de los últimos casos de este género por mí examinados:

Un joven médico fue condenado a la pena de destierro por haber amenazado de muerte a un hijo de un catedrático que hasta entonces había sido su mejor amigo. Nuestro enfermo atribuía a este su antiguo amigo intenciones verdaderamente diabólicas y un poder demoníaco y le acusaba de todas las desgracias que durante los últimos años habían caído sobre su familia y de todos sus reveses personales. No contentos con esto, el perverso amigo y su padre, habían provocado la guerra y facilitado la invasión de los rusos. Nuestro enfermo hubiera arriesgado su vida mil veces para lograr la desaparición de aquel malhechor, pues se halla persuadido de que su muerte pondría fin a todas sus desgracias. Sin embargo, el cariño que profesa a su antiguo amigo es todavía tan intenso que paralizó su mano un día en que hubiera podido matarle de un disparo de revolver. En las breves conversaciones que tuve con el enfermo, averigüé que sus relaciones de amistad con el supuesto perseguidor databan de sus primeros años de colegio y habían traspasado, por lo menos una vez, los límites de la amistad, pues una noche que durmieron juntos llegaron a realizar un completo acto sexual. Nuestro paciente no ha experimentado jamás hacia las mujeres los sentimientos correspondientes a su edad. Mantuvo relaciones con una bella y distinguida mucha-cha, pero notando esta la frialdad de su prometido rompió con él al poco tiempo. Bastantes años después se inició su perturbación psíquica repentinamente, en ocasión de haber logrado por vez primera satisfacer por completo a una mujer. En el momento en que esta le abrazaba con reconocimiento y abandono, experimentó nuestro enfermo un súbito e intenso dolor, como si le seccionasen el cráneo de una cuchillada. Más tarde nos explicó él mismo este dolor, diciendo que no podía compararlo sino al que experimentaríamos si se nos saltase la tapa de los sesos para dejar al descubierto el cerebro, como suele hacerse en las autopsias o en algunas trepanaciones de gran extensión. Como su amigo se había especializado en la anatomía patológica, dedujo el enfermo que aquella mujer había sido una enviada suya, y a partir de este día comprendió claramente que todas las demás persecuciones de que se le hacía víctima eran provocadas por su antiguo amigo.

La existencia de casos en los que el perseguidor no pertenece al mismo sexo que el perseguido parece contradecir nuestra explicación por la defensa contra una libido homosexual. Pero en un examen clínico muy reciente hemos tenido ocasión de deducir de esta aparente contradicción una confirmación de nuestro punto de vista. La paciente, que se decía perseguida por un hombre al que había concedido dos amorosas citas, había, en realidad, comenzado por dirigir su manía contra una mujer que en su pensamiento había sustituido a su madre. Solamente después de la segunda cita fue cuando consiguió desligar su manía de la mujer para hacerla recaer sobre el hombre. Resulta, pues, que también en este caso, como en el primero de que os he hablado, se halló primitivamente realizada la condición de igualdad de sexos. En la queja que formuló ante su abogado y ante su médico no mencionó la enferma esta fase preliminar de su locura, circunstancia que proporcionaba un aparente mentís a nuestra concepción de la paranoia.

La elección homosexual de objeto se halla originariamente más próxima al narcisismo que la heterosexual, circunstancia que facilita en gran manera el retorno al narcisismo cuando el sujeto se ve en el caso de rechazar una violenta tendencia homosexual indeseada. Hasta el momento no se me ha presentado ocasión de hablaros de los fundamentos de la vida amorosa tal y como nosotros psicoanalistas los concebimos y tampoco puedo ahora dedicarme a cegar por completo tal laguna. Todo lo que puedo deciros es que la elección de objeto y la continuación del desarrollo de la libido después de la fase narcisista pueden efectuarse según dos tipos diferentes. Según el *tipo narcisista*, quedando reemplazado el *yo* del sujeto por otro *yo* que se le asemeje lo más posible; según el *tipo extensivo*, siendo elegidas como objetos de la libido aquellas personas que se han hecho indispensables para el sujeto por haberse venido procurando la satisfacción de las restantes necesidades vitales. Una fuerte fijación de la libido a la elección narcisista de objeto debe considerarse como parte integrante de la predisposición a la homosexualidad manifiesta.

Tendréis sin duda curiosidad por saber cómo explicamos una manía desde el punto de vista psicoanalítico. Desgraciadamente es muy poco lo que sobre este tema puedo deciros. La inaccesibilidad de las manías a la acción de los argumentos lógicos y de la experiencia real se explica, del mismo modo que en las obsesiones, por su relación con los elementos inconscientes representados y mantenidos por el delirio o por la obsesión. Las dos enfermedades no difieren entre sí más que desde los puntos de vista tópico y dinámico.

Como en la paranoia, hemos hallado también en la melancolía, dolencia que puede presentar formas clínicas muy diversas, una fisura que nos permite echar una ojeada a su estructura interna y hemos comprobado que los impacientes reproches con que los melancólicos se abruman a sí mismos van dirigidos, en realidad, contra otra persona, esto es, contra el objeto sexual que el enfermo ha perdido por su propia culpa o ha dejado ya de estimar. De esta circunstancia deducimos que, si bien ha retirado el melancólico su libido del objeto, se ha verificado, en cambio, un proceso —la *identificación narcisista*— a resultas del cual ha quedado dicho objeto incorporado al *yo*, o sea, proyectado sobre él. De este proceso no puedo daros aquí una descripción tópico-dinámica en toda regla y sí tan sólo una sintética representación. El *yo* recibe en estos casos el tratamiento que correspondería al objeto abandonado y sufre todas aquellas agresiones y venganzas que el sujeto reserva para aquel. Las tendencias de los melancólicos al suicidio quedan de este modo explicadas, pues mediante ellas suprime el enfermo, simultáneamente, su propio *yo* y el objeto a la vez amado y odiado. Tanto en la melancolía como en las demás afecciones narcisistas se manifiesta de un modo muy pronunciado un rasgo de la vida afectiva al que damos, desde Bleuler, el nombre de *ambivalencia* y que no es sino la existencia en una misma persona con relación a otra. Desgraciadamente no he tenido ocasión en el curso de estas lecciones de hablaros más detalladamente de esta ambivalencia de los sentimientos.

Al lado de la identificación narcisista, existe una identificación histérica que conocemos desde mucho antes. Por medio de algunos ejemplos quisiera poderos mostrar las diferencias existentes entre ambas, pero no disponemos de tiempo para ello. En cambio, puedo exponeros, sobre las formas periódicas y cíclicas de la melancolía, algo que seguramente os interesará. En condiciones favorables resulta posible impedir, merced al tratamiento analítico aplicado en los intervalos libres de toda crisis, el retorno del estado melancólico, tanto en la misma tonalidad afectiva como en la tonalidad opuesta, circunstancia demostrativa de que en la melancolía y en la manía se trata de una forma especial de solución de un conflicto cuyos elementos son exactamente los mismos que en las demás neurosis. Vemos, pues, que el psicoanálisis está llamado a recoger en estos dominios un importantísimo acervo de nuevos datos.

En ocasión anterior hube de indicaros que por medio del análisis de las afecciones narcisistas esperábamos llegar al conocimiento de la composición de nuestro *yo* y al de las instancias que lo constituyen, conocimiento en el que realmente hemos comenzado a iniciarnos. Del análisis de la manía de observación hemos creído poder concluir la existencia —en el *yo*— de una instancia que observa, critica y compara infatigablemente, oponiéndose así a la otra parte del *yo*. Por esta razón estimamos que el enfermo nos revela una verdad, a la que no ha dado hasta ahora toda la importancia que merece, cuando se lamenta de que cada uno de sus pasos es espiado, y criticado cada uno de sus pensamientos. Su único error consiste en considerar esta desagradable intervención como algo ajeno y exterior a su persona. El sujeto advierte en sí la actuación de una instancia que compara su *yo* actual y cada una de sus manifestaciones con un *yo ideal* forjado por él mismo en el curso de su desarrollo. A mi juicio, la creación de este *yo* ideal obedece al propósito de restablecer aquella autosatisfacción que era inherente al narcisismo primario infantil y que tantas perturbaciones y contrariedades ha experimentado después. La instancia autoobservadora nos es ya conocida. Es el censor del *yo*, o sea, la conciencia, y la misma que ejerce durante la noche la censura onírica y de la que parten las represiones de deseos inadmisibles. Desagregándose bajo la influencia de la manía de observación, nos revela sus orígenes en las influencias ejercidas por los padres, los educadores y el ambiente social, y en la identificación con alguna de las personas que el sujeto ha tomado en su vida como modelo.

Tales serían algunos de los resultados obtenidos merced a la aplicación del psicoanálisis a las enfermedades narcisistas. Reconozco que no son muy numerosos y que carecen de aquella precisión que sólo cuando llegamos a familiarizarnos con un nuevo objeto de estudio podemos obtener. Todos ellos los debemos a la utilización del concepto de libido del *yo* o libido narcisista, que nos ha permitido extender a las neurosis narcisistas los datos que nos había proporcionado el estudio de las de transferencia. Preguntaréis, sin duda, si no sería posible llegar a subordinar a la teoría de la libido todas las perturbaciones de las afecciones narcisistas y de las psicosis y si, a fin de cuentas, no es el factor libidinoso de la vida psíquica el único responsable de la enfermedad, sin que podamos invocar una alteración en el funcionamiento de los instintos de conservación. Pero no me parece urgente encontrar respuesta a esta interrogante, y, sobre todo, creo que debemos esperar a que los progresos de la investigación científica nos permitan intentar resolver con mayores garantías de éxito. No me extrañaría nada descubrir que el poder patógeno constituye efectivamente un privilegio de las tendencias libidinosas y que la teoría de la libido triunfa en toda la línea desde las neurosis actuales más simples hasta la enajenación psicótica más grave. ¿No sabemos acaso que lo que caracteriza a la libido es su negativa a someterse a la realidad cósmica? Desde luego, me parece muy verosímil que las tendencias del *yo*, arrastrados por los impulsos patógenos de la libido, experimenten a su vez perturbaciones funcionales, y si algún día se descubre que en las psicosis graves puede también presentar las tendencias del *yo*, perturbaciones primarias, no veré en este hecho una desviación de la dirección general de nuestras investigaciones. Pero, por lo menos para vosotros, es esta una cuestión que el porvenir aclarará. Permitidme solamente volver un momento a la angustia para disipar una última obscuridad que sobre ella hemos dejado. Dijimos que dadas las relaciones que existen entre la angustia y la libido no nos parecía admisible que la angustia real ante un peligro sea la manifestación de los instintos de conservación. ¿No pudiera ser igualmente que el estado afectivo caracterizado por la angustia tomase sus elementos no de los instintos egoístas del *yo*, sino de la libido del mismo? Sucede que el estado de angustia es, en el fondo, irracional y esta su irracionalidad se hace patente en cuanto alcanza un nivel un poco elevado. En estos casos, la angustia llega a perturbar la acción, sea de la fuga o de la defensa, que es la única racional y susceptible de asegurar la conservación. De este modo, atribuyendo la parte afectiva de la angustia real a la libido del *yo* y la acción que se manifiesta en esta ocasión al instinto conservador del *yo*, alejamos todas las dificultades teóricas. Supongo que no creeréis seriamente que huimos porque sentimos angustia. Nada de eso. Experimentamos angustia y huimos por un mismo motivo, derivado de la percepción del peligro. Hombres que han corrido grandes peligros cuentan que no han experimentado la menor angustia, sino que han obrado simplemente y con toda serenidad en defensa de su vida. He aquí ciertamente una reacción por completo racional.

XXVII
La transferencia

Viendo ya próximo el fin de estas conferencias, esperáis sin duda oírme tratar de aquella terapia en la que reposa la posibilidad de practicar el psicoanálisis. No puedo, en efecto, eludir este tema, pues si así lo hiciera os dejaría en la ignorancia de un nuevo hecho sin cuyo conocimiento resultaría harto incompleta vuestra inteligencia de las enfermedades investigadas en el curso de estas lecciones.

Sé que no esperáis que os inicie en la forma de practicar el análisis con un fin terapéutico. Lo que deseáis es conocer, de un modo general, los medios de que la terapia psicoanalítica se sirve y los resultados que obtiene. Reconociendo que vuestro deseo se halla perfectamente justificado, no voy, sin embargo, a satisfacerlo por medio de una exposición directa, sino que me limitaré a proporcionaros datos suficientes para que por vosotros mismos podáis deducir una respuesta a vuestras interrogantes.

Reflexionad un poco. Conocéis ya las condiciones esenciales de la enfermedad y los factores que actúan sobre el sujeto. ¿Qué acción terapéutica puede ser posible en estas circunstancias? En primer lugar, nos hallamos ante la predisposición hereditaria, factor en cuya importancia insistimos poco los psicoanalistas, porque ya otros se encargan de hacerlo por nosotros y nada tenemos que agregar por nuestra cuenta. Pero esto no quiere decir que no reconozcamos toda su enorme significación. Como terapeutas, hemos tenido ocasión de comprobar el poder de la disposición, no habiéndonos sido posible modificarla en lo más mínimo y permaneciendo, por lo tanto, para nosotros, como algo dado, que limita y restringe nuestra actuación. Hallamos después la influencia de los sucesos infantiles tempranos, influencia a la que atendemos preferentemente en el análisis. Estos sucesos infantiles pertenecen al pasado y nada puede ya borrarlos. Por último, y reunidas en el concepto de *frustración real*, se nos muestran todas aquellas desgraciadas circunstancias de la vida que nos imponen una privación de amor, tales como la pobreza, las discordias familiares, un matrimonio equivocado, desfavorables circunstancias sociales y la presión de las exigencias éticas sobre el individuo. Cada uno de estos elementos señala un camino a la intervención terapéutica, mas para que esta intervención diera algún resultado tendría que ser semejante a la que, según la popular leyenda vienesa, ejerció el emperador José, esto es, tendría que provenir de un poderoso personaje ante cuya voluntad se doblegasen los hombres y desaparaciesen las dificultades. No es este ciertamente nuestro caso. Pobres, sin poder personal ninguno y obligados a ejercer de nuestra profesión como medio de vida, no podemos ni siquiera prestar asistencia gratuita a un cierto número de enfermos —como otros médicos lo hacen— pues nuestra terapéutica es lentísima y sólo al cabo de largo tratamiento llega a obtener resultado positivo. Quizá creáis ver en uno de los factores antes detallados el punto de apoyo que necesitamos para ejercer nuestra influencia curativa. Pensáis, en efecto, que si la limitación ética impuesta por la sociedad es responsable de la privación de que el enfermo sufre, podrá el tratamiento aliviarle incitándole directamente a traspasar dicha limitación y a procurarse satisfacción y salud negándose a conformar su conducta a un ideal al que la sociedad concede un gran valor, pero en el que no siempre se inspira el individuo. Equivaldría esto a afirmar que se puede recobrar la salud viviendo sin restricciones la propia vida sexual. Si el tratamiento analítico implicase un consejo de este género merecería ciertamente el reproche de ser opuesto a la moral general, pues queriendo beneficiar al individuo, perjudicaría a la colectividad. Pero, todo esto es absolutamente erróneo. El consejo de vivir sin traba alguna nuestra vida sexual no interviene para nada en la terapia psicoanalítica. Como ya os he indicado, existe en el enfermo un tenaz conflicto entre la tendencia libidinosa y la represión sexual, o sea, entre su lado sensual y su lado ascético, y este conflicto no se resuelve, ciertamente, ayudando a uno de tales factores a vencer al otro. En los nerviosos, es la ascesis la instancia victoriosa, y a consecuencia de esta victoria se ve obligada la sexualidad a buscar una compensación en la formación de síntomas. Si, por el contrario, procurásemos la victoria a las tendencias sexuales, sería la represión sexual la que intentaría compensarse del mismo modo. Así, pues, ninguna de estas dos soluciones puede poner término al conflicto interior, dado que siempre quedará insatisfecho uno de los elementos que lo provocaron. Por otro lado, son muy raros los casos en que el conflicto es tan débil que la intervención del médico basta para resolverlo, y, a decir verdad, estos casos no precisan de un tratamiento psicoanalítico. Las personas sobre las que el médico podría ejercer una influencia de este género obtendrían fácilmente idéntico resultado sin la intervención del mismo. Cuando un joven abstinente se decide a entregarse a una relación sexual ilegítima, o cuando una mujer insatisfecha busca una compensación en otro hombre, no suelen haber esperado, para hacerlo, la autorización del médico, ni siquiera la del psicoanalista.

Al tratar de esta cuestión no suele tenerse en cuenta una importantísima circunstancia: la de que el conflicto patógeno de los neuróticos no es comparable a una lucha normal entre tendencias psíquicas y sobre un mismo terreno psicológico. En los neuróticos, la lucha se desarrolla entre fuerzas que han llegado a la fase de lo preconsciente y lo consciente, y otras que no han pasado el límite de lo inconsciente. Resulta, pues, que los adversarios se hallan situados en distintos planos y por lo tanto es imposible toda solución hasta que se logra ponerlos frente a frente, labor que a mi juicio es la que corresponde efectuar a la terapéutica.

Puedo, además, aseguraros, que estáis en un error si creéis que aconsejar y guiar al sujeto en las circunstancias de su vida forma parte de la influencia psicoanalítica. Por el contrario, rechazamos siempre que nos es posible este papel de mentores, y nuestro solo deseo es el de ver al enfermo adoptar por sí mismo sus decisiones. Así, pues, le exigimos siempre que retrase hasta el final del tratamiento toda decisión importante sobre la elección de una carrera, la iniciación de una empresa comercial, el casamiento o el divorcio. Convenid que no es esto lo que pensabais. Sólo cuando nos hallamos ante personas muy jóvenes o carentes de energía nos resolvemos a asociar a la misión del médico la del educador. Pero entonces, conscientes de nuestra responsabilidad, actuamos con todas las precauciones necesarias.

De la energía con que me defiendo contra el reproche de que el tratamiento psicoanalítico impulsa al enfermo a vivir sin freno alguno su vida sexual, haríais mal en deducir que nuestra influencia se ejerce en provecho de la moral social. Esta intención nos es tan ajena como la primera. No somos reformadores, sino observadores, pero lo que nadie puede impedirnos es que nuestra observación posea un carácter crítico. Por lo tanto, no podemos tomar la defensa de la moral sexual convencional y aprobar la forma en que la sociedad intenta resolver, en la práctica, el problema de la vida sexual. Podemos decir a la sociedad que lo que ella llama moral cuesta más sacrificios de lo que vale y que sus procedimientos carecen tanto de sinceridad como de prudencia. Estas críticas las formulamos claramente ante los pacientes, acostumbrándolos así a reflexionar sin prejuicios sobre los hechos sexuales como sobre cualquier otro género de realidades, y cuando, terminado el tratamiento, recobran su independencia y se deciden por su propia voluntad en favor de una solución intermedia entre la vida sexual sin restricciones y la ascesis absoluta, nuestra conciencia no tiene nada que reprocharnos, pues nos decimos que aquel que después de haber luchado contra sí mismo consigue elevarse hasta la verdad, se encuentra al abrigo de todo peligro de inmoralidad y puede permitirse tener para su uso particular una escala de valores morales muy diferente de la admitida por la sociedad. Debemos guardarnos, además, de exagerar la participación de la abstinencia en la producción de las neurosis. Solamente en un pequeño número de casos consigue el sujeto poner fin, por medio de la iniciación de unas relaciones sexuales, a la situación patógena derivada de la privación y de la acumulación de la libido.

Como veis, no puede explicarse el efecto terapéutico del psicoanálisis por la autorización de prescindir de toda restricción sexual. Al tratar de disipar este error creo haberos sugerido una orientación más acertada. La utilidad del psicoanálisis —pensáis ahora— se deriva, sin duda, del hecho de reemplazar lo inconsciente por lo consciente. Exacto; atrayendo lo inconsciente a la conciencia, suprimimos las represiones, anulamos las precondiciones que presiden la formación de síntomas y transformamos el conflicto patógeno en un conflicto normal que acabará por hallar alguna solución. Nuestra actuación se limita a provocar en el enfermo esta simple modificación psíquica y cuanto más completa sea esta mayor será el efecto terapéutico. Igualmente, en los casos en que no podemos suprimir una represión u otro proceso psíquico del mismo género resulta por completo ineficaz nuestra intervención.

El fin que en nuestra labor perseguimos puede expresarse por medio de diversas fórmulas, tales como las de transformación de lo inconsciente en consciente y supresión de las represiones o de las lagunas amnésicas. Todo ello viene a ser lo mismo. Pero esta afirmación os dejará quizá insatisfechos. Os habíais formado de la curación de un nervioso una idea distinta, figurándoos que después de haberse sometido al penoso trabajo de un psicoanálisis se convertía en otro hombre, y he aquí que os afirmo que su curación consiste en que tiene un poco más de consciente y un poco menos de inconsciente que antes. Mas, a mi juicio, no dais la importancia debida a una tal transformación interna. El nervioso curado se ha transformado, en efecto, en otro hombre, pero en el fondo sigue, naturalmente, siendo el mismo, esto es, el que hubiera podido ser, independientemente del tratamiento, en condiciones más favorables; y esto ya es mucho. Teniendo, además, en cuenta la penosa labor que es necesario llevar a cabo para obtener esta modificación tan insignificante, en apariencia, de la vida psíquica del enfermo, no dudaréis ya de la importancia de esta diferencia de nivel psíquico que conseguimos producir.

Quiero hacer ahora una pequeña digresión para preguntaros si sabéis qué es lo que se denomina una terapéutica causal. Llamamos así a un método terapéutico que, en lugar de atacar las manifestaciones de una enfermedad, busca suprimir las causas de la misma. Ahora bien, ¿la terapéutica psicoanalítica es o no una terapéutica causal? La respuesta a esta interrogante no es nada sencilla, pero nos ofrece quizá la ocasión de darnos cuenta de la inutilidad de plantearnos tal problema. En la medida en que la terapéutica analítica no tiene por fin inmediato la supresión de los síntomas, se comporta como terapéutica causal, pero considerada desde un distinto punto de vista se nos muestra como no causal. Desde hace mucho tiempo, hemos seguido el encadenamiento de las causas más allá de las represiones hasta las predisposiciones instintivas, sus intensidades relativas en la constitución del individuo y las desviaciones que presentan con respecto a su desarrollo normal.

Suponed, ahora, que podamos intervenir por procedimientos químicos en esta estructura, aumentando o disminuyendo la cantidad de libido existente en el momento dado o reforzando un instinto a expensas de otro. Esto sería una terapéutica causal en el sentido propio de la palabra, terapéutica en provecho de la cual habría llevado a cabo nuestro análisis una previa e independiente labor de reconocimiento. Pero no pudiendo intentar, por ahora, ejercer una influencia de este género sobre los procesos de la libido, nuestro tratamiento psíquico se dirige sobre otro anillo de la cadena, anillo que no forma parte de las raíces visibles de los fenómenos, pero que se halla sin embargo muy alejado de los síntomas y nos ha sido hecho accesible a consecuencia de circunstancias muy interesantes.

¿Qué deberemos hacer para reemplazar en nuestros enfermos lo inconsciente por lo consciente? Creímos en un momento que ello era muy sencillo y que nos bastaba descubrir lo inconsciente y ponerlo ante la vista del enfermo, pero hoy sabemos que esto es un error. El conocimiento que el sujeto posee de su propio inconsciente no equivale al que nosotros hemos llegado a adquirir, y cuando le comunicamos este último no lo sustituye al suyo, sino que lo sitúa al lado del mismo. Debemos, por lo tanto, formarnos de lo inconsciente del sujeto una representación *tópica* y buscar en sus recuerdos el lugar en que, a consecuencia de una represión, ha podido constituirse. Una vez suprimida dicha represión, la sustitución de lo inconsciente por consciente puede llevarse a cabo sin dificultad alguna. Mas ¿cómo suprimir tales represiones? Después de su investigación y descubrimiento, la supresión de la resistencia que las mantiene constituye la segunda fase de nuestra labor.

La supresión de la resistencia se lleva a cabo por el mismo procedimiento, esto es, procediendo primero a descubrirla y atrayendo sobre ella la atención del enfermo, pues se deriva también de una represión, sea de aquella misma que intentamos resolver, o de otra anterior y ha sido creada por una contracarga destinada a conseguir la represión de la tendencia reprochable e indeseada. Por lo tanto, llevaremos ahora a efecto aquello que al principio nos propusimos, esto es, interpretaremos, descubriremos y comunicaremos al enfermo los resultados que obtengamos, pero esta vez ya en lugar y momento favorables. La contracarga o la resistencia no forma parte de lo inconsciente, sino del *yo* —nuestro colaborador—, aun en los casos en que aquella no es consciente. Trátase aquí de la doble significación que podemos dar a lo inconsciente, considerándolo como fenómeno o como sistema, aunque en último análisis nos hallemos ante una identidad. Esperamos que la resistencia desaparezca en el momento en que nuestra interpretación la descubra al *yo*, y, en estos casos, laboramos con las siguientes fuerzas instintivas: Contamos ante todo con el deseo que el enfermo abriga de recobrar la salud, deseo que le ha decidido a entrar en colaboración con nosotros, y contamos, además, con su inteligencia, a la que proporcionamos el apoyo de nuestra interpretación. Es, en efecto, indudable que la inteligencia del sujeto podrá reconocer más fácilmente la resistencia y hallar la traducción correspondiente a lo que ha sido reprimido si le proporcionamos previamente la representación de aquello que debe reconocer y encontrar. Si os digo que miréis al cielo para ver un globo, lo encontraréis antes que si me limito a indicaros que levantéis los ojos sin precisaros aquello que sobre vuestras cabezas se cierne. Del mismo modo, el estudiante que mira por primera vez a través de un microscopio no ve nada si el profesor no le dice lo que debe ver.

Volvamos ahora al terreno de los hechos. En un gran número de enfermedades nerviosas, tales como las histerias —las neurosis de angustia y las neurosis obsesivas—, nuestras premisas demuestran ser ciertas. Por la investigación de la represión, el descubrimiento de la resistencia y la emergencia de lo reprimido, se consigue realmente resolver el problema, venciendo las resistencias, suprimiendo la represión y transformando lo inconsciente en consciente. En esta labor experimentamos la clara impresión de que a propósito de cada una de las resistencias que de vencer se trata, se desarrolla en la mente del enfermo una violenta lucha, o sea, una lucha psíquica normal sobre un mismo terreno psicológico y entre móviles contrarios, esto es, entre fuerzas que tienden a mantener la contracarga y otras que impulsan a abandonarla. Los primeros móviles son los primitivos, esto es, aquellos que han provocado la represión, y entre los últimos se encuentran algunos recientemente surgidos y que parecen tender a resolver el conflicto en el sentido que deseamos. Hemos conseguido de este modo reanimar el antiguo conflicto que produjo la represión y someter a una revisión el proceso a que la misma pareció dar fin. Para lograr esta revisión indicamos al enfermo que la anterior solución fue la causa de su enfermedad y le prometemos que otra nueva y distinta le hará recobrar la salud. Por último, le hacemos ver que desde aquella primera solución han variado extraordinariamente y en un sentido favorable todas las circunstancias.

En la época en que la enfermedad se formó, el *yo* era debilísimo e infantil y tenía quizá razones suficientes para proscribir las exigencias de la libido como una fuente de peligros. Pero hoy es más fuerte y más experimentado y posee, además, en el médico un fiel colaborador. Por lo tanto, podemos esperar que el conflicto reavivado tenga una solución más favorable que en la época en que terminó por la represión, y, como ya hemos dicho, el éxito que obtenemos en las histerias, las neurosis de angustia y las neurosis obsesivas justifica en principio nuestras esperanzas.

Existen, sin embargo, enfermedades en las que ante idénticas condiciones patológicas fracasan por completo nuestros procedimientos terapéuticos. Trátase igualmente en ellas de un conflicto primitivo entre el *yo* y la libido, conflicto que ha conducido también a una represión, aunque esta pueda caracterizarse tópicamente de un modo distinto. Nos es, asimismo, posible descubrir en la vida de los enfermos los puntos en los que las represiones se produjeron; aplicamos al sujeto iguales procedimientos, le hacemos idénticas promesas, le ayudamos del mismo modo y las circunstancias que presidieron a la represión se muestran también modificadas en un sentido favorable. Pues bien; a pesar de todo esto no conseguimos anular las resistencias ni suprimir una sola represión. Estos enfermos, paranoicos, melancólicos o dementes precoces, son refractarios al tratamiento psicoanalítico. Mas no porque carezcan de inteligencia. Cierto es que el éxito del tratamiento exige que el enfermo alcance cierto nivel intelectual, pero los paranoicos, por ejemplo, llegan incluso a sobrepasarlo en sus ingeniosísimas combinaciones. Tampoco nos es posible atribuir nuestro fracaso a la ausencia de alguna de las fuerzas instintivas auxiliares, pues los melancólicos poseen —al contrario de los paranoicos— perfecta conciencia de hallarse enfermos y sufrir gravemente, sin que esto les haga más accesibles al tratamiento psicoanalítico. Ante estos hechos, que no resultan inexplicables, surge en nosotros la duda de si no habremos comprendido acertadamente las condiciones del éxito obtenido en el tratamiento de las demás neurosis.

Limitándonos a la histeria y a las neurosis de angustia no tardamos en descubrir un segundo hecho totalmente inesperado. Advertimos, en efecto, que los enfermos de este género se comportan con respecto a nosotros de un modo singularísimo. Creímos haber pasado revista a todos los factores que habíamos de tener en cuenta en el curso del tratamiento y haber precisado nuestra situación con respecto al paciente hasta dejarla reducida a un cálculo, pero ahora nos damos cuenta de que en este cálculo se ha introducido un nuevo elemento inesperado. Pudiendo este elemento presentarse bajo muy diversas formas, os describiré por ahora sus aspectos más frecuentes y más fácilmente inteligibles.

Comprobamos, ante todo, que el enfermo, al que sólo la solución de sus dolorosos conflictos debiera preocupar, manifiesta un particular interés por la persona de su médico. Todo lo que a este concierne le parece poseer más importancia que sus propios asuntos y distrae su atención de su enfermedad. De este modo, resulta que las relaciones que se establecen entre el médico y el enfermo son, durante algún tiempo, muy agradables. El enfermo se muestra afable y dócil, se esfuerza en testimoniar su reconocimiento siempre que puede, y revela sutilezas y cualidades de su carácter que quizá no nos hubiésemos detenido a buscar. Esta conducta acaba por conquistarle las simpatías del médico, el cual bendice el azar que le ha proporcionado ocasión de acudir en ayuda de una persona tan digna de interés. Si alguna vez habla con los familiares del enfermo advertirá, encantado, que la simpatía que el mismo le inspira obtiene una total reciprocidad. En su casa no cesa el enfermo de elogiar al médico en el que descubre todos los días nuevas cualidades. "Tiene en usted una ciega confianza y todo lo que usted le dice es para él el Evangelio", os dirán las personas que le rodean. E incluso alguna de ellas exclamará: "Nos tiene ya aburridos de tanto hablar de usted".

Es de suponer que el médico será lo bastante modesto para no ver en todas estas alabanzas sino una expresión del contenido que procura al enfermo la esperanza de curación y un efecto de la ampliación de su horizonte intelectual, a consecuencia de las sorprendentes perspectivas que el tratamiento abre ante sus ojos. En estas condiciones, realiza el análisis grandes progresos, pues el sujeto comprende las indicaciones que se le sugieren, profundiza en los problemas que ante él hace surgir el tratamiento, produce con fluente abundancia recuerdos y asociaciones y asombra al médico con la seguridad y acierto en sus interpretaciones, satisfaciéndole además por la buena voluntad con que acepta las novedades psicológicas que le son comunicadas, novedades que en la mayoría de los normales despiertan la más viva oposición. A esta favorable actitud del enfermo durante el trabajo analítico corresponde una evidente mejoría objetiva en todos los aspectos del estado patológico.

Pero el buen tiempo no puede durar siempre, y llega un día en que el cielo se nubla, comienzan a surgir dificultades en el curso del tratamiento y el enfermo pretende que ya no acude a su mente idea ninguna. Experimentamos, entonces, la clara impresión de que no se interesa ya por la labor emprendida, se sustrae a la recomendación que le ha sido hecha de decir todo aquello que a su imaginación acudiese sin dejarse perturbar por ninguna consideración crítica y se conduce como si no estuviera en tratamiento y no hubiera firmado un pacto con el médico, mostrándose preocupado por algo que no quiere revelar. Es esta una peligrosa situación para el tratamiento y nos hallamos ante una violenta resistencia. ¿Qué es lo que ha sucedido?

Cuando hallamos el medio de esclarecer de nuevo la situación, comprobamos que la causa de la perturbación reside en un profundo e intenso cariño que del paciente ha surgido hacia el médico, sentimiento que no aparece justificado ni por la actitud de aquel ni por las relaciones que se han establecido entre los dos durante el tratamiento. La forma en la que esta ternura se manifiesta y los fines que persigue dependen, naturalmente, de las circunstancias personales de ambos protagonistas. Si se trata de una paciente joven y el médico lo es también, experimentaremos la impresión de que por parte de la primera se trata de un enamoramiento normal, pues olvidando que se trata de una neurótica en la que sería lógico esperar una perturbación de la capacidad de amar, encontraremos natural que una joven se enamore de un hombre con el que permanece a solas largos ratos, dialogando sobre sus más íntimos asuntos, y al que admira por la superioridad que le confiere su papel de poderoso auxiliar contra su enfermedad. Cuando más se apartan de este caso hipotético las circunstancias personales de médico y enfermo, más nos asombrará hallar, a pesar de todo, en el segundo, idéntica actitud afectiva. Pase todavía cuando se trata de una joven casada que, víctima de un matrimonio desgraciado, experimenta una seria pasión por su médico, soltero, y se halla pronta a obtener su divorcio y casarse con él o en último término llegar a ser su querida. Estas cosas suceden también fuera del psicoanálisis. Pero en los casos de que nos ocupamos oímos expresar a mujeres, tanto casadas como solteras, manifestaciones que revelan una singularísima actitud ante el problema terapéutico, pues pretenden haber sabido siempre que no podían curarse sino por el amor y haber tenido la certidumbre, desde el comienzo del tratamiento, de que la relación sexual con el médico que las trataba les procuraría por fin aquello que la vida les había rehusado hasta entonces. Esta esperanza es lo que les ha dado fuerzas para superar las dificultades del tratamiento y, además, —añadimos nosotros— lo que ha aguzado su inteligencia facilitándoles la comprensión de nuestras opiniones, tan contrarias a las normas generales. Tal confesión de las pacientes nos produce extraordinario asombro, pues echa por tierra todos nuestros cálculos. ¿Será posible que hayamos dejado pasar inadvertido hasta ahora un hecho de tan enorme importancia?

Así es, en efecto, y cuanto más amplia se hace nuestra experiencia, menos podemos oponernos a esta humillante rectificación de nuestras pretensiones científicas. Al principio, pudimos creer que el análisis tropezaba con una perturbación provocada por un suceso accidental sin relación ninguna con el tratamiento propiamente dicho, pero cuando vemos reproducirse regularmente, en cada nuevo caso, este amor del enfermo hacia el médico y lo vemos manifestarse incluso en las condiciones más desfavorables y aun en aquellos casos en que resulta grotesco, esto es, cuando se trata de una paciente de avanzada edad o de un anciano médico de blanca y venerable barba —casos en los que a nuestro juicio no puede haber atractivo ninguno ni fuerza de seducción posible—, entonces nos vemos obligados a abandonar la idea de un perturbado azar y a reconocer que se trata de un fenómeno que presenta las más íntimas relaciones con la naturaleza misma del estado patológico.

Este nuevo hecho, que tan a disgusto nos vemos obligados a aceptar, lo designamos con el nombre de *transferencia*. Trataríase, pues, de una transferencia de sentimientos sobre la persona del médico, pues no creemos que la situación creada por el tratamiento pueda justificar la génesis de los mismos. Sospechamos, más bien, que toda esta disposición afectiva tiene un origen distinto, esto es, que existía en el enfermo en estado latente y ha sufrido una transferencia sobre la persona del médico con ocasión del tratamiento analítico. La transferencia puede manifestarse como una intensa exigencia amorosa o en formas más mitigadas. Ante un médico entrado en años, la joven paciente puede no experimentar el deseo de entregarse a él sino el de que la considere como una hija predilecta, pues su tendencia libidinosa puede moderarse y convertirse en una aspiración a una inseparable amistad ideal exenta de todo carácter sexual. Algunas mujeres llegan incluso a sublimar la transferencia y modelarla hasta hacerla en cierto modo viable. En cambio, otras la manifiestan en una forma primaria y la mayor parte de las veces irrealizable, pero en el fondo se trata siempre del mismo fenómeno, que tiene, en todos los casos, idéntico origen.

Antes de preguntarnos dónde conviene situar este nuevo hecho, me habéis de permitir que complete su descripción. ¿Qué sucede en los casos en que los pacientes pertenecen al sexo masculino? Pudiera creerse que escapan a la intervención de la diferencia sexual o de la atracción sexual. Pues bien; en ellos sucede exactamente lo mismo que en las pacientes femeninas. Los sujetos masculinos presentan igual adhesión al médico, se forman también una exagerada idea de sus cualidades, dan muestras de intenso interés por todo lo que al mismo se refiere y se manifiestan celosos de todos aquellos que al médico se aproximan. Las formas sublimadas de la transferencia de hombre a hombre son tanto más frecuentes, y tanto más raras las exigencias sexuales directas, cuanto menor es la importancia de la homosexualidad manifiesta en relación a los restantes aprovechamientos de estos componentes del instinto. En sus pacientes masculinos observa de este modo el médico, con mayor frecuencia que en los femeninos, una forma de trasferencia que a primera vista os parecerá hallarse en contradicción con todo lo que hasta el presente hemos descrito. Esta forma de transferencia es la hostil o *negativa*.

Debo indicaros, ante todo, que la transferencia se manifiesta en el paciente desde el principio del tratamiento y constituye durante algún tiempo el más firme apoyo de la labor terapéutica. No la advertimos ni necesitamos ocuparnos de ella mientras su acción es favorable al análisis, pero en cuanto se transforma en resistencia, nos vemos obligados a dedicarle toda nuestra atención y comprobamos que su posición con respecto al tratamiento ha variado por completo. Esta variación puede orientarse en dos direcciones contrarias. Los sentimientos amorosos derivados de la transferencia pueden adquirir tal intensidad y manifestar tan a las claras su origen sexual que lleguen a provocar la aparición de una resistencia interna. Pero puede también tratarse de una transferencia de sentimientos hostiles. Generalmente estos sentimientos hostiles surgen con posterioridad a los amorosos, pero a veces aparecen también simultáneamente a ellos, ofreciéndonos entonces una excelente imagen de aquella ambivalencia sentimental que domina en la mayor parte de nuestras relaciones íntimas con los demás. Los sentimientos hostiles indican, al igual de los amorosos, una adherencia sentimental, idénticamente a como la obediencia y la rebelión son indicios de signo contrario de una misma dependencia real, aunque con un signo negativo en vez de positivo antes de ella. Resulta, pues, incontestable que tales sentimientos hostiles hacia el médico merecen igualmente el nombre de transferencia, dado que la situación creada por el tratamiento no proporciona pretexto alguno suficiente para su formación. Esta necesidad en que nos vemos de admitir una transferencia negativa nos prueba que nos hemos engañado en nuestros juicios sobre la transferencia positiva o de sentimientos de ternura.

El origen de la transferencia, su posible aprovechamiento en beneficio de nuestros fines terapéuticos, la naturaleza de las dificultades que opone a nuestra labor y los medios que hemos de emplear para dominarlas son cuestiones cuyo estudio no puedo emprender en esta conferencia con toda la amplitud que por su importancia merecen. Me limitaré, pues, a haceros algunas breves observaciones sobre ellas. Claro es que no cedemos a las exigencias que la transferencia inspira al enfermo, pero ello no quiere decir que debamos acogerlas hostilmente o rechazarlas con indignación. El medio de vencer la transferencia es demostrar al enfermo que sus sentimientos no son producto de la situación del momento ni se refieren, en realidad, a la persona del médico, sino que reproducen una situación anterior de su vida. De este modo, le forzamos a remontarse desde esta reproducción al recuerdo de los sucesos originales, y conseguido esto, la transferencia cariñosa y hostil, que parecía amenazar gravemente el éxito del tratamiento, nos proporciona ahora fácil acceso a los más íntimos sectores de la vida psíquica. Con algunas nuevas consideraciones quisiera disipar la extrañeza que ha de haberos producido este inesperado fenómeno. No debemos olvidar que la enfermedad del paciente cuyo análisis emprendemos no constituye algo acabado e inmutable, sino que se halla siempre en vías de crecimiento y desarrollo, como un ser viviente. La iniciación del tratamiento no pone fin a este desarrollo, pero una vez avanzada la acción terapéutica, podemos comprobar que la enfermedad cambia bruscamente de orientación, refiriendo ahora todas sus manifestaciones a la relación entre médico y enfermo. Así, pues, la transferencia es comparable a la capa vegetal existente entre la corteza y la madera de los árboles, capa que constituye el punto de partida de la formación de nuevos tejidos y del aumento de espesor del tronco. Cuando la transferencia llega a adquirir esta intensidad, impone a nuestra investigación y elaboración de los recuerdos del paciente un considerable retraso. Resulta, en efecto, que no nos hallamos ya ante la enfermedad primitiva, sino ante una nueva neurosis transformada que ha venido a sustituir a la primera. Pero esta nueva edición de la antigua dolencia ha nacido ante los ojos del médico, el cual se halla, además, situado en el propio nódulo central de la misma, y podrán, por lo tanto, orientarse más fácilmente. Todos los síntomas del enfermo pierden en estos casos su primitiva significación y adquieren un nuevo sentido dependiente de la transferencia, desapareciendo a veces aquellos que no han sido susceptibles de una tal modificación. La curación de esta nueva neurosis artificial coincide con la de la neurosis primitiva, objeto verdadero del tratamiento, quedando así conseguidos nuestros propósitos terapéuticos. El sujeto que consigue normalizar y liberar de la acción de las tendencias reprimidas sus relaciones con el médico mostrará esta misma normalidad en todos los actos de su vida una vez terminado el tratamiento.

En las histerias de angustia y neurosis obsesivas es donde la transferencia presenta esta importancia extraordinaria e incluso central desde el punto de vista del tratamiento, razón por la cual reunimos estas afecciones bajo el nombre común de *neurosis de transferencia*. Para todos aquellos que habiendo practicado el psicoanálisis han conseguido formarse una exacta noción de la transferencia no puede existir ya la menor duda sobre la naturaleza libidinosa de las tendencias que en los síntomas de estas neurosis se manifiestan. Podemos, pues, decir que el descubrimiento de la transferencia ha afirmado definitivamente nuestra convicción de que los síntomas constituyen satisfacciones libidinosas sustitutivas.

Se nos plantea ahora la labor de rectificar nuestra anterior concepción dinámica del proceso de curación y armonizarla con los nuevos conocimientos adquiridos. Cuando llega para el enfermo el momento de comenzar la lucha normal contra las resistencias que el análisis le ha revelado, precisa de un poderoso impulso que decida el combate en el sentido que deseamos, esto es, en el de la curación, pues en caso contrario podría repetirse la primitiva solución del conflicto y volver a quedar reprimido en lo inconsciente todo aquello que habíamos logrado atraer a la conciencia. El factor que decide el resultado no es ya la penetración intelectual del enfermo, facultad que carece de energía y de libertad suficientes para ello, sino únicamente su actitud con respecto al médico. Si su transferencia lleva el signo positivo, revestirá al médico de una gran autoridad y considerará sus indicaciones y opiniones como artículos de fe. En cambio, aquellos enfermos cuya transferencia es negativa, no prestan al médico la menor atención. La fe reproduce aquí la historia misma de su génesis. Fruto exclusivo del amor, no tuvo al principio necesidad ninguna de argumentos, y sólo mucho después concede a estos importancia bastante para someterlos a un examen crítico cuando son formulados por personas amadas. Los argumentos que no tienen por corolario el hecho de emanar de personas amadas, no ejercen ni han ejercido jamás la menor influencia en la vida de la mayor parte de los humanos. De este modo, resulta que el hombre no es en general accesible por su lado intelectual, sino en proporción a su capacidad de revestimiento libidinoso de objetos, razón por la cual podemos afirmar que el grado de influencia que la más acertada técnica analítica puede ejercer sobre él depende por completo de la medida de su narcisismo.

Todo hombre normal posee la facultad de concentrar su energía libidinosa sobre otras personas, y la inclinación comprobada por nosotros en las neurosis anteriormente citadas no constituye sino una extraordinaria intensificación de esta facultad general. Como era natural, este tan difundido e importantísimo rasgo del carácter humano ha sido ya advertido y apreciado en todo su valor por algunos investigadores. Así, Bernheim dio pruebas de una gran penetración fundando su teoría de los fenómenos hipnóticos en el principio de que todos los hombres son, en una cierta medida, *sugestionables*, particularidad que no es sino la tendencia a la transferencia, concebida en una forma algo limitada, esto es, con exclusión de la transferencia negativa. Sin embargo, no pudo nunca explicar este autor la naturaleza ni la génesis de la sugestión. Para él constituye esta un hecho fundamental, cuyos orígenes no tenía necesidad de explicar y no vio tampoco el lazo de dependencia existente entre la sugestionabilidad y la sexualidad, o sea, la actividad de la libido. Por lo que a nosotros respecta, nos damos cuenta de que, si antes excluimos la hipnosis de nuestra técnica analítica, descubrimos ahora la sugestión bajo la forma de transferencia.

Creo deber interrumpirme y cederos la palabra para permitiros expresar una objeción que sin duda ha nacido en vuestro pensamiento: "Acabáis, pues, por confesar —me diréis— que laboráis con ayuda de la sugestión como todos los partidarios del hipnotismo. Hace mucho tiempo que lo sospechábamos. Mas, entonces, ¿de qué os sirven la evocación de los recuerdos del pasado, el descubrimiento de lo inconsciente, la interpretación y la retraducción de las deformaciones, labor que supone un enorme gasto de energía, de tiempo y de dinero, si el único factor eficaz resulta ser la sugestión? ¿Por qué no sugerís directamente contra los síntomas como otros honrados hipnotizadores lo hacen? Y luego, si queriendo excusaros de haber verificado un tan largo rodeo, alegáis los numerosos e importantes descubrimientos psicológicos que decís haber realizado, y que la sugestión directa no hubiera hecho posibles, ¿quién nos garantiza la verdad de estos descubrimientos? ¿No pueden acaso ser también un efecto de la sugestión?"

Estas objeciones que me planteáis presentan un enorme interés y exigen una respuesta, pero aplazaré su discusión para mi próxima conferencia, pues en la presente quiero dejar cumplida la promesa con que la inicié, de haceros comprender, con auxilio del fenómeno de la transferencia, por qué todos nuestros esfuerzos terapéuticos fracasan en las neurosis narcisistas.

Nada más sencillo de explicar. La observación nos muestra que los enfermos atacados de neurosis narcisista carecen de la facultad de transferencia o sólo la poseen en grado insignificante. Estos enfermos rechazan la intervención del médico, pero no con hostilidad, sino con indiferencia, razón por la cual no son accesibles a su influjo. Resulta, de este modo, que el proceso por el que conseguimos la curación, y que consiste en reavivar el conflicto patógeno y vencer la resistencia opuesta por la represión, no puede tener efecto en estos pacientes. Por propia iniciativa intentan ellos repetidamente modificar su doloroso estado, pero estas tentativas no conducen sino a nuevos efectos patológicos. Nada podemos, por lo tanto, hacer en su favor.

Fundándonos en los datos clínicos que nos han sido proporcionados por nuestros enfermos de este género, podemos afirmar que en ellos ha debido desligarse la libido de los objetos transformarse en libido del *yo*, siendo este el carácter que diferencia a esta neurosis de las que constituyen el grupo antes examinado (histeria, neurosis angustiosa y obsesiva). Ahora bien;

la forma en que la misma se conduce ante nuestros intentos terapéuticos confirma nuestro punto de vista. No presentando el fenómeno de la transferencia permanecen inaccesibles a nuestros esfuerzos y no resulta curable por medio del análisis.

XXVIII
La terapéutica analítica

Sabéis ya cuál es la materia de que hoy vamos a tratar. Me habéis preguntado, en efecto, cómo reconociendo que nuestra influencia reposaba esencialmente sobre la transferencia, esto es, sobre la sugestión, no nos servíamos directamente de esta última en nuestra terapia analítica y habéis afirmado, además, que la capital importancia asignada a la sugestión no puede por menos de haceros dudar de la objetividad de nuestros descubrimientos psicológicos. A todo esto he prometido contestaros detalladamente.

La sugestión directa es aquella que se encamina contra la manifestación de los síntomas y constituye un combate entre nuestra autoridad y las razones del estado patológico. Recurriendo a ella prescindimos en absoluto de tales razones y no exigimos del enfermo, sino que cese de manifestarlas por medio de síntomas. Poco importa entonces que sumamos o no al paciente en la hipnosis. Con su habitual perspicacia observó ya Bernheim que la sugestión constituye la esencia de los fenómenos del hipnotismo, no siendo la hipnosis sino un efecto de la misma, o sea, un estado sugerido. Fundándose en esta razón practicó preferentemente la sugestión en estado de vigilia, procedimiento por medio del cual pueden alcanzarse iguales resultados que por el de la sugestión durante el sueño hipnótico.

¿Qué es lo que en esta cuestión os interesa más: los datos experimentales o las consideraciones teóricas?

Empezaremos por los primeros. Personalmente he sido alumno de Bernheim, a cuyas explicaciones asistí en Nancy en el año 1889, y del que he traducido al alemán el libro sobre la sugestión. Durante años enteros apliqué a mi vez el tratamiento hipnótico, combinándolo primero con la sugestión prohibitiva y después con la exploración del enfermo por el método de Breuer.

Poseo, por lo tanto, experiencia suficiente para hablar de los efectos del tratamiento hipnótico o sugestivo. Un viejo aforismo médico afirma que una terapéutica ideal debe obrar rápidamente, producir resultados seguros y no causar molestias al enfermo. Pues bien, el método de Bernheim llenaba por lo menos dos de estas condiciones. Mucho más rápido que el procedimiento analítico, no imponía al paciente la menor fatiga ni le ocasionaba perturbación alguna. En cambio, para el médico se hacía, a la larga, monótono tener que recurrir en todos los casos a un mismo procedimiento para poner fin a la existencia de síntomas variadísimos, y esto sin poder llegar nunca a darse cuenta de la significación y efecto de cada uno, labor nada científica y más bien semejante a la magia, al exorcismo o la prestidigitación. Claro es que esta falta de atractivo de la labor terapéutica no significaba nada ante el interés del enfermo. Pero, por otro lado, resultaba que el método de que nos ocupamos carecía en absoluto de seguridad. Aplicable a unos pacientes, no lo era en cambio a otros, y esta misma arbitraria inseguridad se reflejaba en sus resultados, los cuales carecían, además, de duración. Poco tiempo después de dar por terminado el tratamiento solía sufrir el enfermo una recaída o se veía atacado por otra enfermedad del mismo género. En estos casos, podía recurrirse de nuevo al hipnotismo, pero competentes hombres de ciencia habían hecho observar que con el frecuente empleo de este medio se corría el peligro de anular la independencia del enfermo creando un hábito semejante al de los narcóticos. Por otro lado, aun en aquellos casos, muy poco frecuentes, en los que nuestra labor alcanzaba un éxito completo y definitivo, permanecíamos en la ignorancia de los factores a que el mismo se debía. En una ocasión pude observar que la reproducción de un grave estado patológico, cuya curación habíamos conseguido después de un corto tratamiento hipnótico, coincidió con la emergencia, en la enferma, de sentimientos hostiles hacia mi persona. Reanudando el tratamiento, logré una nueva curación, aún más completa que la primera, en cuanto me fue dado hacer que la paciente se reconciliara conmigo; pero al poco tiempo, una nueva aparición de los sentimientos hostiles trajo consigo una segunda recaída. Otra de mis enfermas, cuyas crisis nerviosas había yo logrado suprimir por largas temporadas mediante la hipnoterapia, se arrojó súbitamente a mi cuello en ocasión de hallarme dedicado a prestarle mis cuidados durante un acceso particularmente rebelde. Hechos de este género nos obligan, lo queramos o no, a plantearnos el problema de la naturaleza y el origen de la autoridad sugestiva.

Todos estos conocimientos experimentales nos muestran que renunciando a la sugestión directa no nos privamos de nada indispensable. Permitidme ahora formular sobre este tema algunas consideraciones. La aplicación de la hipnoterapia no impone a médico y paciente sino un mínimo esfuerzo y se armonizan a maravilla con aquella opinión que sobre las neurosis profesa aún la mayoría de los médicos, opinión que les hace decir a sus pacientes neuróticos: "No tiene usted nada, pues se trata de perturbaciones puramente nerviosas, de las que puedo libertarle en pocos minutos y con sólo algunas palabras". Pero nuestro pensamiento rechaza la posibilidad de desplazar sin esfuerzo una enorme masa, atacándola directamente y sin ayuda de un herramental apropiado, labor tan imposible de realizar en las neurosis como en la mecánica.

Los conocimientos que merced al psicoanálisis hemos adquirido nos permiten describir las diferencias que existen entre la sugestión hipnótica y la sugestión psicoanalítica en la forma siguiente: La terapéutica hipnótica intenta encubrir y disfrazar algo existente en la vida psíquica. Por el contrario, la terapéutica analítica intenta hacerlo emerger clara y precisamente, y suprimirlo después. La primera actúa como un procedimiento cosmético, la segunda, como un procedimiento quirúrgico. Aquella utiliza la sugestión para prohibir los síntomas y reforzar las represiones, pero deja intactos todos los procesos que han conducido a la formación de síntomas. Inversamente, la terapéutica analítica intenta —al encontrarse ante conflictos que han engendrado síntomas— remontarse hasta la misma raíz y se sirve de la sugestión para modificar en el sentido deseado la solución de estos conflictos. La terapéutica hipnótica deja al enfermo en una absoluta pasividad, no suscita en él modificación alguna y, por lo tanto, no le provee tampoco de medio alguno de defensa contra una nueva causa de perturbaciones patológicas. El tratamiento analítico impone al médico y al enfermo penosos esfuerzos que tienden a vencer resistencias interiores, pero una vez dominadas estas, queda modificada la vida psíquica del paciente de un modo duradero, transportada a un grado evolutivo superior y protegida contra toda nueva posibilidad patógena. Esta lucha contra las resistencias constituye la labor esencial del tratamiento analítico e incumbe al enfermo mismo, en cuya ayuda acude el médico, auxiliándole con la sugestión, que actúa sobre él en un sentido educativo. De este modo, se ha dicho, muy justificadamente, que el tratamiento psicoanalítico es una especie de *posteducación*.

Creo haberos hecho comprender en qué se diferencia de la hipnoterapia nuestro procedimiento de aplicar la sugestión. Reducida ésta a la transferencia, vemos claramente las razones a que obedecen tanto la arbitraria inseguridad del tratamiento hipnótico como la exactitud del analítico, en el que pueden ser calculados hasta los últimos efectos. En la aplicación de la hipnosis dependemos de la capacidad de transferencia del enfermo y nos es imposible ejercer el menor influjo sobre tal capacidad. La transferencia del individuo que vamos a hipnotizar puede ser negativa, o, lo que es más general, ambivalente. Así mismo, puede el sujeto hallarse protegido por determinadas disposiciones particulares contra toda transferencia. Pero nada de esto nos es dado averiguar en la hipnoterapia. En cambio, con el psicoanálisis, laboramos sobre la misma transferencia, suprimimos todo lo que a ella se opone y perfeccionamos nuestro principal instrumento de trabajo, siéndonos así posible extraer un provecho mucho más considerable del poder de la sugestión, la cual no queda ya al capricho del enfermo, sino que es dirigida por nosotros.

Me diréis ahora que lo importante no es el nombre que demos a la fuerza motriz de nuestro análisis —transferencia o sugestión—, sino el indudable peligro existente de que la influencia ejercida sobre el sujeto quite todo valor objetivo a nuestros descubrimientos. Aquello que resulta provechoso desde el punto de vista terapéutico puede, en cambio, ser contrario a la investigación. Es esta la objeción que con mayor frecuencia se opone al psicoanálisis y debemos convenir en que, aun siendo errónea, no podemos, sin embargo, rechazarla como absurda. Pero si fuera acertada, quedaría reducido el psicoanálisis a un tratamiento sugestivo particularmente eficaz y sus afirmaciones sobre las influencias vitales, la dinámica psíquica y lo inconsciente carecerían de todo valor. Así piensan, en efecto, nuestros adversarios, para los que nuestras interpretaciones de los sucesos sexuales —cuando no estos sucesos mismos— no son sino un exclusivo producto de nuestra corrompida imaginación sugerido luego por nosotros al sujeto. Es más fácil refutar estas reflexiones recurriendo a la experiencia que por medio de consideraciones teóricas. Todos aquellos que han practicado el psicoanálisis conocen muy bien la imposibilidad de sugestionar a los enfermos hasta tal punto. No es, desde luego, difícil hacerles aceptar una determinada teoría y compartir un error del médico, pero en este caso se habrá influido únicamente sobre su inteligencia y no sobre su enfermedad. La solución de sus conflictos y la supresión de sus resistencias no se consiguen más que cuando les hemos proporcionado representaciones anticipatorias que en ellos coinciden con la realidad. Aquello que en las hipótesis del médico no corresponde a esta realidad queda espontáneamente eliminado en el curso del análisis y debe ser retirado y reemplazado por hipótesis más exactas. Por medio de una técnica apropiada intentamos siempre evitar posibles efectos pasajeros de la sugestión, pero aun en los casos en que estos llegan a presentarse, ello no supone mal ninguno, pues nunca nos contentamos con los primeros resultados obtenidos ni damos por terminado el análisis hasta esclarecer totalmente el caso: cegar todas las lagunas amnésicas y descubrir todos los detalles circunstanciales de las represiones. En los resultados obtenidos con excesiva rapidez, vemos más bien un retraso que un avance de nuestra labor analítica y los destruimos suprimiendo o disociando la transferencia sobre la que reposan, siendo realmente este último rasgo lo que diferencia el tratamiento analítico del puramente sugestivo, y aleja de los resultados obtenidos por el análisis la sospecha de no ser sino efectos de la sugestión. En todo otro tratamiento sugestivo, la transferencia es cuidadosamente respetada y no sufre modificación alguna. Por el contrario, el tratamiento analítico tiene por objeto la transferencia misma, a la que procura desenmascarar y disociar cualquiera que sea la forma que revista. Por último, al final de todo tratamiento analítico debe ser la destrucción de la misma la transferencia. De este modo, el éxito de nuestra labor no reposa sobre la sugestión pura y simple, sino sobre los resultados obtenidos merced a la misma, o sea, sobre la supresión de las resistencias interiores y sobre las modificaciones internas del enfermo.

En contra de la génesis de sugestiones aisladas actúa también el hecho de que durante el tratamiento tenemos que luchar sin descanso contra resistencias que saben transformarse en transferencias negativas (hostiles). Además, muchos de los resultados del análisis, que pudiéramos suponer producto de la sugestión, quedan confirmados en otro terreno libre de toda sospecha. Sobre los dementes y los paranoicos no puede, en efecto, ejercerse influencia sugestiva ninguna, y, sin embargo, lo que estos enfermos nos relatan sobre sus traducciones de símbolos y sus fantasías coinciden por completo con los resultados de nuestras investigaciones sobre lo inconsciente en las neurosis de transferencia y corrobora así la exactitud objetiva de nuestras discutidas interpretaciones. Concediendo en esta cuestión un amplio margen de confianza al psicoanálisis, no creo podáis caer en error.

Completaremos ahora la exposición del mecanismo de la curación, expresándola en las fórmulas de la teoría de la libido. El neurótico es incapaz de gozar y de obrar; de gozar, porque su libido no se halla dirigida sobre ningún objeto real, y de obrar porque se halla obligado a gastar toda su energía para mantener a su libido en estado de represión y protegerse contra sus asaltos. No podrá curar más que cuando el conflicto entre su *yo* y su libido haya terminado y recobrado el primero su dominio sobre la segunda. La misión terapéutica consiste, pues, en desligar la libido de sus objetos actuales sustraídos al *yo* y ponerla nuevamente al servicio de este último. Mas ¿dónde se halla localizada la libido del neurótico? La respuesta a esta interrogante no es nada difícil de encontrar. La libido del neurótico se halla adherida a los síntomas, los cuales procuran al sujeto una satisfacción sustitutiva, la única por el momento posible. Habremos, pues, de apoderarnos de los síntomas y hacerlos desaparecer, labor que es precisamente la que el enfermo demanda de nosotros. Para ello nos es necesario remontarnos hasta sus orígenes, despertar el conflicto a que deben sus génesis y orientarlo hacia una distinta solución, haciendo actuar aquellos factores que en la época en que los síntomas nacieron no se hallaban a disposición del enfermo. Esta revisión del proceso que culminó en la represión no se guía sino fragmentariamente por las huellas que dicho proceso dejó tras de sí, pues su labor principal es la de crear, partiendo de la actitud del enfermo con respecto al médico (esto es de la transferencia), nuevas ediciones de los antiguos conflictos. En estas, tenderá el enfermo a conducirse de igual manera que en el conflicto primitivo, pero nosotros, haciendo actuar en él todas sus fuerzas psíquicas disponibles, le haremos llegar a una diferente solución. La transferencia se convierte en este modo en el campo de batalla sobre el cual deben combatir todas las fuerzas en lucha.

Toda la libido y toda la resistencia contra ella se hallan concentradas en la actitud del enfermo con respecto al médico, produciéndose inevitablemente una separación entre los síntomas y la libido, y quedando los primeros despojados de todo revestimiento libidinoso. En lugar de la enfermedad propiamente dicha, aparece una nueva, artificialmente provocada, esto es, la enfermedad de la transferencia, y los objetos tan variados como irreales de la libido quedan sustituidos por uno solo, aunque igualmente fantástico, la persona del médico. Pero la sugestión a la que el médico recurre lleva la lucha que se desarrolla en derredor de ese objeto a la más elevada fase psíquica, de manera que no nos hallamos ya sino ante un conflicto psíquico normal. Evitando una nueva represión ponemos término a la separación entre el *yo* y la libido, y restablecemos la unidad psíquica de la persona. Cuando la libido se desliga por fin del objeto pasajero que supone la persona del médico, no puede ya retornar a sus objetos anteriores y se mantiene a disposición del *yo*. Las potencias con las que hemos tenido que combatir durante esta labor terapéutica son, por un lado, la antipatía del *yo* hacia determinadas orientaciones de la libido, antipatía que se manifiesta en la tendencia a la represión, y, por otro, la fuerza de adherencia, o como pudiéramos decir la *viscosidad* de la libido, que no abandona voluntariamente los objetos sobre los cuales se fija.

La labor terapéutica puede, pues, descomponerse en dos fases: En la primera, toda la libido se desliga de los síntomas para fijarse y concentrarse en las transferencias. En la segunda, se desarrolla el combate en derredor del nuevo objeto, del cual acabamos por desligar la libido. Este resultado favorable no podrá obtenerse más que consiguiendo, durante este nuevo conflicto, impedir una nueva represión, a favor de la cual escaparía otra vez la libido al *yo* al refugiarse en lo inconsciente, represión que es evitada por la modificación que el *yo* ha sufrido bajo la influencia de la sugestión médica. Merced al trabajo de interpretación que transforma lo inconsciente en consciente, se amplía el *yo* a expensas de dicho inconsciente, haciéndose, bajo la influencia de los consejos que recibe, más conciliador con respecto a la libido, y disponiéndose a concederle una determinada satisfacción. Los temores que el enfermo experimentaba ante las exigencias de la libido se atenúan al mismo tiempo, merced a la posibilidad en que el mismo encuentra de liberarse de ella por la sublimación. Cuanto más próximas a esta descripción ideal resulten la evolución y la sucesión de los procesos en el curso del tratamiento psicoanalítico, mayor será el éxito de este, que, en cambio, puede quedar limitado tanto por la insuficiente movilidad de la libido, que no se deje fácilmente desligar de los objetos a los que se ha fijado, como por la rigidez del narcisismo, que no admita la transferencia de un objeto a otro, sino hasta un cierto límite. Lo que quizá os podrá facilitar la comprensión de la dinámica del proceso curativo es el hecho de que interceptamos toda la libido que se había sustraído al dominio del *yo*, atrayendo sobre nosotros, con ayuda de la transferencia, una parte de la misma.

Las localizaciones de la libido que sobrevienen durante el tratamiento y después del mismo no autorizan a formular conclusión alguna directa sobre su localización durante el estado patológico. Supongamos que durante el tratamiento lleguemos a descubrir una transferencia de la libido del enfermo sobre su padre y que consigamos desligarla de este objeto para atraerla sobre la persona del médico. En estas circunstancias, nos equivocaríamos deduciendo que dicha fijación inconsciente de la libido del enfermo a la persona de su padre constituyó desde un principio el nódulo de la enfermedad, pues la transferencia descubierta no es sino el lugar en el que hemos conseguido apoderarnos de la libido, la cual no llegó a localizarse en él sino después de pasar por muy diversas vicisitudes. El terreno sobre el que combatimos no constituye necesariamente una de las posiciones importantes del enemigo, el cual no se halla obligado a organizar la defensa de la capital de su territorio precisamente ante las puertas de la misma. Sólo después de haber suprimido la última transferencia es cuando podemos reconstruir mentalmente la localización de la libido durante la enfermedad.

Situándonos en el punto de vista de la teoría de la libido podemos añadir aún algunas últimas consideraciones sobre los sueños: Los sueños de los neuróticos nos sirven, de igual modo que sus actos fallidos y sus ocurrencias espontáneas, para penetrar el sentido de los síntomas y descubrir la localización de la libido. Bajo la forma de realizaciones de deseos nos muestran aquellos sentimientos optativos que sucumbieron a una represión y los objetos a los que se halla ligada la libido sustraída al *yo*. Por esta razón, desempeña la interpretación de los sueños un tan importante papel en el psicoanálisis e incluso constituye en muchos casos y durante largo tiempo su principal instrumento de trabajo. Sabemos ya que el estado de reposo tiene, como tal, el efecto de relajar las represiones. A consecuencia de esta disminución del peso que sobre él gravita, puede el deseo reprimido revestir en el sueño una expresión más precisa que la que le ofrece el síntoma en la vida despierta y, de este modo, constituye el estudio del sueño el acceso más cómodo al conocimiento de lo inconsciente reprimido, de lo cual forma parte la libido sustraída al dominio del *yo*.

Los sueños de los neuróticos no difieren, sin embargo, esencialmente de los soñados por individuos de salud normal e incluso resulta muy difícil distinguir unos de otros. Será absurdo querer dar de los sueños de los sujetos neuróticos una explicación que no fuese valedera para los sueños de los normales. Deberemos, pues, afirmar que la diferencia que existe entre la neurosis y la salud no se manifiesta sino en la vida despierta y desaparece en la vida onírica, circunstancia que nos permite aplicar y extender al hombre normal muchas de las conclusiones deducidas de las relaciones entre los sueños y los síntomas de los neuróticos. Reconociendo, por lo tanto, que el hombre sano posee también en su vida psíquica aquello que hace posible la formación de los sueños y la de los síntomas, deduciremos, sin embargo, que análogamente al neurótico, lleva a cabo represiones, realiza un determinado gasto psíquico para mantenerlas y oculta en su sistema inconsciente deseos reprimidos, pero provistos aún de energía. Por último, estableceremos también la conclusión de que *una parte de su libido se halla sustraída al dominio de su yo.* El hombre sano es, por lo tanto, un neurótico en potencia, pero el único síntoma que puede producir es el fenómeno onírico. Claro es que esto no pasa de ser una apariencia, pues sometiendo la vida despierta del hombre normal —pretendidamente sana— a un examen más penetrante, descubrimos que se halla colmada de una multitud de síntomas, aunque insignificantes y de escasa importancia práctica.

La diferencia entre la salud nerviosa y la neurosis no es, pues, sino una diferencia relativa a la vida práctica y depende del grado de goce y de actividad de que la persona es todavía capaz, reduciéndose probablemente a las proporciones relativas que existen entre las cantidades de energía que permanecen libres y aquellas que se hallan inmovilizadas a consecuencia de la represión. Trátase, pues, de una diferencia de orden cuantitativo y no creo necesario recordaros que este punto de vista proporciona una base teórica a la convicción que ya hemos expresado de que las neurosis son curables, en principio, aunque tengan su base en una predisposición constitucional.

Esto es todo lo que la identidad que existe entre los sueños de los hombres sanos y los de los neuróticos nos autoriza a concluir sobre la característica de la salud, pero por lo que al sueño mismo respecta, resultan de esta identidad otras consecuencias, esto es, las de que no es posible desligar el sueño de las relaciones que presenta con los síntomas neuróticos, que no debemos creer suficientemente definida su naturaleza, declarando que no es otra cosa que una arcaica forma expresiva de determinadas ideas y pensamientos y, por último, que revela localizaciones y fijaciones de la libido realmente existentes.

Próximo ya el término de mi exposición, os sentís quizá defraudados al comprobar que en el capítulo relativo al tratamiento psicoanalítico me he limitado a consideraciones puramente teóricas y no os he dicho nada sobre las condiciones en las que puede iniciarse dicho tratamiento ni sobre los resultados que intenta obtener. Me he limitado a la teoría porque no entraba en mis propósitos ofreceros una guía práctica para el ejercicio del psicoanálisis y tenía razones particulares para no hablaros de sus procedimientos ni de sus resultados. Ya en mis primeras conferencias hube de indicaros que, en condiciones favorables, logramos éxitos terapéuticos nada inferiores a los más acabados que puedan obtenerse en el dominio de la medicina interna y puedo añadir que los éxitos debidos al psicoanálisis no son alcanzables por ningún otro método de tratamiento. Insistiendo sobre esta cuestión me haría sospechoso de querer ahogar con un ruidoso reclamo el coro ya demasiado alborotador de nuestros denigradores. Ciertos "colegas" han llegado a amenazar a los psicoanalistas, incluso en reuniones profesionales, con revelar a todos la esterilidad de nuestro tratamiento, publicando la lista de nuestros fracasos e incluso la de los desastrosos resultados de que se ha hecho culpable nuestra disciplina. Pero aun haciendo abstracción del odioso carácter de semejante medida, que no sería sino una vil denuncia, la publicación con que se nos amenaza no autorizaría juicio ninguno sobre la eficacia terapéutica del análisis. La terapéutica analítica es, como sabéis, de muy reciente creación. Ha sido necesario mucho tiempo para fijar su técnica y esta no ha podido ser verificada sino durante la labor misma y por reacción a la experiencia inmediata. A consecuencia de las dificultades que presenta la enseñanza de esta rama, el médico que comienza a ejercer el psicoanálisis queda, más que ningún otro especialista, abandonado a sus propias fuerzas para perfeccionarse en su arte, de manera que los resultados que puede obtener en el curso de sus primeros años de ejercicio no prueban nada ni en pro ni en contra de la eficacia del tratamiento analítico.

Muchos intentos de tratamiento han fracasado al principio del psicoanálisis porque se verificaban en casos en los que este procedimiento es inaplicable y que hoy excluimos de su indicación, pero precisamente merced a tales intentos es como hemos podido establecer nuestras indicaciones y contraindicaciones. No podíamos saber *a priori* que la paranoia y la demencia precoz, en sus formas pronunciadas, eran inaccesibles al psicoanálisis y teníamos todavía el derecho de ensayar este método en enfermedades muy diversas. Justo es, sin embargo, decir que la mayoría de los fracasos de estos primeros años deben ser atribuidos menos a la inexperiencia del médico o la elección inadecuada del objeto que a circunstancias desfavorables.

Hasta ahora no hemos hablado aquí sino de las resistencias internas que no son opuestas por el enfermo y resultan necesarias y dominables, pero existen también obstáculos externos derivados del ambiente en el que el enfermo vive y creados por los que le rodean, obstáculos que no presentan interés alguno teórico, pero sí una gran importancia práctica. El tratamiento psicoanalítico es comparable a una intervención quirúrgica y, como esta, no puede desarrollarse sino en condiciones en las que las probabilidades de fracaso se hallen reducidas a un mínimo. Conocidas son todas las precauciones de que el cirujano se rodea: habitación apropiada, buena luz, ayudantes experimentados, ausencia de los parientes del enfermo, etcétera. ¿Cuántas operaciones terminarían favorablemente si tuvieran que ser practicadas en presencia de todos los miembros de la familia reunidos en derredor del cirujano y el enfermo, y gritando a cada incisión que el bisturí practicase? En el tratamiento psicoanalítico, la intervención de los familiares del enfermo constituye un peligro contra el que no tenemos defensa. Poseemos armas contra las resistencias interiores procedentes del sujeto y que sabemos necesarias, pero ¿cómo defendernos contra las resistencias exteriores? Por lo que a la familia del paciente respecta, es imposible hacerla entrar en razón y decidirle a mantenerse alejada de todo el tratamiento, sin que tampoco resulte conveniente establecer un acuerdo con ella, pues entonces corremos el peligro de perder la confianza del enfermo, el cual exige con perfecta razón que la persona a la que se confía sea la que decida independientemente siempre y en todas las ocasiones. Aquellos que saben qué discordias desgarran con frecuencia a una familia no se asombrarán de comprobar, en la práctica del psicoanálisis, que los allegados del enfermo se hallan muchas veces más interesados en el fracaso del tratamiento que en la curación. En los casos, muy frecuentes, en que la neurosis se halla relacionada con disensiones surgidas entre miembros de una misma familia, aquellos que gozan de buena salud no vacilan ni un solo momento cuando se trata de escoger entre su propio interés y la curación del enfermo. No debe, pues, extrañarnos que un marido no acepte con gusto un tratamiento que trae consigo, como con razón sospecha, la revelación de sus pecados. Así, pues, nosotros, psicoanalistas, no nos asombramos de estas cosas y declinamos todo reproche cuando nuestro tratamiento fracasa o debe ser interrumpido porque la resistencia del marido acude a intensificar la de su mujer. En estos casos nos consolamos diciendo que habíamos emprendido algo que en las circunstancias dadas resulta irrealizable.

No os citaré sino un solo ejemplo de este género en el que consideraciones puramente médicas me impusieron el papel de víctima silenciosa. Hace algunos años emprendí el tratamiento psicoanalítico de una joven atacada de una angustia tal que no podía ni salir a la calle ni quedarse sola en su casa. Poco a poco, la enferma acabó por confesarme que su imaginación había quedado terriblemente impresionada por el descubrimiento de las relaciones amorosas de su madre con un rico amigo de la casa. Mas por torpeza o por un cruel refinamiento, descubrió a su madre lo que sucedía en las sesiones de psicoanálisis, cambiando de actitud con respecto a ella, obligándola, como único medio de evitar una crisis de angustia, a permanecer constantemente a su lado y oponiéndose a que saliera nunca de la casa. Ante esta conducta de su hija, comprendió la madre que la angustia que a la paciente aquejaba se había convertido en un medio de tenerla a ella prisionera e impedirle entrevistarse con su amante, y alegando el éxito de un tratamiento hidroterápico al que ella se había sometido en una anterior enfermedad nerviosa, impuso la interrupción de la cura psicoanalítica y recluyó a la joven en un sanatorio de enfermos nerviosos en el que durante muchos años se le presentó como una pobre víctima del psicoanálisis. Por mi parte, fui objeto de indignados reproches y críticas a causa del mal tratamiento, pero el secreto profesional me ha obligado a guardar silencio hasta que mucho después he averiguado, por un colega que visita dicho sanatorio y ha tenido ocasión de ver a la joven agorafóbica, que las relaciones entre la madre y el rico amigo de la familia eran públicamente notorias y consentidas por el padre de la enferma. Así, pues, fue a este pretendido secreto al que sacrificó el tratamiento.

En los años que precedieron a la guerra y durante los que la gran afluencia de extranjeros me hizo independiente del favor o disfavor de mi ciudad natal, llegué a imponerme la regla de no emprender jamás el tratamiento de un enfermo que no fuese *sui juris* en las relaciones esenciales de la vida e independiente por completo. Pero claro es que no todo psicoanalista puede imponerse esta regla. De todos modos, no quiero que de estas consideraciones sobre el peligro que representan los familiares del enfermo deduzcáis que el mismo debe ser separado de su familia y que, por lo tanto, no puede aplicarse nuestro tratamiento más que a los pensionistas de los sanatorios para neuróticos. Nada de eso; es mucho más ventajoso para los enfermos, cuando no se hallan en un estado de grave agotamiento, permanecer durante la cura en las mismas condiciones en las que deben resolver los problemas que ante ellos se plantean. Bastará, en estos casos, con que sus allegados no neutralicen esta ventaja con su intervención ni manifiesten, en general, ninguna hostilidad hacia los esfuerzos del médico. Pero esto es algo casi imposible de obtener y siempre resulta que el éxito o el fracaso del tratamiento dependen en gran manera del medio social y el grado de cultura de la familia del sujeto.

¿No encontráis que todo esto no es muy apropiado para darnos una alta idea de la eficacia del psicoanálisis como método terapéutico, aunque hagamos depender de factores exteriores la mayoría de nuestros fracasos? Varios partidarios del psicoanálisis me invitaron a oponer una estadística de éxitos a la colección de fracasos que se nos reprochan, pero yo no he aceptado su consejo y he alegado, en apoyo de mi negativa, que cuando una estadística se compone de elementos muy diferentes entre sí —como lo son los casos con afecciones neuróticas sometidos hasta hoy al análisis— carece de todo valor probatorio. Además, el intervalo de que pudiéramos tener cuenta es demasiado breve para que podamos afirmar que se trata de curaciones durables, y en muchos casos no nos es tampoco posible arriesgar ninguna afirmación sobre este punto. Estos últimos casos corresponden a aquellas personas que han mostrado especial interés en ocultar tanto su enfermedad como su tratamiento y cuya curación me ha sido preciso mantener secreta. Pero lo que más que otra consideración cualquiera me ha hecho declinar este consejo es la experiencia que poseo de la irracional actitud que la generalidad adopta ante las cuestiones terapéuticas y de la escasa posibilidad de convencer a nadie por medio de argumentos lógicos, aunque sean extraídos de la experiencia y de la observación. Una novedad terapéutica es arbitrariamente aceptada unas veces con un ruidoso entusiasmo, como sucedió con la primera tuberculina de Koch, o con una absoluta desconfianza como sucedió con la vacuna, verdaderamente benéfica, de Jenner, que tiene todavía hoy en día adversarios irreducibles. El psicoanálisis ha tropezado siempre con un prejuicio manifiesto. Cuando hablábamos de la curación de un caso difícil se nos respondía que ello no probaba nada, pues nuestro enfermo se hubiera curado, aunque no hubiera sido sometido a nuestro tratamiento. En cambio, cuando un enfermo que ha pasado ya por cuatro ciclos de tristeza y de manía y ha sido sometido, durante una pausa consecutiva a la melancolía, al tratamiento psicoanalítico se encuentra, tres semanas después del mismo, al principio de un nuevo período de manía, todos los miembros de la familia, con la aprobación de cualquier alta autoridad médica llamada a consulta, expresan la convicción de que esta nueva crisis no puede ser sino consecuencia del tratamiento intentado. Contra los prejuicios no hay solución alguna, es necesario esperar y dejar que el tiempo vaya limitándolos, hasta que llega un día en que los mismos hombres piensan sobre las mismas cosas de muy distinta manera que el día anterior. Mas ¿por qué no pensaron la víspera como piensan hoy? Es esto algo que para nosotros y para ellos mismos queda en un obscuro misterio.

Es, sin embargo, posible que el prejuicio contra la terapéutica analítica se halle ya en vías de regresión y quiero ver una prueba de ello en la difusión continua de nuestras teorías y en el aumento, en determinados países, del número de médicos que practican el psicoanálisis. Durante mis primeros años de carrera he visto acoger en los círculos médicos el tratamiento por la sugestión hipnótica con la misma indignación que después hubo de despertar el psicoanálisis, pero el hipnotismo no ha cumplido como agente terapéutico todo lo que al principio prometía. Nosotros, psicoanalistas, debemos considerarnos como sus legítimos herederos y no olvidamos todos los alientos y las explicaciones teóricas que a él debemos. Las desventajas que se reprochan al psicoanálisis se reducen, en el fondo, a fenómenos pasajeros producidos por la exageración de los conflictos en los casos de análisis torpemente hechas o bruscamente interrumpidas. Ahora que sabéis como nos conducimos con los enfermos podéis juzgar si nuestra labor puede causar un perjuicio duradero. Cierto es que el análisis se presta a toda clase de abusos y que la transferencia constituye, más particularmente, un instrumento peligroso entre las manos de un médico poco concienzudo. Pero ¿conocéis acaso un método o un procedimiento terapéutico que no se preste al abuso? El bisturí tiene que cortar bien si ha de constituir un instrumento de curación.

Llegado al término de estas lecciones, quiero hacer constar, sin que ello constituya un mero artificio oratorio, que reconozco y lamento todos los defectos y las lagunas de mi exposición. Lamento sobre todo haberos prometido retornar sobre un determinado tema al que aludí de pasada y no haber podido cumplir mi promesa a consecuencia del rumbo que hubieron de tomar después mis explicaciones. De todos modos, habéis de tener en cuenta que la materia cuya exposición he emprendido ante vosotros se halla aún en pleno desarrollo y que, por lo tanto, su exposición ha de resultar como ella, incompleta. Más de una vez he reunido en mis conferencias todo el material necesario para deducir una conclusión, pero me he abstenido de ello, pues mi propósito no era el de haceros peritos en estas materias, sino tan sólo proporcionaros algunos esclarecimientos e incitaros a su más profundo estudio.

ÍNDICE

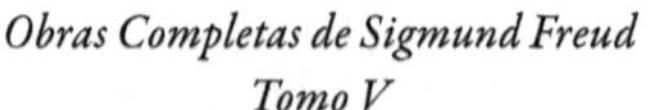

Obras Completas de Sigmund Freud
Tomo V

Impreso en los talleres de
DocuMaster
(Master Copy, S. A. de C.V.)
Plásticos #84, Local 2, ala sur,
Fracc. Industrial Alce Blanco,
Naucalpan de Juárez, C. P. 53370.